V&R

Siegfried Zimmer

Schadet die Bibelwissenschaft dem Glauben?

Klärung eines Konflikts

4., durchgehend überarbeitete Auflage

Vandenhoeck & Ruprecht

Umschlagabbildung: Ron Hill © 2006 www.RonHillArtist.com

Bibliografische Information der Deutschen Nationalbibliothek

Die Deutsche Nationalbibliothek verzeichnet diese Publikation in der Deutschen Nationalbibliografie; detaillierte bibliografische Daten sind im Internet über http://dnb.d-nb.de abrufbar.

ISBN 978-3-525-57306-8
ISBN 978-3-647-57306-9 (E-Book)

Satz: textformart, Göttingen
Druck und Bindung: ⊕ Hubert & Co, Göttingen

Gedruckt auf alterungsbeständigem Papier.

Inhalt

Vorwort

Durch die Christenheit geht ein Riss. Er belastet und behindert die Christenheit in vielfacher Hinsicht. Der Grund für diesen Riss ist die moderne Bibelwissenschaft, die an den Universitäten seit etwa zweihundert Jahren üblich geworden ist.[1] Der moderne wissenschaftliche Umgang mit der Bibel ruft unter den Christen gegensätzliche Reaktionen hervor. Zahlreiche Christen bejahen ihn, weil man auf diese Weise viel über die Bibel, ihre Botschaft und ihre Entstehung lernen kann. Dieser Auffassung sind auch die Kirchenleitungen der Evangelischen und der Katholischen Kirche. Deshalb gehören die entsprechenden bibelwissenschaftlichen Methoden seit längerer Zeit zum Ausbildungsprogramm der Pfarrer und Religionslehrer.[2] Für die Mehrzahl von ihnen ist die moderne Bibelwissenschaft zu einer wertvollen Hilfe geworden, die sie nicht mehr missen wollen. Zahlreiche Christen lehnen diesen Umgang mit der Bibel jedoch ab. Er ist ihnen zu bibelkritisch. Sie sehen in ihm eine Gefahr für den Glauben und sind der Überzeugung, dass der Christenheit durch ihn ein großer Schaden entsteht.

Aus den gegensätzlichen Reaktionen ergeben sich in der Christenheit zwei »Lager«: Befürworter und Gegner der modernen Bibelwissenschaft. Diese beiden Lager grenzen sich voneinander ab und leben großenteils nebeneinander her. Das führt unter den Christen zu Entfremdungen, Vorbehalten und Feindbildern. Dabei sind wir Christen nach dem Neuen Testament *ein* Gottesvolk und eine Familie aus Schwestern und Brüdern. Das heißt natürlich nicht, dass wir in allen Fragen der gleichen Meinung sein müssen. Unterschiede in den Meinungen, Perspektiven und Gewohnheiten haben oft eine belebende und herausfordernde Wirkung. Deshalb geht es

---

[1] Unter »Bibelwissenschaft« verstehe ich im vorliegenden Buch die *moderne* Bibelwissenschaft, d. h. den Umgang mit der Bibel, der an den Universitäten üblich und anerkannt ist.

[2] Ich beschränke mich in den meisten Fällen auf die männliche Schreibweise. Selbstverständlich sind aber stets beide Geschlechter gemeint.

auch nicht darum, die Unterschiede zwischen den christlichen Kirchen und Konfessionen zu beseitigen. Das Ergebnis wäre eine große Verarmung. Was zu überwinden ist, sind die gegenseitigen Abwertungen und Verurteilungen. Die Kirchen haben es gelernt, aufeinander zuzugehen und sich in aller Unterschiedlichkeit gegenseitig zu achten. Im Blick auf die moderne Bibelwissenschaft stehen sich die genannten zwei »Lager« jedoch nach wie vor in schroffer Ablehnung gegenüber. *Dieser* Graben ist offensichtlich schwerer zu überbrücken, als mancher bisherige konfessionelle Graben.

Wie soll bei einem solchen Riss ein christliches Zusammengehörigkeitsgefühl gedeihen und eine *gemeinsame* Erneuerung der Christenheit möglich werden? Gibt es eine Chance, diese Spaltung der Christenheit zu überwinden? Oder sie soweit zu begrenzen, dass nicht mehr so viel Vertrauen und Zusammenarbeit verhindert und zerstört wird? Mit menschlichem Bemühen allein wird das nicht möglich sein. Es geht bei dieser Spaltung nicht nur um Informationslücken und Missverständnisse, die man rasch beheben kann. Es geht auch um tief verwurzelte Überzeugungen und Prägungen, die nicht ohne Weiteres in unserer Verfügung liegen. Eine umfassende Heilung kann deshalb nur von Gott ausgehen. Wir können Gott allerdings um eine solche Heilung bitten und auf sie hoffen. Die Liebe »hofft alles« (1Kor 13,7). Das bedeutet nicht, dass uns nur das Abwarten bleibt. Wir sollen unsere Verantwortung wahrnehmen und die Möglichkeiten nutzen, die uns gegeben sind.

Mit diesem Buch wende ich mich vor allem an Christinnen und Christen, die der modernen Bibelwissenschaft skeptisch oder ablehnend gegenüberstehen. Ich nehme ihre Vorbehalte und Sorgen ernst und will ihnen eine Brücke bauen, um sie nach Möglichkeit für ein positiveres Urteil zu gewinnen. Ich fühle mich nicht in erster Linie einem bestimmten christlichen »Lager« zugehörig, sondern der Christenheit als ganzer. Mit den folgenden Darlegungen wende ich mich aber auch an alle Leserinnen und Leser, die sich für die Bibel und die Bibelwissenschaft interessieren. Ich denke auch speziell an junge Erwachsene, die eine theologische oder religionspädagogische Ausbildung beginnen wollen, oder begonnen haben. Ihnen möchte ich eine Orientierungshilfe geben. Schließlich denke ich an die Multiplikatoren und Seelsorger in den Kirchen und Freikirchen, die beim Thema »Bibel« selbst in einer Beratungsaufgabe stehen und für Anregungen dankbar sind. Da ich ein breites Leserpublikum ansprechen möchte, achte ich auf eine verständliche Sprache und setze keine Fachkenntnisse voraus. Ich stelle in diesem Buch die wesentlichen *Motive* und *Voraussetzungen* der modernen Bibelwissenschaft vor und erläutere sie. Dabei soll deutlich werden, dass diese Motive und Voraussetzungen ihr gutes Recht haben. Wenn wir die moderne Bibelwissenschaft verantwortungsbewusst betreiben, können alle Christen von ihr lernen und kann sie der Christenheit sehr nützlich sein. Ich setze dabei voraus, dass die moderne Bibelwissenschaft keine fertige Größe ist, sondern ständig verbessert werden kann und muss.

Die moderne Bibelwissenschaft ist auch keine einheitliche Größe. Es gibt in ihr viele Richtungen und Positionen. Diese unterschiedlichen Richtungen muss man als Christ nicht im Einzelnen kennen. Das kann man den Fachleuten überlassen. Ich werde deshalb diese Richtungen im vorliegenden Buch nicht zum Thema machen. Mir geht es um etwas Wichtigeres: um das *grundsätzliche Existenzrecht* der modernen Bibelwissenschaft. Ich konzentriere mich deshalb auf die Erkenntnisse, die in der modernen Bibelwissenschaft allgemein anerkannt sind.[3] Auf den folgenden Seiten ist nicht von besonders gewagten und umstrittenen Thesen und Theorien die Rede, sondern von Einsichten, auf denen die moderne Bibelwissenschaft basiert. Außerdem gebe ich einen Überblick über die Entstehung und bisherige Entwicklung der modernen Bibelwissenschaft. Mit diesem Buch möchte ich dem Leser dabei behilflich sein, Respekt vor dem *Existenzrecht* der modernen Bibelschaft zu entwickeln, d. h. Respekt vor den Gründen ihrer Entstehung und ihren anerkannten Ergebnissen.

Man soll der modernen Bibelwissenschaft gegenüber durchaus auch kritisch und vorsichtig sein. Eine »Wissenschaftsgläubigkeit«

---

[3] Natürlich vertrete auch ich innerhalb der Bibelwissenschaft und innerhalb der wissenschaftlichen Theologie eine bestimmte Position. Zum einen bin ich verbunden mit den neueren Bemühungen um eine »Biblische Theologie« (vgl. die Beiträge im »Jahrbuch der Biblischen Theologie«, das seit 1988 erscheint). Zum anderen komme ich von Martin Luthers reformatorischen Grunderkenntnissen her. Deshalb ist für mich die Lutherforschung des 20. Jahrhunderts wichtig, ebenso wie die im gleichen Jahrhundert entwickelte »Theologie des Wortes Gottes«. Es geht mir darum, Luthers Grunderkenntnisse im Kontext der heutigen Fragestellungen und Herausforderungen fruchtbar zu machen, erforderlichenfalls auch weiter zu entwickeln.

ist weder in der Theologie noch sonstwo am Platz. Kritik an weltanschaulichen Einseitigkeiten der modernen Bibelwissenschaft, an überzogenen Geltungsansprüchen und an zu spekulativen Behauptungen ist berechtigt und notwendig. Sie wird heute auch *innerhalb* der Universitätstheologie deutlich geäußert. Entscheidend sind die Voraussetzungen und das Ziel dieser Kritik: Basiert sie auf der Anerkennung des *Existenzrechts* der modernen Bibelwissenschaft und dient ihrer Verbesserung? Oder basiert diese Kritik auf einer prinzipiellen Ablehnung der modernen Bibelwissenschaft und dient ihrer generellen Verdächtigung? Jeder Kritiker der modernen Bibelwissenschaft sollte offenlegen, wo er diesbezüglich steht. Sonst vernebelt er das Entscheidende.

Pauschalurteile sind kein Zeichen von Qualität, sondern meist Ausdruck der Voreingenommenheit und Hilflosigkeit. Wer ein Schwarz-Weiß-Denken und das Entstehen von Feindbildern fördert, der zementiert die Spaltung der Christenheit. Ohne das faire, sachliche Gespräch ist eine Verständigung nicht möglich. Es genügt nicht, sich auf die Schwachstellen des Anderen »einzuschießen«. Man muss die berechtigten Aspekte einer kritisierten Position würdigen. Paulus schreibt: »Prüft alles und das Gute behaltet« (1Thess 5,21). Damit ermahnt er uns: Schaut genau hin! Rechnet bei dem zu prüfenden Sachverhalt damit, dass er auch Gutes enthält. Macht es euch mit einer Ablehnung nicht zu leicht. Paulus hat sicher gewusst, warum er diese Mahnung so formuliert. Man denke aber auch an das Wort Jesu: »Richtet nicht, damit ihr nicht gerichtet werdet. Denn nach dem Maß, mit dem ihr richtet, werdet ihr selbst gerichtet werden« (Mt 7,1 f).

Die Argumentation jener Theologen, die der modernen Bibelwissenschaft skeptisch bis ablehnend gegenüberstehen, ist mir aus ihren wichtigeren Veröffentlichungen bekannt (vgl. das Literaturverzeichnis).[4] Ich gehe jedoch auf keinen dieser Theologen namentlich näher ein. Es geht mir nicht um Personen, sondern um Sachfragen. Das Personalisieren von Sachfragen dient selten dem Frieden.[5] Ich betrachte die betreffenden Theologen nicht als »Gegner«, sondern als Mitchristen. Meine Kritik zielt nicht auf

[4] Dabei beschränke ich mich auf *deutschsprachige* Veröffentlichungen.

[5] Im *zweiten* Teil des vorliegenden Buchs geht es nicht mehr um Grundsatzfragen, sondern um Beispiele. Hier nenne ich gelegentlich auch Namen.

Personen, sondern auf Vorurteile und Feindbilder. Allerdings nehme ich zu den »Chicagoer Erklärungen« Stellung (vgl. den zweiten Exkurs). Bei ihnen handelt es sich um einen repräsentativen *Gemeinschaftstext* einer größeren Zahl von Theologen, die die moderne Bibelwissenschaft ablehnen.

Mit der großen Mehrheit meiner Hochschulkolleginnen und -kollegen bin ich der Auffassung, dass die wissenschaftliche Theologie nicht um ihrer selbst willen da ist, sondern um des christlichen Glaubens willen. Theologie ist keine neutrale Religionswissenschaft. Die Aufgabe der wissenschaftlichen Theologie ist es, auf wissenschaftlich redliche und qualifizierte Weise der Christenheit von Nutzen zu sein. Nur von einer solchen Theologie ist in diesem Buch die Rede. Die Bibelwissenschaft ist ein Teil der Theologie. Sie hat deshalb nicht nur eine historische, sondern auch eine *theologische* Verantwortung. Eine solche Bibelwissenschaft weiß die einzigartige Rolle der Bibel zu würdigen. Sie ist sich in aller Regel auch dessen bewusst, dass man Bibelwissenschaft nicht nur mit dem Kopf betreiben kann. Sie ist auch eine Sache des Herzens.

Bei Nuriet Dolo, Sonja Bauer, Christina Lauer und Melanie Schneider bedanke ich mich herzlich für das Anfertigen des Manuskripts. Für die kritische Durchsicht des Manuskripts und zahlreiche wertvolle Hinweise bedanke ich mich ebenso bei Dr. Uwe Böhm, Johannes Föll, Doktorand Ephraim Härer, Albrecht Huber, Christina Lauer, Prof. Dr. Manfred Pirner, Tobias Schmitt und Waldemar Wolf.

Ludwigsburg, Januar 2007/Februar 2010 Siegfried Zimmer

Vorwort zur zweiten Auflage

Ich freue mich, dass schon nach kurzer Zeit eine zweite Auflage dieses Buchs erforderlich geworden ist. Sie ist erweitert und durchgehend überarbeitet. Zwölf Seiten Text sind hinzugekommen. Es handelt sich dabei vor allem um die neuen Abschnitte 3.1 und 3.2. Im Interesse einer flüssigeren Lesbarkeit habe ich einige Textpassagen in ihrer Reihenfolge verändert und die Überschrift 8.3 neu eingefügt.

Ludwigsburg, November 2007 Siegfried Zimmer

Vorwort zur dritten und vierten Auflage

In dieser Auflage berücksichtige ich erstmals die zahlreichen Rückmeldungen auf das vorliegende Buch. Es hat viel Zustimmung gefunden, auch vonseiten evangelikaler Christen. Darüber freue ich mich sehr. Ich danke aber auch für die kritischen Hinweise. Sie haben es mir ermöglicht, Manches klarer zu formulieren und Missverständnisse auszuräumen. Ich habe sowohl Erweiterungen als auch Kürzungen und Textumstellungen vorgenommen. Mehrere Überschriften habe ich umformuliert. Hinzugekommen ist Kapitel 10 und Abschnitt 3.7. Kapitel 2 habe ich völlig und den ersten Exkurs großenteils neu geschrieben. In diesem Exkurs erläutere ich jetzt nicht nur den Begriff »Fundamentalismus«, sondern auch den Begriff »evangelikal«. Die Kapitelzählung wird jetzt im zweiten Teil des Buchs fortgeführt. Bei Matthias Meier, Marcus Stolz, Juliane Theil und Thomas Baumhakl bedanke ich mich herzlich für das Anfertigen des überarbeiteten Manuskripts. Für die kritische Durchsicht des Manuskripts und wertvolle Hinweise bedanke ich mich ebenso bei Doktorand Ephraim Härer und Christina Lauer. In der vierten Auflage habe ich lediglich mehrere kleinere Ergänzungen in Kapitel 10 vorgenommen.

Ludwigsburg, Februar 2010/Juli 2012 Siegfried Zimmer

I. Grundsätzliche Aspekte

1. Worin Christen sich in Bezug auf die Bibel einig sind

Für das Verständnis der Bibel ist *eine* Frage wichtiger als alle anderen. Diese Frage lautet: In welchem Verhältnis steht Gott zur Bibel? Da wir Gott nicht direkt befragen können, müssen wir diese Frage bescheidener formulieren: Von welchem Verhältnis zwischen Gott und Bibel können wir in unserem Glauben ausgehen? In der Antwort auf diese zentrale Frage sind wir Christen uns – das soll in diesem ersten Kapitel deutlich werden – im entscheidenden Punkt einig.

Um der Offenheit willen möchte ich zunächst mein eigenes Verständnis der Bibel skizzieren. Damit will ich die Voraussetzungen deutlich machen, die mich im Blick auf die Bibel leiten. Meiner Meinung nach geht es in der Bibel nicht nur um Erinnerungen an früher geschehene Offenbarungen Gottes. Ich bin davon überzeugt, dass Gott auch heute durch die Bibel zu uns Menschen – zu unserem Herz und Gewissen – spricht. Auf diese Weise schafft und erhält er unseren Glauben, beschenkt und leitet uns mit seinem Geist und lehrt uns alles, was für unser Heil wichtig ist.[6] Zu dieser Überzeugung bin ich aus folgenden Gründen gekommen: Sie entspricht dem Verständnis, das sowohl Jesus als auch die Schreiber der neutestamentlichen Schriften von der Heiligen Schrift hatten. Sie entspricht der zweitausendjährigen Erfahrung der Christenheit. Und sie entspricht meiner eigenen Erfahrung. Ich vertraue darauf, dass Gott durch die Bibel zu uns redet, wann und wo er will. Er kennt die Zeiten und die Gelegenheiten und er versäumt

[6] Für unser Heil ist das wichtig, was für unsere Gemeinschaft mit Gott wichtig ist. Denn die Gemeinschaft mit Gott *ist* unser Heil. Die Glaubensbekenntnisse der Christenheit wollen das Heilswichtige je auf ihre Weise zusammenfassen. Es ist für jeden Christen eine gute Übung, sich zu fragen: Welche Gesichtspunkte sind für meine Beziehung zu Gott von entscheidender Bedeutung? Diese Gesichtspunkte bezeichnet man in der Theologie als »heilswichtig«, »heilsnotwendig«, oder »heilsentscheidend«.

sie nicht. Gottes Wirken durch die Bibel erweist die Bibel als »Gottes Wort«.[7] Ich stimme Martin Luther zu, der die Erfahrung der Christenheit in die Worte zusammenfasst: »Der Heilige Geist redet nirgendwo kräftiger als in der Heiligen Schrift.«[8] Die Bibel ist deshalb von unersetzbarer Bedeutung. Es gibt zu ihr keine Alternative. Wir Christen sind darauf angewiesen, dass Gott durch die Bibel zu uns spricht. Würde uns die Erfahrung lehren, dass Gott durch die Bibel nicht zu uns redet, dass unser Vertrauen auf ein solches Reden Gottes unberechtigt ist, dann würde der christliche Glaube zusammenbrechen.[9] Wichtig ist, worauf sich unser Vertrauen bezieht. Es bezieht sich *auf Gott*, auf seine Bereitschaft und seine unbegrenzten Möglichkeiten, durch die Bibel zu uns zu sprechen.

Auf der Basis dieses Vertrauens zu Gott richtet sich unser Vertrauen auch auf die Bibel. Wir können davon ausgehen, dass wir durch die Bibel in allen heilswichtigen Fragen eine zuverlässige Orientierung erhalten. Das gilt insbesondere dann, wenn wir uns am biblischen *Evangelium von Jesus Christus* ausrichten. Die Kirche darf nichts lehren, was dem Evangelium von Jesus Christus widerspricht. In diesem Sinn ist die Bibel der *Maßstab* (Kanon) für den Glauben, die Lehre und das Leben der Christen. Die Christenheit kann sich in den heilswichtigen Fragen *nicht* an einer Weltanschauung orientieren, nicht an einer Philosophie oder an einer politischen Ideologie, auch nicht an der Wissenschaft, der Vernunft oder der Erfahrung. Keine Vernunft, keine Erfahrung und keine Wissenschaft kann uns die Frage beantworten: Wer ist Gott? Wie entsteht Gemeinschaft mit Gott? Auch die anderen großen Fragen des Lebens kann der Mensch – ob mit oder ohne Wissenschaft – nicht aus eigener Kraft beantworten: Wer bin ich? Wovon und wofür lebe ich? Woher kommt die Liebe, das Vertrauen und die Zuversicht? Was kann helfen in Leid und Not? Gibt es eine Hoffnung über den Tod hinaus? Inwiefern hängt das Geheimnis

---

[7] Vgl. dazu Kapitel 5.

[8] Vgl. WA 7,312,17f (Lutherzitate sind im vorliegenden Buch dem heutigen Deutsch angepasst).

[9] Nicht unsere Erfahrung begründet die Autorität der Bibel, sondern Gottes Wirken. Dieses Wirken wird aber von uns erfahren. Was wäre das für ein »*Wirken*«, das man nicht erfährt? Zwar gibt es in unseren Erfahrungen auch Anfechtungen, Krisen und »Durststrecken«. Grundsätzlich aber gilt: Gott teilt sich uns durch die Bibel im Glauben mit.

des Lebens mit dem Geheimnis »Gott« zusammen? In diesen großen Lebensfragen kann uns – bei aller gebührenden Anerkennung der Erfahrung, der Vernunft und der Wissenschaft – nur die biblische Botschaft eine verlässliche Orientierung geben. Ihre Orientierungskraft geht weit über das hinaus, was Menschen von sich aus erforschen und erkennen können. Deshalb hat die Bibel in geistlichen Fragen – in den Fragen die die Beziehung zwischen Gott und Menschen betreffen – gegenüber allen irdischen Autoritäten und Instanzen die höhere Autorität.

Soweit meine persönliche Sicht der Bibel. Diese Sicht entspricht im Grundsätzlichen dem, was sowohl die evangelische als auch die katholische Kirche von der Bibel lehrt. Die Unterschiede, die es zwischen diesen beiden Kirchen im Blick auf das Verständnis der Bibel gibt, klammere ich zunächst aus. In diesem ersten Kapitel geht es mir um das, worin Christen sich in Bezug auf die Bibel *einig* sind. Erst wenn uns das klar ist, können wir angemessen von den Unterschieden reden. Ich bin in meiner Sicht der Bibel auch mit der großen Mehrheit der an den staatlichen Hochschulen im Fach Evangelische und Katholische Theologie Lehrenden im Grundsätzlichen einig. Das Vertrauen darauf, dass Gott durch die Bibel zu uns Menschen spricht und die Bibel uns in den heilswichtigen Fragen eine zuverlässige Orientierung bietet, steht nicht im Widerspruch zur wissenschaftlichen Erforschung der Bibel. Glaube und Wissenschaft sind keine Feinde.[10] Sie liegen auf unterschiedlichen Ebenen und können sich gerade deshalb ergänzen und bereichern. Die Lehrbücher der Dogmatik betonen, dass wir auf Gottes Reden durch die Bibel und auf die grundlegende Orientierungskraft der Bibel vertrauen können.[11] Dieses Vertrauen

[10] Das kann schon deshalb nicht sein, weil die menschliche Vernunft – die die Basis der Wissenschaft ist – nach christlicher Überzeugung ein Geschenk Gottes ist.

[11] Vgl. z. B. Härle, Dogmatik, 111–139; Joest, Dogmatik, 61 f u. a. Falls einzelne Hochschullehrer in den Fächern Ev. bzw. Kath. Theologie das Vertrauen in Gottes Wirken durch die Bibel und in die grundlegende Orientierungskraft der Bibel *prinzipiell* in Frage stellen, überschreiten sie das, was man im Namen der Wissenschaft sagen kann und vertreten keine christliche Position mehr. Das lässt sich im Einzelfall nur schwer verhindern. Disziplinarrechtliche Maßnahmen sind in dieser Problematik nur bedingt geeignet. Zu den Vor- und Nachteilen der akademischen Lehrfreiheit vgl. Kapitel 8, Abschnitt 3.

führt uns in die Geborgenheit und Gewissheit, »dass weder Tod noch Leben, weder Engel noch Mächte und Gewalten, weder Gegenwärtiges noch Zukünftiges, weder Hohes noch Tiefes noch irgendeine Kreatur uns scheiden können von der Liebe Gottes, die in Christus Jesus ist, unserem Herrn« (Röm 8,38 f).

Fazit: Nach christlicher Sicht steht Gott zur Bibel in einem einzigartigen Verhältnis. Er tritt insbesondere (wenn auch nicht ausschließlich) durch die Bibel zu uns in Kontakt. Er führt uns insbesondere (wenn auch nicht ausschließlich) durch die Bibel an das Ziel, das er kennt. Gott nimmt also nach christlicher Überzeugung die Bibel für seine Ziele in Anspruch. Insofern können wir von einer *Wirkungseinheit* zwischen Gott und der Bibel sprechen, die von Gott ausgeht und in Gott gründet. Gerade weil diese Wirkungseinheit ein Geheimnis und Wunder ist, über das Gott allein verfügt, können wir uns auf diese Wirkungseinheit verlassen.[12] Zum christlichen Glauben gehört die Gewissheit: Alles, was Gott durch die Bibel erreichen will, das erreicht er auch. Eine tiefere und umfassendere Gewissheit in Bezug auf die Bibel gibt es nicht. Dieses Vertrauen in Gottes Wirken durch die Bibel verbindet und eint alle Christen.

Es handelt sich bei diesem gemeinsamen Vertrauen nicht um eine lehrmäßige Einheit, sondern um eine Einheit *der Herzen* bzw. eine Einheit *im Heiligen Geist*. Zwar sollen wir uns auch in den Lehrfragen um Verständigung bemühen. Aber eine Einheit in der Lehre wird in der Christenheit wohl nicht erreichbar sein (vgl. die verschiedenen Konfessionen, theologischen Richtungen und »Lager«). Sie ist auch nicht notwendig. Umso wichtiger ist es, dass wir die uns von Gott geschenkte Einheit im Heiligen Geist nicht gering achten. Jeder Christ hat die Aufgabe, diese Einheit zu würdigen und anderen Christen gegenüber zum Ausdruck zu bringen. Deshalb beginne ich das vorliegende Buch mit diesem Kapitel und beende es mit einem entsprechenden. Die uns von Gott geschenkte Einheit der Herzen im Heiligen Geist gilt es im Blick zu behalten, wenn ich mich ab jetzt den lehrmäßigen Fragen des Bibelverständnisses zuwende, in denen sich die beiden »Lager« *nicht* einig sind.

---

[12] Die Wirkungseinheit zwischen Gott und der Bibel ist also nicht so »gegeben« oder »vorhanden«, wie ein weltlicher Gegenstand oder Tatbestand.

2. An welcher Stelle trennen sich die Wege?

Christen gehen in ihrem Glauben von einer Wirkungseinheit zwischen Gott und der Bibel aus, kraft derer die Bibel das bewirkt, was Gott will. Trotz dieser grundlegenden Übereinstimmung gibt es im Verständnis der Bibel eine Meinungsverschiedenheit, die die Christen in zwei »Lager« spaltet. Es geht dabei um die Frage: *Hat die Bibel göttliche Eigenschaften*? In der Antwort auf diese Frage trennen sich die Wege. Ein Teil der Christen bejaht die Frage, der andere Teil verneint sie. Aus der jeweiligen Antwort ergeben sich unterschiedliche Folgen für den Umgang mit der Bibel. Die Christen, die die Frage bejahen, begründen ihre Antwort folgendermaßen: Die Bibel ist Gottes Wort. Gott hat die Schreiber der Bibel bis in die Wahl ihrer Worte geleitet. Er ist deshalb der eigentliche Autor der Bibel. Aus diesem Grund hat die Bibel zwei göttliche Eigenschaften. Sie hat Anteil an Gottes *Vollkommenheit* und an seiner *absoluten Autorität*. Diese Christen verstehen also Gottes Wirkungseinheit mit der Bibel als *Qualitätseinheit*.[13] Dazu passt, dass man unter diesen Christen sowohl vom Glauben an den dreieinigen Gott spricht als auch vom Glauben an die Bibel. Diese Christen bezeichnen sich als »bibelgläubig« oder »bibeltreu«.

Der andere Teil der Christen, zu dem auch ich selbst gehöre, versteht Gottes Wirkungseinheit mit der Bibel *nicht* als Qualitätseinheit.[14] Nach Auffassung dieser Christen folgt aus der Wirkungseinheit zwischen Gott und Bibel keineswegs, dass die Bibel göttliche Eigenschaften hat. Die Bibel hat göttliche Wirkung, wann und wo Gott es will, aber sie hat keine göttlichen Eigenschaften. Das ist ein großer Unterschied.[15] Bei allem Ernstnehmen und

[13] Selbstverständlich kann es nur um eine *partielle* Qualitätseinheit zwischen Gott und der Bibel gehen. Niemand behauptet, dass die Bibel an *allen* Eigenschaften Gottes Anteil hat (z. B. an seiner Allgegenwart u. a.).

[14] Ich stelle die Position der betreffenden Christen in diesem Kapitel zunächst nur vor. Die ausführliche Begründung und Erläuterung dieser Position ist Aufgabe der folgenden Kapitel.

[15] Zum Vergleich: Ein Mensch, der mit Hilfe eines Hammers einen Nagel in die Wand schlägt, hat zwischen sich und dem Hammer eine Wirkungseinheit hergestellt und auf diese Weise sein Ziel erreicht. Dadurch entsteht aber zwischen Mensch und Hammer keine Qualitätseinheit. Der Hammer bekommt aufgrund dieser Wirkungseinheit keine »menschlichen« Eigenschaften.

Wertschätzen der genannten Wirkungseinheit ist es ihres Erachtens um der Einzigkeit Gottes willen notwendig, zwischen Gott und der Bibel *kategorial* zu unterscheiden.[16] Die Erkenntnis der Einzigkeit Gottes ist eines der entscheidenden Merkmale des biblischen Gottesverständnisses. In den anderen Religionen der damaligen Zeit findet sich diese Erkenntnis so nicht. Die Einzigkeit Gottes bedeutet: Nur Gott hat göttliche Eigenschaften. Nur Gott ist göttlich.[17] Die Bibel ist im Unterschied zu Gott ein sichtbarer Gegenstand, den wir griffbereit zur Hand haben. Sie ist im Unterschied zu Gott innerhalb einer bestimmten Zeit, einer bestimmten Region und einer bestimmten Kultur entstanden. Sie ist in irdischen Sprachen geschrieben, deren Vokabular und Grammatik irdischen Bedingungen unterliegen. Damit gehört die Bibel zum Bereich der *Schöpfung.*[18] Im Bereich der Schöpfung kommt nichts dem Schöpfer gleich. Nichts in der Schöpfung ist so vollkommen und hat solche Autorität wie der Schöpfer in seiner Einzigkeit.

Dass die Bibel für uns »*Gottes Wort*« ist[19], hebt ihre Zugehörigkeit zur Schöpfung nicht auf. Die Bezeichnung der Bibel als »Gottes Wort« wird im Judentum ab dem 1. Jahrhundert v. Chr. üblich, im Christentum ab dem 2./3. Jahrhundert n. Chr. Diese Bezeichnung soll zum Ausdruck bringen, dass Gott sich dem Menschen durch die Bibel offenbart. Man darf diese Bezeichnung der Bibel nicht wörtlich verstehen. Gott spricht ja nicht direkt zu den Hörern und Lesern der Bibel, sondern mittels eines Textes, den Menschen geschrieben und überliefert haben. Selbst von Jesus, der als Sohn Gottes auf der Erde gelebt hat, haben wir keinen einzigen Satz direkt. Er selbst hat keine Schrift geschrieben und den Menschen hinterlassen. Alles, was wir von Gott und von Jesus wissen, wurde uns von Menschen übermittelt. Wenn wir die Bezeichnung der Bibel als »Gottes Wort« im direkten, wörtlichen Sinn verstehen, blenden wir den Aspekt der menschlichen Vermittlung aus und unterschätzen ihn. Auch *die Inspiration* der Bibel[20] ändert nichts an ihrer Zugehörigkeit zur Schöpfung. Wie ein inspirierter Mensch ein irdischer Mensch bleibt und nicht zu einem himmlischen Wesen wird, so

[16] Der Begriff »kategorial« wird in Kapitel 3, Abschnitt 1 erläutert. Zur Einzigkeit Gottes vgl. Kapitel 3, Abschnitt 2.

[17] Zur Einzigkeit Gottes vgl. Kapitel 3, Abschnitt 2.

[18] Vgl. Kapitel 3, Abschnitt 3.

[19] Vgl. Kapitel 5.

[20] Vgl. Kapitel 6.

bleibt ein inspiriertes Buch ein irdisches Buch. Die Bibel ist kein »Stück Himmel« auf Erden.[21]

Die Vorstellung, Gott sei der »eigentliche Autor« der Bibel, wird den Texten der Bibel nicht gerecht. Dazu einige Hinweise: In manchen Buchanfängen der prophetischen Bücher des Alten Testaments wird die jeweilige prophetische Botschaft als »Wort Gottes« (Wort Jahwes) bezeichnet: »Das Wort Jahwes, das an Hosea, den Sohn des Bearis geschah« (Hos 1,1; entsprechend Mi 1,1; Zeph 1,1; Jon 1,1; Jo 1,1). Andere Anfangsverse der prophetischen Schriften nennen jedoch *den Propheten* als Autor der Botschaft: »Die Worte des Amos, ein Schafzüchter aus Tekoa, Vision über Israel« (Am 1,1; entsprechend Jes 1,1; Ob 1,1). Der Beginn des Jeremiabuchs kombiniert beide Typen von Buchanfängen: »Die Worte des Jeremia, des Sohnes Hilkias, eines der Priester, die zu Anatoth im Lande Benjamin wohnten, an den das Wort Jahwes geschah« (Jer 1,1–2; ähnlich Hes 1,1–3). Dass Gottes Wort an Jeremia geschah, hebt also nicht auf, dass es sich um »die *Worte des Jeremia*« handelt. Das Neue Testament nennt bei Zitaten aus dem Alten Testament oft den menschlichen Autor (»wie Jesaja sagt« o.ä.), *selbst dann*, wenn im Text des Alten Testaments eine *Gottesrede* vorliegt. Interessant ist auch folgendes Beispiel: Obwohl die Bibel dem Mann die Scheidung erlaubt, spricht Jesus sich gegen das Recht auf Scheidung aus. Dabei betont er: »Mose hat aus Rücksicht auf die Härte eurer Herzen erlaubt, eure Frauen zu entlassen« (Mt 19,8; vgl. Mk 10,5). Wenn Gott der »eigentliche Autor« der Bibel ist, hätte Jesus so nicht argumentieren dürfen. Dann hätte er sagen müssen: »*Gott* hat aus Rücksicht auf…« Auch andere Stellen des Neuen Testaments weisen auf die verantwortliche Tätigkeit der menschlichen Autoren hin (vgl. z.B. Luk 1,1–4; Joh 20,30–31; 2 Petr 3,15–16). Man darf also den Einfluss Gottes auf die Schreiber biblischer Texte – den wir sehr hoch veranschlagen dürfen – und die verantwortliche Autorenschaft dieser Schreiber nicht gegeneinander ausspielen. Auch die menschlichen Schreiber der biblischen Texte sind *eigentliche* Autoren. Die genaueren Details im Zusammenspiel von Gott und Mensch sind für uns ein Geheimnis. Wer die menschliche Seite der Bibel unterschätzt, tut der Christenheit keinen Gefallen.

[21] Die Inspiration der Bibel ändert nichts daran, dass die Bibel ein sichtbarer Gegenstand ist, den wir griffbereit zur Hand haben. Sie ändert auch nichts daran, dass die Bibel innerhalb einer bestimmten Zeit, einer bestimmten Region und einer bestimmten Kultur entstanden ist. Und sie ändert nichts daran, dass die Bibel in irdischen Sprachen verfasst ist, deren Vokabular und Grammatik irdischen Bedingungen unterliegt. Darum ändert die Inspiration der Bibel nichts an ihrer Zugehörigkeit zum Bereich der Schöpfung.

Schreibt man der Bibel göttliche Eigenschaften zu, kommt es zu einer *Vergöttlichung* der Bibel. Eine solche Vergöttlichung steht im Widerspruch zu Gottes Einzigkeit und macht eine angemessene Unterscheidung von Gott und Bibel unmöglich. Wir dürfen nicht *die Mittel* vergöttlichen, durch die Gott zu uns spricht. Wenn wir der Bibel göttliche Eigenschaften zuschreiben, gehört sie für uns – zumindest in bestimmter Hinsicht – in die gleiche Kategorie wie Gott. Dann glauben wir sowohl an Gott, als auch »an« die Bibel. Demgegenüber betonen jene Christen, die zwischen Gott und Bibel kategorial unterscheiden, dass sie *allein* an den dreieinigen Gott glauben, nicht außerdem auch noch »an« die Bibel.[22] Daran zeigt sich der kategoriale Unterschied zwischen Gott und der Bibel. Man kann Gottes Wirkungseinheit mit der Bibel nicht dadurch »verbessern« oder »absichern«, dass man diese Wirkungseinheit als Qualitätseinheit versteht. Das Vertrauen in Gottes Wirkungseinheit mit der Bibel führt uns in eine umfassende Geborgenheit und Heilsgewissheit. Welchen Grund sollte es geben, damit unzufrieden zu sein und »mehr« zu wollen? »Mehr« brauchen wir nicht und gibt es nicht.

Im Johannesevangelium sagt Jesus: »Ich und der Vater sind eins« (10,30). Er sagt aber an keiner Stelle: »Ich und die Schrift sind eins«. Das ist kein Zufall. Die Christenheit lehrt eine *Dreieinigkeit* von Vater, Sohn und Heiligem Geist. Sie lehrt aber keine »Viereinigkeit« von Vater, Sohn, Heiliger Geist und Heiliger Schrift. Auch daran, dass die Bibel nicht in das Einssein von Vater, Sohn und Heiligem Geist integriert werden kann, zeigt sich der kategoriale Unterschied zwischen Gott und Bibel. Es gibt christliche Gemeinschaften, in denen spricht man von der Bibel, als ob sie Teil einer göttlichen Viereinigkeit wäre. In einem Seminar meldete sich eine Studentin mit den Worten: »Aber Jesus sagt doch: Ich und die Schrift sind eins.« Als ich ihr antwortete, dass es eine solche Aussage Jesu nicht gibt, war sie sehr befremdet. Die Überzeugung dieser Studentin kommt nicht von ungefähr. Sie entsteht über Jahre hinweg in jenen christlichen Gruppen, die der Bibel göttliche Eigenschaften zuschreiben, eine angemessene Unterscheidung von Gott und Bibel aber nicht im Blickfeld haben.

---

[22] Vgl. dazu Kapitel 3, Abschnitt 4.

Die Bibel selbst lehrt uns den kategorialen Unterschied zwischen Gott und Bibel. Sie lehrt uns auch, in welcher Hinsicht dieser Unterschied eine Rolle spielt. Er zeigt sich vor allem in *vierfacher* Hinsicht: 1. Christen glauben an den dreieinigen Gott, nicht an die Bibel.[23] 2. Die Bibel gehört zum Bereich der Schöpfung. Sie hat also keine göttlichen Eigenschaften.[24] 3. Gott (Jesus Christus, der Heilige Geist) ist der Herr der Bibel.[25] Aus diesem Grund gehört die Bibel nicht zum wesensmäßigen Einssein von Vater, Sohn und Heiligem Geist hinzu. 4. Gottes entscheidende Offenbarung ist *Jesus Christus* als Person, nicht die Bibel.[26] Dieser vierfache Unterschied bedeutet: Die Bibel hat nicht den gleichen Rang wie Gott. Sie ist ihm untergeordnet. Deshalb muss man die Bibel *Gott* gegenüber relativieren. Das ist etwas völlig Anderes als eine Relativierung der Bibel gegenüber irdischen Autoritäten und Instanzen. Letzteres kommt nicht in Frage. Gegenüber allen denkbaren irdischen Autoritäten und Instanzen hat die Bibel – auf Grund der Wirkungseinheit von Gott und Bibel – die *höhere* Autorität.[27] Die Relativierung der Bibel gegenüber Gott ist in keiner Weise eine Abwertung der Bibel. Diese Relativierung ergibt sich nicht aus weltanschaulichen Gründen, sondern aus der *biblischen Offenbarung* selbst, nämlich aus der biblischen Erkenntnis der Einzigkeit Gottes. Nur die Relativierung der Bibel gegenüber Gott, ermöglicht eine Zuordnung der Bibel zu Gott, die der einzigartigen Würde Gottes entspricht. Wie sollte es eine »Abwertung« der Bibel sein, wenn wir sie Gott so zuordnen, dass Gottes einzigartige Würde zum Leuchten kommt? Die Relativierung der Bibel gegenüber Gott, geht in keiner Hinsicht auf Kosten der Wirkungseinheit von Gott und Bibel.

Die Christen, die der Bibel göttliche Eigenschaften zuschreiben, lehnen eine Relativierung der Bibel auch Gott gegenüber in aller Regel ab. Sie tun sich auch sehr schwer damit, das Berechtigte dieser Relativierung anzuerkennen. Wie sollte man auch »absolute Autorität« und »Vollkommenheit« relativieren? Oft hört man

---

[23] Das wird in Kapitel 3, Abschnitt 4, am Neuen Testament belegt.

[24] Vgl. Kapitel 3, Abschnitt 3.

[25] Vgl. Kapitel 3, Abschnitt 3 und Kapitel 4.

[26] Vgl. Kapitel 4, Abschnitt 3.

[27] Vgl. Kapitel 1.

vonseiten dieser Christen folgenden Einwände: »Man kann die Bibel gegenüber Gott schon deshalb nicht relativieren, weil wir alles Wichtige über Gott nur aus der Bibel wissen«. Letzteres ist unbestritten. Ohne die Bibel wüssten wir tatsächlich nichts Wichtiges über Gott. Doch dieser Einwand geht am entscheidenden Punkt vorbei. Die Tatsache, dass die Bibel die einzige theologisch qualifizierte Quelle für das christliche Gottesverständnis ist, ändert nichts daran, dass man zwischen dieser Quelle und dem, den diese Quelle bezeugt, kategorial unterscheiden muss. Entscheidend ist: *Die Bibel selbst* relativiert sich gegenüber Gott! Ohne die Bibel wüssten wir nichts theologisch Qualifiziertes über die notwendige Relativierung der Bibel gegenüber Gott.

Man kann den Unterschied im Bibelverständnis auch auf folgende Weise verdeutlichen: Die Christen, die eine Relativierung der Bibel Gott gegenüber für notwendig halten, unterscheiden im geistlichen Bereich (in der Beziehung zwischen Gott und Mensch) *drei Autoritätsebenen*. Die oberste Ebene der Autorität ist dem dreieinigen Gott vorbehalten. Die zweite, untergeordnete Ebene der Autorität kommt der Heiligen Schrift zu, die dritte, wiederum untergeordnete Ebene der Kirche. Das bedeutet: Alle kirchlichen Amtsträger, alle Theologen und alle anderen irdischen Autoritäten und Instanzen stehen *unter* der Autorität der Heiligen Schrift. Daraus folgt aber keineswegs, dass die Heilige Schrift die gleiche Autorität hat wie Gott. Die Christen, die der Bibel göttliche Eigenschaften zuschreiben, unterscheiden dagegen im geistlichen Bereich nur *zwei* Autoritätsebenen. Bei ihnen entfällt die mittlere Ebene der Autorität. Ihrer Auffassung nach gehört die Bibel, zusammen mit dem dreieinigen Gott, auf die oberste Ebene der Autorität. Andernfalls, so befürchten sie, verliert die Bibel ihre Autorität über die Kirche und die Theologie. Diese Befürchtung beruht auf einem Missverständnis. Die Relativierung der Bibel gegenüber Gott besagt ja nicht, dass die Bibel auf der gleichen Autoritätsebene wie die Kirche und Theologie, oder sogar unter dieser Ebene steht. In *beiden* Verstehensmodellen ist unbestritten, dass Kirche und Theologie *unter* der Autorität der Heiligen Schrift stehen, nicht über ihr. Das Motto: »Wir stehen unter der Schrift, nicht über ihr«, ist also in jedem Fall richtig.

Eine Verständigung der Christen über die Frage, an der sich die Wege im Bibelverständnis trennen, ist ausgesprochen schwierig.

Eine solche Verständigung ist bereits im Ansatz durch tiefsitzende Missverständnisse blockiert. Solange diese Missverständnisse nicht erkannt und aus dem Weg geräumt werden, redet man aneinander vorbei. Die Christen, die der Bibel göttliche Eigenschaften zuschreiben, sind davon überzeugt, dass man nur auf diese Weise der Zusammengehörigkeit von Gott und Bibel gerecht werden kann. Sie gehen von einem Entweder – Oder aus: Entweder besteht zwischen Gott und Bibel eine Qualitätseinheit, oder es besteht zwischen ihnen überhaupt keine Einheit. Dieses Entweder – Oder trifft aber nicht zu. Den Christen, die der Bibel keine göttlichen Eigenschaften zuschreiben, ist die Einheit und Zusammengehörigkeit von Gott und Bibel *genauso wichtig*. Der Konflikt zwischen den beiden christlichen »Lagern« besteht *nicht* darin, dass der eine Teil der Christenheit die Einheit von Gott und Bibel lehrt, und der andere Teil diese Einheit bestreitet. Der Konflikt ist ein anderer: Ein Teil der Christen hält es um der Einheit von Gott und Bibel willen für notwendig, der Bibel göttliche Eigenschaften zuzuerkennen. Der andere Teil der Christen hält diesen Weg nicht für angemessen. Diese Christen verstehen die Einheit und Zusammengehörigkeit von Gott und Bibel nicht als Qualitäts-, sondern als *Wirkungseinheit*. Diese Wirkungseinheit gewährt uns alles, was wir für unseren christlichen Glauben brauchen.

Sobald klar wird, dass die Zusammengehörigkeit und Einheit von Gott und Bibel in der Christenheit unbestritten und beiden »Lagern« unersetzbar wichtig ist, kann zwischen diesen »Lagern« eine Entspannung und Versöhnung eintreten, die bis in die Wurzel des Konflikts reicht. Das *gemeinsame* Betonen der *Wirkungseinheit* zwischen Gott und Bibel kann festgefahrene Fronten überwinden und neue Gesprächsmöglichkeiten eröffnen.

Ein Bibelverständnis, bei dem man mit göttlichen Eigenschaften der Bibel rechnet, bezeichnet man in der theologischen Fachsprache als *»fundamentalistisch«*. Im folgenden Exkurs soll dieser Begriff erläutert und in einen größeren Zusammenhang gestellt werden. Die anschließenden Kapitel sollen dann ausführlich darlegen, was in diesem Kapitel nur knapp skizziert worden ist.

Exkurs: Zu den Begriffen »Fundamentalismus« und »evangelikal«

Die an den Universitäten und Hochschulen betriebene moderne Bibelwissenschaft wird am heftigsten von jenen Christen abgelehnt, die ein »*fundamentalistisches*« Bibelverständnis vertreten. Deshalb beschäftige ich mich im vorliegenden Buch in erster Linie mit den Einwänden und Vorbehalten, die von diesen Christen geäußert werden. Dabei verwende ich den Begriff »Fundamentalismus« nicht in einem allgemeinen religionswissenschaftlichen, soziologischen oder politischen Sinn, sondern in seiner ursprünglichen Bedeutung: als *theologischen* Fachbegriff. Es geht dabei ausschließlich um den *protestantischen* Fundamentalismus. Er ist am Ende des 19. bzw. am Beginn des 20. Jahrhunderts im nordamerikanischen Christentum entstanden. Von dort aus hat er sich weltweit ausgebreitet. In Nordamerika entstanden die Begriffe »fundamentalism« (Fundamentalismus) und »fundamentalist«. Es handelt sich bei diesen Begriffen in erster Linie um *Selbstbezeichnungen.*[28] Die betreffenden Christen haben sich unter diesen Leitbegriffen zusammengefunden, um so zum Ausdruck zu bringen, dass sie die moderne Bibelwissenschaft, die moderne Evolutionstheorie und den modernen Liberalismus ablehnen.

Der theologische Fachausdruck »Fundamentalismus« bezieht sich vor allem auf ein bestimmtes Verständnis der Bibel. Dieses Bibelverständnis ist die Basis des protestantischen Fundamentalismus. Fundamentalistische Stellungnahmen zu ethischen, gesellschaftlichen oder wissenschaftlichen Themen argumentieren im Entscheidenden von der Bibel her. Ich konzentriere mich deshalb in diesem Exkurs auf das *Bibelverständnis* des protestantischen Fundamentalismus. Die im Folgenden genannten sechs Kennzeichen dieses Bibelverständnisses sind allgemein bekannt und

[28] Zwei Beispiele für viele: Im Jahr 1920 versammelten sich amerikanische Baptisten in Buffalo (Bundesstaat New York) zu einer Konferenz unter dem Titel: »National Federation of Fundamentalists of the Northern Baptists«. Der bekannte amerikanische Fernsehprediger Jerry Falwell, Gründer der Bewegung »Moral Majority«, gab der von ihm herausgegebenen Zeitschrift den Namen »Fundamentalist Journal« (vgl. dazu Holthaus, Fundamentalismus, 42 f).

anerkannt. Sie ergeben sich aus den repräsentativen Texten des protestantischen Fundamentalismus:[29]

1. Die Bibel ist *verbalinspiriert*. Damit ist nach fundamentalistischem Verständnis gemeint: Gott hat die Schreiber der Bibel bis in die Wahl ihrer Worte hinein geleitet. *Er* hat die Worte ausgewählt und festgelegt. Der eigentliche Autor der Bibel ist Gott.[30]
2. Die Bibel ist *Gottes Wort*. Das heißt nach fundamentalistischem Verständnis: Die Begriffe »Bibel« und »Gottes Wort« bedeuten das Gleiche. Sie sind austauschbar.[31]
3. Die Bibel ist Gottes *entscheidende* Offenbarung, d. h. die Bibel ist die entscheidende Grundlage des christlichen Glaubens.[32]
4. Die Bibel hat Anteil an Gottes absoluter *Autorität*. Ihre Autorität ist Gottes Autorität. Was die Bibel sagt, das sagt Gott. Deshalb ist jede Relativierung der Bibel abzulehnen.
5. In der Bibel gibt es *keine Fehler* und *keine Widersprüche*. Das gilt auch für alle geschichtlichen, geographischen, biologischen, medizinischen und astronomischen Aussagen. In der Bibel *kann* es keine Fehler geben, weil Gott keine Fehler macht. Gott ist vollkommen, also ist es sein Wort auch. Die Bibel hat Anteil an Gottes Vollkommenheit.[33]
6. In der biblischen Urgeschichte (Gen 1–11) geht es um den *geschichtlichen* Anfang der Menschheit. Adam und Eva (vgl. Gen 2–3) waren die ersten zwei Menschen. Alle anderen Menschen stammen von ihnen ab. Die moderne Evolutionstheorie steht im Widerspruch zur biblischen Urgeschichte. Darum kann sie von Christen nicht akzeptiert werden.

---

[29] Repräsentativ für den heutigen protestantischen Fundamentalismus sind vor allem die drei »Chicagoer Erklärungen« aus den Jahren 1978, 1982 und 1986. Zum fundamentalistischen Bibelverständnis vgl. die Artikel »Fundamentalismus« in den theologischen Fachlexika: Theologische Realenzyklopädie (TRE), Religion in Geschichte und Gegenwart (RGG), Lexikon für Theologie und Kirche (LThK), Evangelisches Kirchenlexikon (EKL), Lexikon für Theologie und Religion (LTR), Handbuch religionswissenschaftlicher Grundbegriffe (HRWG).

[30] Vgl. dazu Kapitel 6.

[31] Vgl. dazu Kapitel 5.

[32] Vgl. dazu Kapitel 4.

[33] Vgl. dazu Kapitel 3, Abschnitt 6. Fundamentalistisch geprägte Christen fragen: »Wenn in der Bibel nicht alles stimmt, wer kann dann entscheiden, was überhaupt stimmt?«

Fundamentalistisch denkende Christen sind davon überzeugt, dass nur *dieses* Bibelverständnis der Bibel gerecht wird und als »bibeltreu« gelten kann. Wird dieses Verständnis aber der Bibel tatsächlich gerecht? Die gesamte nichtfundamentalistische Theologie ist der Auffassung, dass dies in wesentlicher Hinsicht *nicht* der Fall ist.[34]

Zunächst ist zu beachten, dass sich der Sprachgebrauch des Begriffs »Fundamentalismus« geändert hat. In den siebziger und achtziger Jahren des vorigen Jahrhunderts kam es zu einer *Ausweitung* des Begriffs. Ab dieser Zeit wurde er auch auf andere Weltreligionen und politische Überzeugungen angewandt. Die Medien verwenden den Begriff »Fundamentalismus« heute mit Vorliebe für gewaltbereite (muslimische u. a.) Extremisten. Das gibt diesem Begriff eine wesentlich negativere Färbung, als das in der Zeit vorher der Fall war. Deshalb bezeichnet sich heute kaum noch ein Christ, der ein fundamentalistisches Bibelverständnis vertritt, als »Fundamentalist«. Die meisten dieser Christen – vor allem die Jüngeren unter ihnen – kennen den ursprünglichen, innerchristlichen Sprachgebrauch nicht mehr. Bei dem Wort »Fundamentalismus« denken sie nicht an ihr eigenes Bibelverständnis, sondern an irgendwelche Extremisten, mit denen sie nichts zu tun haben wollen. Dass dieser Begriff in genau jenem konservativen Christentum entstanden ist, dem sie sich selbst zugehörig fühlen, ist ihnen oft nicht bekannt. Sie wissen meist auch nicht, dass die *wissenschaftliche Theologie* den Begriff »Fundamentalismus« nach wie vor in seinem ursprünglichen Sinn verwendet. So ist eine Situation entstanden, die für Viele verwirrend ist und die man begriffsgeschichtlich klären muss.

---

[34] Vgl. dazu die folgenden Kapitel. Mit dem Ausdruck »nichtfundamentalistische Theologie« will ich nicht sagen, dass es sich bei dieser Theologie um eine einheitliche Größe handelt. Selbstverständlich ist die nichtfundamentalistische Theologie sehr facettenreich und in vielfacher Hinsicht auch kontrovers. Trotzdem ist der Ausdruck »nichtfundamentalistische Theologie« legitim, genauso wie die Bezeichnungen »nichteuropäische Länder«, »nichtdemokratisches Denken« oder »nichtscholastische Theologie« usw. Die Bezeichnung »nichtfundamentalistische Theologie« soll zum Ausdruck bringen, dass ein großer Teil der christlichen Theologie die Position der fundamentalistischen Theologie gemeinsam ablehnt.

Auch die fundamentalistisch denkenden *Theologen*, die die begriffsgeschichtlichen Hintergründe kennen, vermeiden heute den Begriff »Fundamentalismus«. Er ist ihnen zu negativ besetzt. Sie wollen verständlicherweise nicht mit gewaltbereiten muslimischen Extremisten »in einen Topf« geworfen werden. Ich denke, Christen sollten gegenüber Mitchristen auf den personalen Begriff »Fundamentalist« bzw. »Fundamentalisten« verzichten. Er wirkt zu schnell als feindliche Kampfparole und wird von den Betroffenen als Abstempelung und Verunglimpfung empfunden. Stattdessen kann man sachbezogener von *Christen* mit einem *fundamentalistischen Bibelverständnis* sprechen.[35] Andererseits ignoriert man geschichtliche Tatbestände, wenn man so tut, als habe es die innerchristliche Entstehungsgeschichte des Begriffs »Fundamentalismus« nicht gegeben und jede Anwendung dieses Begriffs auf ein christliches Bibelverständnis mit Entrüstung von sich weist. Man kann die innerchristliche Entstehungsgeschichte dieses Begriffs nicht ungeschehen machen. Für den heutigen Umgang mit dem Begriff »Fundamentalismus« sind meines Erachtens vor allem zwei Gesichtspunkte wichtig:

(1) Man muss unterscheiden zwischen »Fundamentalismus« und »Fundament«. Selbstverständlich braucht der Glaube des Christen ein Fundament. Der Glaube trägt sich nicht selbst, sondern lebt von einer Gewissheit, die der Mensch aus eigenem Vermögen nicht erzeugen kann. Er lebt von der Offenbarung Gottes und vom Wirken des Heiligen Geistes, der diese Offenbarung erschließt. Das Problem besteht nicht darin, dass ein fundamentalistisch geprägter Christ in seinem Glauben ein Fundament hat. Das ist gut und richtig so. Das Problem liegt in der *fundamentalistischen Sicht* der Bibel. Es ist deshalb blauäugig, zu sagen: »Wenn Sie mit dem Begriff ›Fundamentalismus‹ ausdrücken wollen, dass ich in meinem Glauben ein Fundament habe, können Sie mich gerne einen ›Fundamentalisten‹ nennen.« Diese Redeweise muss als das bezeichnet werden, was sie ist: ein Ablenkungsmanöver. Ist das

[35] Im vorliegenden Buch vermeide ich den Begriff »Fundamentalist« bzw. »Fundamentalisten«. Ich spreche von fundamentalistisch geprägten (orientierten, denkenden) *Christen*. Damit will ich die christliche Verbundenheit betonen, aber auch den Unterschied im Bibelverständnis zum Ausdruck bringen.

fundamentalistische Bibelverständnis berechtigt oder nicht? Um diese Frage geht es und um keine andere.

(2) Man muss unterscheiden zwischen dem Sprachgebrauch der *Medien* und dem Sprachgebrauch der *theologischen Fachwissenschaft*. Der Sprachgebrauch der theologischen Fachwissenschaft ist der ältere und ursprüngliche. Die Theologie muss zwar den Sprachgebrauch der Medien zur Kenntnis nehmen, darf sich aber nicht von ihm abhängig machen. Sie kann den eingeführten Fachbegriff »Fundamentalismus« – der so alt ist, wie der christliche Fundamentalismus – nicht einfach fallen lassen, nur weil die Medien ihn verändert haben. Wenn man in den wissenschaftlichen Fachsprachen alle Begriffe aufgeben müsste, die von den Medien oder anderen Gruppierungen verändert oder einseitig benutzt werden, hätten wir schon längst keine stabilen Fachsprachen mehr. Die wissenschaftliche Theologie wird deshalb den theologischen Begriff »Fundamentalismus« auch weiterhin verwenden. Solange es keinen anderen Begriff gibt, der sowohl von fundamentalistischer als auch von nichtfundamentalistischer Seite Zustimmung findet, gibt es zum Begriff »Fundamentalismus« keine Alternative. Jeder Christ kann anhand der genannten sechs Kennzeichen leicht feststellen, ob er selbst ein fundamentalistisches Bibelverständnis vertritt oder nicht. Wenn es der Fall ist, sollte er sich und Anderen nichts vormachen. Mit einem sprachlichen Versteckspiel ist niemandem geholfen.

Der Ausdruck »bibeltreu« kommt für das Gespräch mit der nichtfundamentalistischen Theologie aus mehreren Gründen nicht in Frage: a.) Im englischen Sprachraum, der für den Fundamentalismus von besonderem Gewicht ist, gibt es keinen entsprechenden Ausdruck. b.) Der Begriff »bibeltreu« kann als Selbstlob empfunden werden, das andere Christen als nicht so bibeltreu abwertet. Das gilt auch dann, wenn dieser Begriff so nicht gemeint ist. Es kommt nicht nur darauf an, wie ein Begriff gemeint ist, sondern auch darauf, wie er auf andere wirkt.[36] c.) Vor allem aber ist die evangelische und die katholische Theologie der Auffassung, dass die fundamentalistische Sicht der Bibel keineswegs »bibeltreu« ist, sondern in

[36] Diesen Gesichtspunkt muss man allerdings auch bei den Begriffen »Fundamentalismus« und »Fundamentalist« beachten.

wesentlichen Punkten der Bibel *nicht* gerecht wird. Der Ausdruck »bibeltreu« kann deshalb nicht mehr sein als ein »Insider«-Ausdruck unter Gleichgesinnten.[37]

Seit einiger Zeit versuchen fundamentalistisch denkende Autoren eine neue »Sprachregelung« einzuführen. Sie bezeichnen ihre Sicht der Bibel als »*klassisches*« Bibelverständnis. Dieser Versuch wird *außerhalb* fundamentalistischer Kreise keine Anerkennung finden. Er übergeht sowohl die Problematik des fundamentalistischen Bibelverständnisses als auch dessen Entstehungsgründe. Mit dem Wort »klassisch« wollen die betreffenden Autoren ihre Überzeugung zum Ausdruck bringen, ihr Bibelverständnis entspräche sowohl dem der Alten Kirche als auch dem der Reformatoren. Das trifft aber nicht zu. Zwischen dem Bibel- und Offenbarungsverständnis der Alten Kirche und dem des protestantischen Fundamentalismus gibt es erhebliche Unterschiede, die man nicht ignorieren darf.[38] Außerdem gibt es im Bibelverständnis der Alten Kirche zahlreiche Einseitigkeiten und Abwege (z. B. antijüdisches Bibelverständnis; allegorische Bibelauslegung; Abwertung der Frau und der Sexualität im Namen der Bibel u. a.). Deshalb kann dieses Bibelverständnis ohnehin nicht als »klassisch« gelten. Auch Luther hatte kein fundamentalistisches Bibelverständnis. Seine Hochschätzung des *mündlichen* Wortes (solo verbo; solo evangelio), seine Unterscheidung von »Gesetz und Evangelium«, sein Betonen der Herrschaft Jesu Christi über die Heilige Schrift (solus Christus) und seine an Jesus Christus orientierte Bibelauslegung (»Was Christum treibet«) sprengen jedes fundamentalistische Bibelverständnis. Man kann zwar von Luther und von Theologen der Alten Kirche Zitate sammeln, die von einer Irrtumslosigkeit der Bibel sprechen. Diese Zitate stehen aber in einem anderen Bezugsrahmen als im protestantischen Fundamentalismus. Darum ändern sie nichts an den großen Unterschieden im *Gesamtverständnis* der Bibel und der Offenbarung. Das fundamentalistische Bibelverständnis gründet viel stärker in der protestantischen

[37] Es verdient Respekt, dass Stephan Holthaus, der selbst ein fundamentalistisches Bibelverständnis vertritt, seinem Buch den Titel »Fundamentalismus in Deutschland« gegeben hat und nicht »Bibeltreues Christentum in Deutschland«. Nur so ist ein Gespräch mit der nichtfundamentalistischen Theologie möglich. Titelformulierungen dieser Art sind allerdings in der fundamentalistischen Literatur selten geworden.

[38] Vgl. Kapitel 4, Abschnitte 3–4 und Kapitel 6, Abschnitte 2–4.

Theologie des 17. und 18. Jahrhunderts (in der »protestantischen Orthodoxie«), als in der »klassischen« reformatorischen Theologie.[39]

Nach Klärung des Begriffs »Fundamentalismus« ist die Frage zu klären: Welches Verhältnis besteht zwischen dem »*fundamentalistischen*« und dem »*evangelikalen*« Protestantismus? Die Begriffe »fundamentalistisch« und »evangelikal« bedeuten nicht das Gleiche. Zum evangelikalen Protestantismus zählen wesentlich mehr Christen als zum fundamentalistischen Protestantismus. Andererseits überschneiden sich diese beiden Begriffe in hohem Maß: Ein großer Teil der evangelikalen Christen ist dem fundamentalistischen Protestantismus zuzurechnen. Ich erläutere zunächst den Begriff »evangelikal«, danach das Verhältnis von evangelikalem und fundamentalistischem Protestantismus[40]. Der Begriff »evangelikal« ist jünger als der Begriff »fundamentalistisch«. Im deutschen Sprachraum hat er sich erst ab den sechziger Jahren des vorigen Jahrhunderts eingebürgert.[41] Seitdem verbindet er Christen aus evangelischen Landes- und Freikirchen und aus selbstständigen Einzelgemeinden. Evangelikale Christen betonen folgende Aspekte des Christseins: Persönliche Entscheidung für Jesus Christus (Bekehrung), verbindliche Nachfolge Jesu (Heiligung), Orientierung des Glaubens und Lebens an der Bibel, persönliches Bibellesen und Gebet (auch in Form von Gebetsgemeinschaften), Engagement im Gewinnen anderer Menschen für den christlichen Glauben (Evangelisation, Mission) und tätige Nächstenliebe.

Die genannten Aspekte sind zweifellos elementar wichtige Merkmale des Christseins. Ich halte deshalb das Betonen dieser Aspekte für völlig richtig. Evangelikale Christen haben in zahllosen Fällen zur Belebung und Erneuerung des christlichen Glaubens beigetragen. Sie haben Themen zu ihrem Recht verholfen, die in den Volkskirchen lange Zeit vernachlässigt worden sind und teilweise noch immer vernachlässigt werden. Zu diesen Themen

---

[39] Vgl. Kapitel 4, Abschnitt 4 und Kapitel 6, Abschnitte 3–4. Zwischen der Theologie Luthers und der Theologie der lutherischen Orthodoxie gibt es erhebliche Unterschiede.

[40] Zum evangelikalen Protestantismus vgl. den Artikel »Evangelikale Bewegung«, in: RGG, Bd 2 (1999), Sp 1694–1701; Lüdke, Evangelikales Christentum.

[41] Im Zusammenhang mit Großveranstaltungen des amerikanischen Evangelisten Billy Graham.

gehören: Der Ruf zur Umkehr, das Engagement für Evangelisation und Mission[42], das Betonen der Verbindlichkeit des Glaubens, der Hingabe an Gott und der persönlichen Opferbereitschaft. In der Kinder- und Jugendarbeit, in der ehrenamtlichen Mitarbeit, in der Diakonie, im Entstehen von Hauskreisen, Glaubenskursen u. a. verdankt die evangelische Christenheit evangelikalen Christen viele wichtige Impulse und Beiträge. Ein beträchtlicher Teil der Studierenden im Fach Evangelische Theologie würde fehlen – auch an der Hochschule, an der ich tätig bin –, wenn sie nicht zuvor im evangelikalen Familien und Gemeinschaften für den christlichen Glauben gewonnen worden wären. Auf der Basis dieser Würdigung des evangelikalen Christseins ist das vorliegende Buch geschrieben.

Beschäftigt man sich mit der evangelikalen Frömmigkeit und Theologie näher, ergeben sich allerdings Fragen: Ist die Entscheidung für Jesus Christus meine eigene Tat, die kraft meines Willens zustande kommt? Oder ist sie ein Geschenk Gottes, das sich allein seiner Gnade verdankt? Genügt es, in diesem Zusammenhang auf den »freien Willen« des Menschen hinzuweisen? Ist es angemessen zu sagen: »*Ich* habe *mich* bekehrt«? Ist es nicht zutreffender zu sagen: »Gott hat mich gewonnen«? Oder: »Gott ist in mein Leben getreten«? Ist es angemessen, wenn man in Nichtchristen in erster Linie »Ungläubige« bzw. »Unbekehrte« sieht? Man kann in ihnen auch in erster Linie Gottes geliebte Geschöpfe und Gottes Ebenbilder sehen. Das hat Auswirkungen auf die Art der Wahrnehmung und auf die Atmosphäre im Kontakt mit den Menschen. Ist es angemessen zu sagen »Gott ist nicht nur gnädig. Er ist auch gerecht und heilig«? Wie hängen Gottes Liebe und Gottes Gericht

---

[42] Die Bereitschaft, für Jesus Christus missionarisch zu wirken, gehört m. E. zu den *Stärken* des evangelikalen Christseins. In den Volkskirchen hat sich nur allmählich und mühsam die Erkenntnis verbreitet, dass die Kirche Jesu Christi eine *missionarische* Kirche ist. Mission ist ein *Wesensmerkmal* der Kirche. Evangelisation gehört zu den wichtigsten Aufgaben der Kirche, vor allem im Blick auf ihre Zukunft. Diese Erkenntnis hat sich in den letzten zwanzig Jahren auf den Synoden der Evangelischen Kirche in Deutschland (EKD) erfreulicherweise durchgesetzt. Eine andere Frage ist, ob der Begriff »Mission« – der nicht aus der Bibel stammt – nach all den Erfahrungen mit der christlichen Mission heute noch der beste Begriff ist. Eine weitere Frage betrifft den Stil und die Methoden der Evangelisation und Mission. Vor allem ist die Theologie wichtig, die der jeweiligen Mission zugrunde liegt.

zusammen, so dass sie nicht im Widerspruch zueinander stehen? Kommt alles Leid aus der Sünde? Das sind keine zweitrangigen Fragen, die »nicht so wichtig« sind, sondern *zentrale* Fragen des christlichen Glaubens. Mit diesen und weiteren Fragen hängt es zusammen, dass sehr viele Christen – zu denen auch ich gehöre – das evangelikale Verstehensmodell des Christseins nicht für das beste und überzeugendste halten. Offensichtlich kommt es nicht nur darauf an, die genannten Aspekte des Christseins zu *betonen*, sondern auch darauf, *wie* man sie versteht.

Hinzu kommt Folgendes: In der evangelikalen Christenheit werden die genannten Aspekte des Christseins in aller Regel mit einer mehr oder weniger stark ausgeprägten *konservativen Mentalität und Weltsicht* verbunden. Das gilt sowohl für das Verständnis der Rolle von Mann und Frau, das Familienbild, das Verständnis von Erziehung, die Ethik, die politischen Überzeugungen, das Verständnis der Moderne u. a. Auch hier stellen sich Fragen: Ist ein konservativer Ansatz prinzipiell besser als andere Ansätze? Ist er weltanschaulich weniger einseitig? Kann die konservative Sehweise nicht genauso zur *Ideologie* werden, wie andere Sehweisen auch? Hat ein Christ mit »konservativem Tellerrand« weniger Ausblendungen als andere Christen mit ihren »Tellerrändern«? Muss man als Christ konservativ sein? Ist die biblische Botschaft »konservativ«? War Jesus »konservativ«? Was sind die tieferen Gründe dafür, dass evangelikale Christen eine Neigung zum Konservativen haben? Ich bin kein konservativer Mensch und kein konservativer Christ. Wie viele andere Christen fühle auch ich mich in der konservativen Mentalität nicht zuhause. Ich möchte den konservativen Ansatz aber nicht von vornherein pauschal abwerten, sondern auf faire und differenzierte Weise ernst nehmen. Er hat – wie andere Ansätze auch – seine Stärken und seine Schwächen. Deshalb haben wir Christen allen Grund, geschwisterlich miteinander umzugehen und voneinander zu lernen. Kritische Vorbehalte sind allerdings dort am Platz, wo konservative Christen an andere Christen mit dem Anspruch herantreten: Unsere konservative Einstellung ist prinzipiell die bessere und biblischere. Dort, wo sich die konservative Mentalität mit geistlichem Überlegenheitsbewusstsein und notorischer Rechthaberei verbindet, wird sie zur Plage. Das gilt selbstverständlich aber auch für jedes andere Überlegenheitsbewusstsein und jede andere notorische Rechthaberei.

Unter evangelikalen Christen begegnet man auf Schritt und Tritt dem Grundsatz: »Wer nicht evangelikal ist, der ist liberal«. Dieses Einteilungsschema wird der Realität nicht gerecht. Es ist Ausdruck eines Schwarz-Weiß-Denkens. An den deutschsprachigen Universitäten und staatlichen Hochschulen gibt es nur einige wenige Lehrende, die sich als »evangelikale« Theologen verstehen. Andererseits wäre nur eine Minderheit der Lehrenden damit einverstanden, dass man sie als »liberale« Theologen bezeichnet. Die Mehrzahl der Lehrenden versteht sich weder als »evangelikale« noch als »liberale« Theologen. Dieser Fall, der in der Realität sehr oft vorkommt, wird in dem genannten Einteilungsschema ausgeblendet. Auch ich bin weder ein evangelikaler noch ein liberaler Theologe. Darauf nimmt das Schema aber keine Rücksicht. Wer dieses Einteilungsschema in unbefragter Selbstverständlichkeit benutzt, gibt damit zu erkennen, wie stark er von Pauschal- bzw. Vorurteilen beeinflusst ist und wie sehr er dazu neigt, andersdenkende Christen von vornherein abzuwerten.

Diese notwendigen kritischen Hinweise ändern aber nichts daran, dass ich mich dem wertvollen evangelikalen Anliegen – den genannten Aspekten des Christseins – verbunden fühle.

Der evangelikale und der fundamentalistische Protestantismus sind durch ihre konservative Mentalität und Weltsicht fest miteinander verbunden. Das ist insbesondere dort der Fall, wo das Motto gilt: »Hauptsache konservativ! Alles Andere ist zweitrangig.« Doch trotz dieser konservativen Allianz haben bei weitem nicht alle evangelikalen Christen ein fundamentalistisches Bibelverständnis. Evangelikale Christen, die kein fundamentalistisches Bibelverständnis vertreten, behaupten keine Irrtums- und Widerspruchslosigkeit der Bibel, also keine Verbalinspiration. Sie verstehen die Erzählung von Adam und Eva bzw. die biblische Urgeschichte (Gen 1–11) nicht als historische Auskunft über die Anfangszeit der Menschheit. Sie sind sich dessen bewusst, dass sie allein an den dreieinigen Gott glauben, nicht aber »an« die Bibel. Sie bejahen eine kategoriale Unterscheidung zwischen Gott und Bibel, schreiben der Bibel also keine göttlichen Eigenschaften zu. Und bei aller Vorsicht stehen sie der modernen Bibelwissenschaft doch aufgeschlossener gegenüber, als ihre fundamentalistisch geprägten Mitchristen.

Wie weit ist das fundamentalistische Bibelverständnis in der evangelikalen Christenheit verbreitet? Leider gibt es zu dieser

Frage keine genauen Untersuchungen. Meinem Eindruck nach sprechen alle Indizien dafür, dass es *sehr weit* verbreitet ist.[43] Diese Verbreitung hat noch zugenommen, weil es in den letzten Jahrzehnten zu einer Integration der *charismatischen* (»pfingstlichen«) Kirchen und Gemeinschaften in die evangelikale Christenheit gekommen ist.[44] Außerdem gibt es viele evangelikale Christen, die zwar nicht in allen Punkten ein fundamentalistisches Bibelverständnis vertreten, einem solchen Bibelverständnis aber doch recht nahestehen. Die Übergänge sind meist fließend. Die Literatur zur Bibel, die auf den Büchertischen evangelikaler Gemeinden und Gemeinschaften angeboten wird, tendiert zum großen Teil zu einem fundamentalistischen Bibelverständnis. Literatur, die die Probleme eines solchen Bibelverständnisses offen anspricht, wird sehr selten angeboten. Da die meisten fundamentalistisch orientierten Autoren das Wort »fundamentalistisch« vermeiden und von »evangelikaler« Schriftauslegung sprechen, ist diese Sachlage für viele Christen nicht zu erkennen. In den mehr als zwanzig Jahren Lehrtätigkeit an der Pädagogischen Hochschule Ludwigsburg sind mir in Seminaren, Praktika und Einzelgesprächen Hunderte von Studierenden begegnet, die aus evangelikalem Kontext an die Hochschule kamen. Auf Grund dieser Erfahrung kann ich sagen: Die *deutliche Mehrheit* dieser Studierenden kommt mit einem – mehr oder weniger ausgeprägten – fundamentalistischen Bibelverständnis an die Hochschule. Wenn das bei Abiturienten der Fall ist, die sich zu einem Studium der Ev. Theologie/Religionspädagogik entschlossen haben, dürfte die Situation im sonstigen evangelikalen Bereich nicht anders aussehen. Es geht jedenfalls an der Realität vorbei, wenn man sagt: »Unter evangelikalen Christen mag es hier und da auch Christen mit fundamentalistischem Bibelverständnis geben. Das ist aber die Ausnahme«.

In den neunziger Jahren des 20. Jh. kam es unter evangelikalen Christen der USA – vor allem innerhalb der jüngeren Generation – zu einem bemerkenswerten Aufbruch, genannt »emerging church«. Die »emerging

[43] Jede Leserin bzw. jeder Leser dieses Buchs kann das anhand der genannten sechs Kennzeichen des fundamentalistischen Bibelverständnisses selbst recherchieren.

[44] Die Pfingstkirchen und charismatischen Glaubensgemeinschaften vertreten in aller Regel ein fundamentalistisches Bibelverständnis.

church« hat sich zu einem Netzwerk entwickelt, das sich insbesondere in den westlichen Industrienationen ausbreitet. Auch in Deutschland hat dieses Netzwerk seit einigen Jahren unter der Bezeichnung »emerging Deutschland« Fuß gefasst und eine lebhafte Diskussion in Gang gesetzt.[45] In der »emerging church« kommt eine erhebliche Unzufriedenheit zum Ausdruck: über die traditionellen evangelikalen Evangelisationsmethoden, über die Verbürgerlichung des evangelikalen Gemeindelebens, über die enge Verbindung der evangelikalen Bewegungen mit der politischen Rechten (vor allem in den USA, aber nicht nur dort) und über die Grenzen und Schwachstellen der evangelikalen Theologie. Zahlreiche Vertreter der »emerging church« wollen das Etikett »konservativ« für sich nicht mehr gelten lassen. Vonseiten streng konservativer evangelikaler Kreise wird die »emerging church« massiv kritisiert. Man darf gespannt sein, wie sich die Dinge weiter entwickeln. Vieles spricht dafür, dass die *selbstkritischen* evangelikalen Christen, die zu neuen Horizonten aufbrechen und die *selbstkritischen* Befürworter der modernen Bibelwissenschaft, denen die Erneuerung des christlichen Glaubens am Herzen liegt, vertrauensvoll aufeinander zugehen und einen intensiven Gedankenaustausch beginnen.

3. Die Unterscheidung von Gott und Bibel

Nach Überzeugung der gesamten nichtfundamentalistischen Theologie ist es unverzichtbar, zwischen Gott und der Bibel *kategorial* zu unterscheiden. Nur mit Hilfe dieser Unterscheidung ist es möglich, ein angemessenes Verständnis der Bibel zu entwickeln. Ohne diese Unterscheidung kommt es – gewollt oder ungewollt – zu einer Vergöttlichung der Bibel. Natürlich unterscheiden auch fundamentalistisch orientierte Christen zwischen Gott und der Bibel, denn Gott ist eine Person und kein Buch. Bei der *kategorialen* Unterscheidung geht es jedoch um *wesentlich mehr,* als um Selbstverständlichkeiten dieser Art. Würde die fundamentalistische Theologie konsequent zwischen Gott und Bibel *kategorial* unterscheiden, gäbe es keine fundamentalistische Theologie mehr.

[45] Vgl. dazu Faix, Zeitgeist.

3.1 Was bedeutet »unterscheiden«?

Es gibt zwei Arten des Unterscheidens: das *abgrenzende* und das *differenzierende* Unterscheiden. Beide Arten sind wichtig, erfüllen aber jeweils einen anderen Zweck. Im abgrenzenden Sinn unterscheiden wir z. B. zwischen Leben und Tod, Wahrheit und Lüge, Freund und Feind, hell und dunkel usw. Auch in der Bibel hat das abgrenzende Unterscheiden einen hohen Stellenwert. Man denke nur an die Unterscheidung zwischen Gott und den Göttern, Glaube und Unglaube, Geist und Fleisch, wahren und falschen Propheten, rein und unrein u. a. Beim abgrenzenden Unterscheiden bedeutet »unterscheiden« so viel wie »scheiden« oder »trennen«. Diese Art des Unterscheidens ist vor allem bei existentiellen, religiösen, politischen oder moralischen Grundsatzentscheidungen wichtig, bei denen es darauf ankommt, Position zu beziehen und »Farbe« zu bekennen.

Beim *differenzierenden* Unterscheiden geht es um etwas Anderes. Ein Beispiel: Der Autor eines Artikels plädiert für die Einführung der Ganztagesschule. Dabei unterscheidet er zwischen gesellschaftspolitischen, schulpädagogischen und lernpsychologischen Gesichtspunkten. Diese Unterscheidung erhöht die Klarheit und Überzeugungskraft seiner Argumentation. Beim differenzierenden Unterscheiden stehen sich nicht positive und negative Größen in einem konkurrierenden Entweder – Oder gegenüber. Die unterschiedenen Größen *ergänzen* sich vielmehr. Weil sie nicht gegeneinander gerichtet sind und sich gegenseitig nicht ausschließen, können sie *miteinander* zur Geltung kommen. »Unterscheiden« bedeutet in diesem Fall *nicht* »scheiden« oder »trennen«. Es geht auch nicht um ein Ablehnen oder Abwerten einer der unterschiedenen Größen. Das differenzierende Unterscheiden zielt vielmehr auf ein besseres Verstehen der Zusammenhänge. Es fördert das aufmerksame, genaue Sehen und Denken. Für die Wissenschaft ist das differenzierte Unterscheiden von elementarer, unverzichtbarer Bedeutung.[46]

Auch in der Bibel und für den christlichen Glauben ist das differenzierende Unterscheiden sehr wichtig. Nach christlichem Verständnis kann man z. B. Gottes Wesen nur gebührend würdigen,

[46] vgl. Kapitel 8, Abschnitt 1 (Punkt 5).

indem man zwischen Vater, Sohn und Heiligem Geist unterscheidet. Diese Unterscheidung stellt die Einheit Gottes nicht in Frage. Sie macht es aber möglich, diese Einheit als eine beziehungsreiche, differenzierte Einheit zu verstehen. Auch die Einheit der Bibel können wir nicht verstehen, ohne dass wir zwischen Altem und Neuem Testament unterscheiden. Entsprechendes gilt für die Unterscheidung der vier Evangelien. Auch wenn wir zwischen den einzelnen Gaben bzw. Früchten des Heiligen Geistes unterscheiden (1 Kor 12,1–11; Gal 5,22f), zwischen Vergangenheit, Gegenwart und Zukunft, zwischen den Jahreszeiten, den Tageszeiten, zwischen den Tier-, Pflanzen- und Gesteinsarten, zwischen Mann und Frau, zwischen den Instrumenten eines Orchesters, den Farben des Regenbogens, hat das nichts mit Abwertung, Trennung oder Konkurrenz zu tun. Keine dieser Unterscheidungen geschieht aus Respektlosigkeit. Sie geschehen aus dem Wunsch heraus, durch Beachten der Unterschiede das Ganze besser zu verstehen. Deshalb sind Unterscheidungen dieser Art nichts Destruktives. Sie reißen nichts auseinander. Sie bedeuten nicht Verlust, sondern Gewinn. Nur wenn wir die Dinge richtig unterscheiden, können wir sie auch einander richtig zuordnen. »Einheit« ist also nicht etwas, bei dem Unterscheidungen prinzipiell verboten sind. *Differenzierende* Unterscheidungen sind durchaus möglich und oft nötig.[47] Wir dürfen »Einheit« nicht mit »Gleichheit«, »Einerlei« oder »Vereinheitlichung« verwechseln. Wie die angeführten Beispiele zeigen, ist ein differenziertes Verständnis von Einheit einem undifferenzierten Verständnis in vielen Fällen vorzuziehen.

Nach diesen Erläuterungen dürfte deutlich geworden sein: Wenn die gesamte nichtfundamentalistische Theologie eine Unterscheidung zwischen Gott und Bibel für angemessen hält, ist selbstverständlich keine abgrenzende, sondern eine *differenzierende* Unterscheidung gemeint. Diese Unterscheidung geschieht nicht aus mangelndem Respekt vor der Bibel. Sie richtet sich auch in keiner Weise gegen die Wirkungseinheit zwischen Gott und der Bibel. Im Gegenteil: Sie will dem besseren Verständnis dieser

---

[47] Paulus unterscheidet innerhalb der Gemeinde Jesu zwischen den Aufgaben des »Auges« und des »Ohrs« usw. (1 Kor 12,12–27). Mit dieser Unterscheidung will er die Gemeinde nicht spalten, sondern eine Spaltung verhindern.

Wirkungseinheit dienen. Darum ist diese Unterscheidung kein Verlust, sondern ein Gewinn.

Die fundamentalistische Theologie lehnt eine kategoriale Unterscheidung zwischen Gott und der Bibel ab, weil sie diese Unterscheidung als eine *abgrenzende* versteht. Entsprechend groß ist die Sorge, dass durch diese Unterscheidung die Einheit zwischen Gott und der Bibel verloren geht und die Bibel auf unverantwortbare Weise abgewertet wird. Hier liegt jedoch ein Missverständnis vor. Eine *abgrenzende* Unterscheidung zwischen Gott und der Bibel steht in der christlichen Theologie nirgendwo zur Diskussion. Sie stünde in der Tat im Widerspruch zur Wirkungseinheit zwischen Gott und der Bibel und damit im Widerspruch zum christlichen Glauben. Bei einer *differenzierenden* Unterscheidung hingegen bedeutet »unterscheiden« nicht »scheiden«.

Mit dieser Klarstellung ist ein Missverständnis aus dem Weg geräumt, das die Verständigung der beiden christlichen »Lager« blockiert. Auf Grund dieses Missverständnisses entsteht ein Feindbild von der modernen Bibelwissenschaft. Bereits der erste und grundlegende Schritt der modernen Bibelwissenschaft – die Unterscheidung zwischen Gott und der Bibel – erscheint als eine Respektlosigkeit gegenüber der Bibel. Deshalb fühlt man sich verpflichtet, bereits diesen ersten Schritt abzulehnen und mit ihm die gesamte moderne Bibelwissenschaft, die auf diesem Schritt aufbaut. Mit der Beseitigung dieses Missverständnisses eröffnen sich neue Möglichkeiten des Gesprächs. Erst dann kann man sich auf die Punkte konzentrieren, die *tatsächlich* umstritten sind. Erst dann setzt man sich mit der modernen Bibelwissenschaft auseinander, nicht mit einer Karikatur derselben.

Auf eine besonders wichtige Form des differenzierenden Unterscheidens möchte ich näher eingehen. Es ist die »*kategoriale Unterscheidung*«. Was ist mit dem Begriff »kategorial« gemeint?

Der Unterschied zwischen einem Hammer und einer Zange ist ein *qualitativer* Unterschied. Der Unterschied zwischen einem Hammer und einem Handwerker ist ein *kategorialer* Unterschied. Mit dem Wort »kategorial« bezeichnet man den Unterschied zwischen zwei Größen, die auf grundsätzlich verschiedenen Ebenen liegen. Ein kategorialer Unterschied ist viel tiefer als ein qualitativer Unterschied. *Gerade deshalb* gilt etwas Verblüffendes: Dinge, die sich kategorial unterscheiden, können zueinander in eine *engere* Beziehung treten, als Dinge, die sich nur qualitativ unterscheiden! Ein Handwerker kann sein Handwerkzeug für seine Ziele benutzen, also eine *Wirkungseinheit* zwischen sich und einem Hammer herstellen. Ein Hammer kann aber keine Zange benutzen. Ein anderes Beispiel: Ein Apfel und eine Birne unterscheiden sich qualitativ. Der Mensch und die Liebe unterscheiden sich kategorial. Ein Apfel kann höchstens *neben* einer Birne liegen, aber nicht in einer Birne sein. Die Liebe aber kann *im* Menschen sein. Wie die differenzierende Unterscheidung überhaupt, so hat auch die kategoriale Unterscheidung nichts mit abgrenzen oder abwerten zu tun. Man kann nur Größen voneinander abgrenzen, die auf der gleichen Ebene liegen. Deutschland und Frankreich kann man abgrenzen, oder eine höfliche Handlung von einer unhöflichen. Man kann aber nicht den Menschen von der Liebe »abgrenzen«. Genauso wenig wird der Mensch oder die Liebe auf Grund ihrer kategorialen Unterscheidung »abgewertet«. Das Gleiche gilt für die kategoriale Unterscheidung von »Leib« und »Seele«. Sie wertet weder den Leib noch die Seele ab.[48] Der enge Leib-Seele-Zusammenhang wird durch diese Unterscheidung nicht in Frage gestellt. Im Gegenteil: Nur *indem man* zwischen Leib und Seele kategorial unterscheidet, kann man der besonderen Art ihres Zusammenhangs gerecht werden. Der Leib ist sichtbar, die Seele nicht. Den Leib kann man mit Hilfe biologischer, physikalischer und chemischer Angaben beschreiben, die Seele nicht. Nur *weil* Leib und Seele sich kategorial unterscheiden, können sie sich so intensiv durchdringen.[49]

Wenn man also zwei Größen kategorial unterscheidet, heißt das *nicht*, dass man sie trennt oder voneinander isoliert. Eine kategoriale Unterscheidung verhindert zwar eine falsche Gleichmacherei (das Vermengen unterschiedlicher Bezugsebenen), spricht aber nicht gegen eine enge und innige Beziehung. Weil kategorial zu unterscheidende Größen nicht auf der gleichen Ebene liegen, stehen sie nicht in Konkurrenz zueinander und schließen sich

[48] Die kategoriale Unterscheidung von Leib und Seele hat also nichts mit einem »Leib-Seele-Dualismus« zu tun. In diesem Dualismus gilt die Seele als der »wertvollere, höhere« und der Leib als der »minderwertige, niedere« Teil des Menschen.

[49] Weil der Glaube und die Vernunft kategorial auf verschiedenen Ebenen liegen, stehen sie nicht in Konkurrenz zueinander und schließen sich gegenseitig nicht aus. Man kann nicht sagen: Ein Mensch ist entweder gläubig oder vernünftig. *Gerade weil* sich Glaube und Vernunft kategorial unterscheiden, können sie sich gegenseitig durchdringen, ergänzen und bereichern.

gegenseitig nicht aus. Wenn wir also zwischen Gott und der Bibel kategorial unterscheiden, widerspricht das nicht der innigen Beziehung (der Wirkungseinheit) zwischen beiden. Im Gegenteil: Mit Hilfe dieser Unterscheidung können wir dem Besonderen ihrer Beziehung besser gerecht werden. Die kategoriale Unterscheidung zwischen Gott und Bibel schafft den Raum und die Freiheit zur wissenschaftlichen Erforschung der Bibel. Ohne eine solche Unterscheidung ist der wissenschaftliche Umgang mit der Bibel, wie er an den Universitäten praktiziert wird, nicht möglich.

3.2 Das Motiv der Unterscheidung

Wer ein faires Gespräch führen will, muss auf Verdächtigungen und Unterstellungen verzichten. Beide Gesprächspartner müssen sich in ihren Motiven ernst genommen fühlen. Diese Grundbedingung einer gelingenden Kommunikation gilt auch für das Gespräch zwischen Befürwortern und Gegner der modernen Bibelwissenschaft. Wer die Motive des Anderen karikiert, macht eine Verständigung unmöglich. Deshalb ist es wichtig, die guten Absichten und aufrichtigen Motive fundamentalistisch denkender Christen ausdrücklich anzuerkennen, insbesondere ihren begrüßenswerten Wunsch, Gottes Willen ernst zu nehmen. Das gleiche Recht auf Respektierung der Motive darf auch die nichtfundamentalistische Theologie für sich in Anspruch nehmen. Dieser Gesichtspunkt ist deshalb so wichtig, weil man für seinen Gesprächspartner nur dann ein inneres Verständnis entwickeln kann, wenn man dessen Motive *kennt* und *respektiert*.

Damit stehen wir vor einer Frage, die für das Gespräch zwischen Gegnern und Befürwortern der modernen Bibelwissenschaft von großer Bedeutung ist: *Warum* ist der nichtfundamentalistischen Theologie die kategoriale Unterscheidung zwischen Gott und Bibel so wichtig? Diese Frage kann man *eindeutig* beantworten. Die Unterscheidung ist der nichtfundamentalistischen Theologie *um der Einzigkeit Gottes, d. h. um der Ehre Gottes willen* so wichtig. Das ist das entscheidende Motiv. Gott soll die Ehre erhalten, die ihm gebührt. Er allein ist unser Schöpfer und Retter. Darum kommt ihm ein Alleinverehrungsanspruch zu. Wir verdanken unser Leben nicht der Bibel, sondern Gott. *Er* vergibt uns unsere Schuld und schenkt uns ewiges Leben, nicht die Bibel. Auch die Bibel verdanken wir Gott. Gottes Wirken durch die Bibel ändert nichts daran, dass er *allein* der Urheber alles Lebens und alles Guten ist. In diese Ehre kann man die Bibel nicht einbeziehen. Das zu betonen ist keine Abwertung der Bibel, sondern ein Anerkennen Gottes in seinem Gottsein. Wenn wir Gott allein die Ehre geben, *müssen* wir zwischen seiner Autorität und der Autorität der Bibel unterscheiden. Ehre und Autorität hängen sehr eng zusammen. In gewisser Hinsicht sind sie sogar identisch. Wer mehr Ehre hat, der hat mehr Autorität. Weil der Bibel nicht die gleiche Ehre zukommt wie Gott, kommt ihr auch nicht das gleiche Maß an Autorität zu wie Gott. Indem wir Gott allein verehren, gestehen wir ihm eine einzigartige Autorität zu.

*Nicht*fundamentalistisch orientierte Christen fühlen sich um der Ehre Gottes willen verpflichtet, zwischen ihm und der Bibel kategorial zu unterscheiden. Das ist für sie eine Christenpflicht. Sie hätten Gott gegenüber ein schlechtes Gewissen, wenn sie diese Unterscheidung nicht vollziehen würden. Für *fundamentalistisch* orientierte Christen verhält es sich genau umgekehrt. Weil sie die kategoriale Unterscheidung zwischen Gott und der Bibel in einem abgrenzenden und bibelfeindlichen Sinn verstehen, lässt ihr Gewissen eine solche Unterscheidung nicht zu. Für sie ist es eine Christenpflicht, diese Unterscheidung abzulehnen. Deshalb ist es ihnen äußerst befremdlich, dass andere Christen »so etwas« für richtig halten. Sie können sich beim besten Willen nicht vorstellen, dass hinter einer solchen Unterscheidung gute Motive stehen. Darum vermuten sie andere Gründe: Wer so etwas macht, ist »nicht richtig gläubig«. Er ist Gott ungehorsam und deshalb verblendet. Diese Einschätzung der Lage ist verständlicherweise für *nicht*fundamentalistische Christen empörend. So geht man gegenseitig auf Distanz und steht sich voller Fremdheit und Misstrauen gegenüber.

Die Erfahrung in den Hochschulseminaren lehrt, dass der Hinweis auf die *positive* Motivation der nichtfundamentalistischen Theologie für die Studierenden, die der modernen Bibelwissenschaft ablehnend gegenüberstehen, völlig überraschend ist. Sie sind ganz darauf eingestellt, dass hinter der modernen Bibelwissenschaft negative (destruktive) Motive stehen. Sie können es anfangs fast nicht für möglich halten, dass es anders sein soll. Aber genau um diesen Lernprozess geht es. Es kommt darauf an, ein Feindbild in Frage stellen zu lassen und aufzugeben, an das man sich seit langer Zeit gewöhnt hat. Wenn es der nichtfundamentalistischen Theologie tatsächlich darum ginge, Gott und die Bibel »auseinanderzureißen« und die Bibel herabzusetzen, wäre ihre Arbeit in der Tat destruktiv und um des christlichen Glaubens willen abzulehnen. Wer der wissenschaftlichen Theologie jedoch dergleichen unterstellt, wird von einem Feindbild geleitet. Leider kommen Unterstellungen und Verdächtigungen dieser Art in bestimmten christlichen Gruppen gut an und finden schnell Gehör. Doch mit welchem Recht dürfen wir davon ausgehen, dass auf Feindbildern und Verdächtigungen ein Segen liegt? Feindbilder und Verdächtigungen fördern keinen Frieden. Deshalb geht es mir im Folgenden darum, dass die Leserinnen und Leser dieses Buchs das Anliegen der modernen Bibelwissenschaft zuerst einmal *verstehen lernen*. Nur dann kann man zu diesem Anliegen auch sachlich Stellung nehmen.

3.3 Gott als Herr der Heiligen Schrift

Die Bibel ist nicht im Himmel, sondern *auf der Erde* entstanden. Sie ist *entstanden*, Gott nicht. Jede Entstehung ereignet sich in Zeit und Raum. Zeit und Raum sind Kategorien der *Schöpfung*. Mit der Schöpfung hat Gott auch die Zeit und den Raum geschaffen. »Vor« und »außerhalb« der Schöpfung sind die Kategorien »Zeit« und »Raum« nicht anwendbar.[50] *Innerhalb* der Schöpfung ist dagegen alles durch Zeit und Raum geprägt. Im Bereich der Schöpfung gilt: Alles, was ist, ist entstanden. Dass auch die Bibel entstanden ist, zeigt ihre Zugehörigkeit zur Schöpfung.

Die Bibel ist relativ spät entstanden. Es gab in der Geschichte der Menschheit eine lange Zeit ohne Bibel. Außerdem war sie nicht von Anfang an in fertiger Gestalt da. Über eine längere Zeit hin-

[50] Viele Menschen machen sich das nicht klar. Sie übertragen ihre Zeit- und Raumerfahrung auch auf ihre »Jenseitsvorstellungen«. Entsprechend irdisch fallen diese aus. Weil die Kategorien Zeit und Raum auf die Transzendenz nicht anwendbar sind, kann sich der an Zeit und Raum gebundene Mensch das Jenseits nicht vorstellen und sich keinen Zugang zur Transzendenz (zur himmlischen Wirklichkeit) verschaffen, nicht einmal in der Phantasie.

weg gab es nur einzelne Schriften. Erst im Laufe von Jahrhunderten kam es zu der Schriftensammlung, die wir als »Bibel« bezeichnen. Bis zur weltweiten Ausbreitung des Christentums war die Bibel auch nur in einem sehr begrenzten geographischen Raum bekannt. Die Bibel steht also der Geschichte nicht nur gegenüber.[51] Sie ist auch aus der Geschichte hervorgegangen. Im Unterschied zur Bibel ist Gott nicht durch Zeit und Raum geprägt. Er ist der Herr der Zeiten und Räume. Er ist kein Teil der Schöpfung, sondern ihr Herr. Die Vorstellung, Gott sei »entstanden«, hat nach biblischen Maßstäben etwas Gotteslästerliches. Wäre Gott »entstanden«, dann wäre er nicht Gott. In Bezug auf die Bibel und ihre einzelnen Schriften kann man Altersangaben machen, in Bezug auf Gott nicht. Im Unterschied zu Gott können wir die Bibel *aufschlagen*. Über die Bibel können wir uns einen Überblick verschaffen, über Gott nicht. Ich kann an der Hochschule ein Seminar anbieten »Einführung in die Bibel«. Ich kann aber kein Seminar anbieten »Einführung in Gott«. Diese Unterschiede darf man nicht unterschätzen. Sie betreffen keine Kleinigkeiten. Sie sind Ausdruck eines *kategorialen Unterschieds* zwischen Gott und Bibel.

In der wissenschaftlichen Theologie wird der kategoriale Unterschied zwischen Gott und der Bibel auch deshalb so betont, weil der Mensch dazu neigt, sich an das *Sichtbare* und *Greifbare* zu halten. Das kommt seinem Sicherheitsbedürfnis entgegen. Darum können sich im Alltag des Glaubens die Akzente einseitig auf das Sichtbare verlagern. Das kann dazu führen, dass man sich der Andersartigkeit und Fremdheit Gottes nicht mehr gebührend bewusst ist. Man lebt dann in dem Eindruck: So gut wie ich die Bibel kenne, so gut kenne ich Gott. Gegenüber Kurzschlüssen dieser Art betont die wissenschaftliche Theologie: Wie Gott der Herr der Schöpfung ist, so ist er auch der Herr der Bibel. Die Bibel ist in ihrer geistlichen Rolle und Wirkung völlig von Gottes Wirken abhängig. Sie wirkt nicht automatisch, sobald wir in ihr lesen. Wenn es so wäre, würden *wir* darüber entscheiden, wann Gott zu reden beginnt. Dann könnten wir mit Hilfe der Bibel Gottes Wirken steuern.

Es ist auch wichtig, dass wir eine angemessene Vorstellung davon haben, in welchem Verhältnis die Bibel und der *Heilige Geist*

---

[51] Das tut sie auch, da in bestimmten biblischen Texten Geschichte *gedeutet* wird.

zueinander stehen. Als Erstes gilt: »Der Heilige Geist redet nirgendwo kräftiger als in der Heiligen Schrift« (Martin Luther).[52] Insofern ist es durchaus berechtigt, von einer »Selbstbindung« Gottes an die Heilige Schrift zu sprechen. Diese Formulierung ist allerdings interpretationsbedürftig. Sie darf die *Souveränität* des Heiligen Geistes nicht verdunkeln. Die Bibel ist *vom* Heiligen Geist inspiriert. Sie *ist* aber nicht der Heilige Geist. Der Heilige Geist ist kein Bestandteil und keine Eigenschaft der Bibel. Er ist ihr *Herr.* Allein der Heilige Geist bestimmt, welche Wirkungen die Bibel auf unser Herz und Gewissen hat. Die Bibel steuert nicht die Wirkung des Heiligen Geistes, sondern der Heilige Geist steuert die Wirkung der Bibel. Der Heilige Geist ist kein Diener der Bibel, sondern die Bibel ist ein Diener des Heiligen Geistes. Alle Gewissheit, die die Bibel in uns bewirkt, stammt vom *Heiligen Geist.* Nicht immer, wenn wir die Bibel aufschlagen, beginnt auch schon der Heilige Geist zu wirken. Er schweigt und redet, wann *er* will.

Keine Lehre von der Bibel darf die Souveränität und Unverfügbarkeit des Heiligen Geistes gering achten. Wir können über die Anwesenheit Gottes bzw. des Heiligen Geistes in der Bibel nicht verfügen. Wir können die Gegenwart Gottes in der Bibel nicht (in Form von Buchstaben) »materialisieren« und »dingfest« machen. Der Heilige Geist ist in der Bibel nicht so anwesend, wie der Fuß im Schuh oder der Wein im Fass. Wir können Gott und die Bibel nicht miteinander verklammern und verkleben. Zwar sehen wir an Jesus, an den Aposteln und an der ganzen Christenheit, dass Gott in einzigartiger Weise durch die Heilige Schrift zu uns spricht, und wir haben die Verheißung, dass der Heilige Geist uns insbesondere auch beim Lesen der Bibel zu Hilfe kommen wird. Aber eine Verheißung ist etwas Anderes als ein Automatismus, den wir durch das Aufschlagen der Bibel in Gang setzen. Wir können den Heiligen Geist nicht »in die Pflicht« nehmen, auch nicht mit Hilfe der Bibel. Die Aussage: »Man kann Gott und die Bibel nicht eng genug miteinander verbinden«, ist deshalb überzogen. Sie ist Ausdruck einer einseitigen Sicht. Mit dem einen Auge sieht man überscharf (Gottes Selbstbindung an die Bibel), mit dem anderen Auge nur verschwommen (Gottes souveräne Herrschaft über die Bibel).

---

[52] Vgl. Anm. 8.

Es gibt eine Frage, um die wir Christen nicht herumkommen. Sie lautet: An wen oder was glaube ich? Im Blick auf die Bibel spitzt sich diese Frage folgendermaßen zu: Glaube ich als Christ an den dreieinigen Gott *allein*, oder glaube ich auch an die Bibel? Dieser Frage müssen wir uns stellen. Sie hilft uns, über unseren Glauben Rechenschaft zu geben.

Für Christen bezeichnet das Wort »Glaube« die angemessene Beziehung des Menschen zu Gott. Deshalb sprechen wir vom »christlichen Glauben« und sagen von einem Menschen, er sei »gläubig«. Gerade beim Wort »Glaube« ist es wichtig, die genaue Bedeutung zu kennen. Es zieht viele Unklarheiten nach sich, wenn das Wort »Glaube« zu einem unklaren Begriff wird. Aus diesem Grund frage ich auf den folgenden Seiten nach der *biblischen* Bedeutung des Wortes »glauben« bzw. »Glaube«. Schon im Alten Testament wird das Wort »glauben« an einigen wichtigen Stellen verwendet.[53] Das Substantiv »Glaube« kommt im Alten Testament noch nicht vor. In den jüdischen Schriften der folgenden Zeit nimmt der Gebrauch des Wortes »glauben« zu. Doch erst im Neuen Testament werden die Worte »glauben« und »Glaube« zu Schlüsselbegriffen für das Gottesverhältnis des Menschen. Die beiden Worte kommen im Neuen Testament insgesamt 486 Mal vor. Das zeigt ihren zentralen Stellenwert.[54] Ich konzentriere mich deshalb auf das *Neue* Testament.

Die Begriffe »glauben« und »Glaube« begegnen im Neuen Testament am häufigsten in den Paulusbriefen (196 Belege), im Johannesevangelium (98 Belege) und im Doppelwerk des Lukas (70 Belege, davon 52 in der Apostelgeschichte). In unserem Zusammenhang geht es vor allem um die spezielle Formulierung »glauben an …« bzw. »Glaube an …«. Diese Formulierungen gibt

---

[53] Das Verb »glauben« (hebr.: häämin) begegnet im Alten Testament im Blick auf Gott etwa dreißig Mal. Von besonderer Bedeutung sind Gen 15,6; Jes 7,9; 28,16 und Hab 2,4. Es gibt im Alten Testament auch andere Verben, die eine ähnliche Bedeutung haben, wie das Wort »glauben«.

[54] Zum Vergleich die nächst häufigsten Worte: »Reich Gottes« kommt im Neuen Testament 162 Mal vor, »Gnade« 156 Mal, »Gemeinde« 114 Mal, »retten« 107 Mal, »Gerechtigkeit« 92 Mal.

es im Alten Testament noch nicht.[55] Im Neuen Testament sind sie jedoch sehr wichtig. Sie machen es möglich, das Wort »glauben« bzw. »Glaube« genauer zu bestimmen. Mit Hilfe dieser Formulierungen kann man zwischen der Frage: »*Wem* glaube ich?« (Dativ) und der Frage: »*An wen* glaube ich?« (Akkusativ) unterscheiden. Beide Fragen klingen zwar ähnlich, bedeuten aber nicht das Gleiche. Den Satz »Ich glaube dir« (Dativ) kann ich zu jedem Menschen sagen, den ich für ehrlich und zuverlässig halte. Dieser Satz bezieht sich meist auf einen begrenzten Sachverhalt: einen Bericht, eine Unschuldsbeteuerung, einen guten Vorsatz usw. Den Satz »Ich glaube an dich« (Akkusativ) kann ich streng genommen zu keinem Menschen sagen, es sei denn, man »vergöttert« ihn. Denn mit diesem Satz bringe ich zum Ausdruck: »Du bist für mich die entscheidende Lebensorientierung. Ich setze meine gesamte Hoffnung auf dich, im Leben und im Sterben.«

Wo kommen die speziellen Formulierungen »glauben an« bzw. »Glaube an« im Neuen Testament vor? Die verbale Formulierung »glauben an« (griech. pisteuein eis) begegnet am häufigsten im *Johannesevangelium* (35 Belege).[56] *An sämtlichen Stellen* ist Jesus Christus der, *an den* man glaubt.[57] Nur an zwei dieser Stellen wird auch Gott genannt: »Glaubt an Gott und glaubt an mich« (14,1). Und: »Wer an mich glaubt, der glaubt nicht an mich, sondern an den, der mich gesandt hat« (12,44). An dreißig weiteren Stellen begegnet im Johannesevangelium die Formulierung »glauben, dass« (griech. pisteuein hoti). Diese Formulierung bezieht sich auf den *Inhalt* des Glaubens (*Was* glaube ich?). Auch an diesen dreißig Stellen konzentriert Johannes alles auf Jesus Christus. Seine Jünger glauben, dass Gott ihn gesandt hat, dass er der Messias ist, dass er im Vater ist und der Vater in ihm.[58]

Dieser Überblick zeigt, wie sehr Jesus Christus nach dem Johannesevangelium auf der Seite Gottes steht. Er ist der Sohn Gottes,

---

[55] In manchen Bibelübersetzungen kommt die Formulierung »glauben an« schon im Alten Testament vor. Diese Übersetzung hat aber *keine* solide Grundlage im hebräischen Text des Alten Testaments.

[56] Das Substantiv »Glaube« (griech. pistis) kommt im Johannesevangelium nicht vor.

[57] Vgl. 1,12; 2,11.23; 3,18a+b.36; 4,39; 6,29.35.40; 7,5.31.38.39.48; 8,30; 9,35.36; 10,42; 11,25.26.45.48; 12,11.36.37.42.44ff; 14,1.12; 16,9; 17,20.

[58] Vgl. z. B. 6,69; 8,24; 11,27.42; 13,19; 14,10f; 16,27.30; 17,8.21; 20,31.

d.h. der Repräsentant Gottes auf Erden. *An keiner* dieser insgesamt fünfundsechzig Stellen wird *die Bibel* als Bezugspunkt oder als Inhalt des Glaubens genannt! Auch in Joh 14,1 heißt es nicht: »Glaubt an Gott, an mich und an die Schrift.« Die Bibel ist nach Johannes der *Zeuge* für Jesus Christus (5,37.46 f). Einem Zeugen soll man glauben (Dativ). Deshalb heißt es im Johannesevangelium an einer Stelle: »Sie glaubten der Schrift« (2,22) und an einer anderen Stelle: »Wenn ihr seinen (Moses) Schriften nicht glaubt, wie könnt ihr dann meinen Worten glauben« (Joh 5,47)? Nirgendwo heißt es jedoch: »Sie glaubten *an* die Schrift.« Diese Unterscheidung hält das Johannesevangelium konsequent durch. Nach dem Johannesevangelium glauben die Christen an Jesus Christus bzw. an Gott, aber nicht an die Bibel.

Bei *Paulus* ergibt sich ein entsprechender Befund. Paulus benutzt sowohl die verbale Formulierung »glauben an« als auch die substantivische Formulierung »Glaube an« (griech. pistis eis). Öfter als das Johannesevangelium nennt er Gott als Bezugspunkt des Glaubens.[59] Außer Gott nennt aber auch Paulus *ausschließlich* Jesus Christus.[60] Auch für Paulus ist Jesus Christus sowohl der *Bezugspunkt* als auch der *Inhalt* des Glaubens. Das zeigen auch bei ihm die »glauben dass«-Sätze. Bei diesen Sätzen geht es Paulus vor allem um das Kreuz und die Auferstehung Jesu Christi.[61] Auch Paulus nennt an keiner Stelle *die Bibel* als Bezugspunkt oder Inhalt des Glaubens.

Lukas spricht von »glauben« und »Glaube« oft im *Missionszusammenhang.* Die konsequente Ausrichtung des Glaubens auf Gott bzw. auf Jesus Christus bleibt auch bei ihm gewahrt. Die Formulierung »glauben an« bezieht sich auch bei Lukas *ausschließlich* auf Jesus Christus oder auf Gott.[62] Der gleiche Befund zeigt sich an den wenigen Stellen, an denen die Formulierung »glauben an« in den anderen Schriften des Neuen Testaments vorkommt (Mt 18,6; 27,42; Mk 9,42; 1Joh 5,10; Hebr 6,1). Bei der Wendung »glaubt an das Evangelium« (Mk 1,15) – der einzigen Formulierung dieser

---

[59] Vgl. 1Thess 1,8; Röm 4,17.24.

[60] Vgl. Gal 2,16.20; 3,22; Röm 3,26; 10,14; Phil 1,29; 3,9; vgl. 2Tim 3,14 f.

[61] Vgl. Röm 1,3 f; 3,24 ff; 4,24 f; 10,9.17; 1Kor 15,1–5.12–17; 2Kor 4,13; 1Thess 4,14 u.ö.

[62] Vgl. Apg 3,16; 9,42; 10,43; 11,17; 14,9.23; 16,31; 19,4.9; 20,21; 22,19; 26,18.

Art im Neuen Testament – ist mit »Evangelium« die Predigt Jesu vom Reich Gottes gemeint. Insofern geht es auch hier um Jesus bzw. um Gott.

An *keiner einzigen Stelle* des Neuen Testaments wird die Formulierung »glauben an« oder »Glaube an« auf *die Bibel* bezogen! Beide Formulierungen beziehen sich ausschließlich auf Jesus Christus oder auf Gott.[63] Dieser auffallende Tatbestand kann kein Zufall sein. Wir dürfen ihn weder ignorieren noch als nebensächlich hinstellen. Nach der eindeutigen Auskunft des Neuen Testaments glaubt der Christ *allein* an Jesus Christus bzw. an Gott, aber nicht *an* die Bibel.[64] Damit macht das Neue Testament selbst einen deutlichen (kategorialen) Unterschied zwischen Gott bzw. Jesus Christus einerseits und der Bibel andererseits. Das Neue Testament selbst *relativiert* die Bibel gegenüber Gott und Jesus Christus.

Welcher Befund ergibt sich im Neuen Testament im Blick auf die Frage »*Wem* glaube ich« (Dativ)? Wenn es um *diese* Frage geht, nennt das Neue Testament neben Gott und Jesus Christus vor allem die Heilige Schrift (Joh 2,22; 5,46f; Lk 24,25; Apg 24,14; 26,27), aber auch die Predigt der Propheten (Joh 12,38; Röm 10,16), die Botschaft eines Engels (Lk 1,20), Johannes den Täufer (Mt 21,25.32; Mk 11,31; Lk 20,5), die Frauen, die vom leeren Grab berichten (Lk 24,11; Mk 16,13.14) und Philippus (Apg 8,12). In allen diesen Fällen handelt es sich um *Zeugen* der Offenbarung Gottes in Jesus Christus. Diesen Zeugen soll man glauben. Aber man soll nicht *an sie* glauben. Es besteht ein Unterschied zwischen dem Zeugen und dem, *für den* der Zeuge Zeugnis ablegt. Der christliche Glaube bezieht sich durchaus auch auf die Heilige Schrift, aber nur im Sinne der Dativ-Frage: »*Wem* glaube ich?«, nicht aber im Sinne der Akkusativ-Frage: »*An wen* glaube ich?«[65]

Fazit: Die Antwort auf die am Beginn dieses Abschnitts gestellte Frage: »Glaube ich allein an den dreieinigen Gott, oder glaube ich auch an die Bibel?« kann nach dem Neuen Testament

[63] Jesus Christus ist nicht nur der Bezugspunkt und Inhalt, sondern auch der »Anfänger und Vollender« des Glaubens (Hebr 12,2).

[64] Dieses Ergebnis wird durch die *Glaubensbekenntnisse* bestätigt, die es im Neuen Testament gibt. Vgl. Kapitel 4, Abschnitt 2.

[65] In Kapitel 1 spielt deshalb die grundlegende Orientierungskraft der Bibel für den Glauben der Christen durchaus eine wichtige und unersetzbare Rolle, aber nur im Sinne der *Dativ*-Frage.

nur lauten: »Ich glaube *allein* an den dreieinigen Gott.« Jede andere Antwort steht im Widerspruch zum Neuen Testament. Dieser Tatbestand wird von der fundamentalistischen Theologie nicht ausreichend beachtet. In diesem elementar wichtigen Punkt ist die fundamentalistische Theologie keineswegs »bibeltreu«.[66]

Die Alte Kirche hat den dargelegten neutestamentlichen Befund ernst genommen. Alle Glaubensbekenntnisse der Alten Kirche konzentrieren den christlichen Glauben *ausschließlich* auf den dreieinigen Gott. Ich zitiere als Beispiel das *Apostolische Glaubensbekenntnis*. Es ist das bekannteste und wichtigste Glaubensbekenntnis der Christenheit. Bis heute wird es in vielen Gottesdiensten gesprochen. Das Apostolische Glaubensbekenntnis ist sehr alt. Der endgültige Text stammt aus dem Zeitraum 4. bis 6. Jahrhundert:

Ich glaube an Gott, den Vater, den Allmächtigen,
den Schöpfer des Himmels und der Erde.
Und an Jesus Christus,
seinen eingeborenen Sohn, unsern Herrn,
empfangen durch den Heiligen Geist,
geboren von der Jungfrau Maria,
gelitten unter Pontius Pilatus,
gekreuzigt, gestorben und begraben,
hinabgestiegen in das Reich des Todes,
am dritten Tag auferstanden von den Toten,
aufgefahren in den Himmel;
er sitzt zur Rechten Gottes, des allmächtigen Vaters;
von dort wird er kommen,
zu richten die Lebenden und die Toten.
Ich glaube an den Heiligen Geist,
die heilige christliche Kirche,
Gemeinschaft der Heiligen,
Vergebung der Sünden,
Auferstehung der Toten
und das ewige Leben.

Mit dem Wort »an« (lat. in) stellt das Apostolische Glaubensbekenntnis klar, auf wen oder was sich der christliche Glaube be-

[66] In der fundamentalistischen Literatur ist oft von einem »Glauben an die Bibel« die Rede. Vgl. Kapitel 2.

zieht. Das Wort »an« kann sich nur auf den dreieinigen Gott beziehen, auf nichts und niemanden sonst.[67] Den Satz »Ich glaube an die Bibel« gibt es im apostolischen Glaubensbekenntnis nicht. Die Bibel wird im Apostolischen Glaubensbekenntnis nicht erwähnt. Sie ist kein Bezugspunkt (Gegenstand) des Glaubens im Sinne von »glauben an«. Auch die beiden anderen bekannten Glaubensbekenntnisse der Alten Kirche – das Nicänische und das Athanasische Glaubensbekenntnis – erwähnen die Bibel nicht, obwohl sie umfangreicher sind als das Apostolische Glaubensbekenntnis.[68] Damit machen alle drei Glaubensbekenntnisse der Alten Kirche, wie schon das Neue Testament, einen kategorialen Unterschied zwischen dem dreieinigen Gott und der Bibel. Die Bibel ist unersetzbar wichtig als Werkzeug Gottes und zwar als sein *bevorzugtes* Werkzeug. Man darf das Werkzeug aber nicht mit dem gleichsetzen, der es benutzt. Ich glaube, dass Gott seine Werkzeuge richtig auswählt und mit ihnen so umgeht, wie er es für richtig hält. Aber ich glaube nicht *an* seine Werkzeuge, sondern an ihn. Man kann nur an den glauben, zu dem man auch beten kann. Deshalb darf man die Bibel nicht so behandeln, als ob sie ein Teil von Gott wäre. Die Nichtaufnahme der Bibel in die Glaubensbekenntnisse der Alten Kirche ist eine eindeutige Relativierung der Bibel gegenüber Gott.

Dass die Bibel im Apostolischen Glaubensbekenntnis nicht vorkommt, wird von fundamentalistisch denkenden Theologen kaum beachtet. Spricht man sie auf diesen Tatbestand an, lautet die Antwort oft: Aus dem Nichterwähnen der Bibel in den Glaubensbekenntnissen der Alten Kirche könne man keine weitreichenden Schlussfolgerungen ziehen. Das Nichterwähnen habe nichts mit einer Relativierung der Bibel gegenüber Gott zu tun. Mit dieser Antwort macht man es sich jedoch zu einfach. Sie berücksichtigt nicht den besonderen Charakter eines Glaubensbekenntnisses. Bei den meisten Texten wäre es zwar tatsäch-

[67] Vom heutigen Sprachgefühl her bezieht man das Wort »an« fast automatisch auch auf »die heilige christliche Kirche«. Doch alles, was nach dem Heiligen Geist aufgezählt wird, ist als Tätigkeit des Heiligen Geistes zu verstehen. Ich glaube nicht »an« die Kirche, sondern an den Heiligen Geist, der die Kirche schafft und erhält, die Sünden vergibt, die Toten auferweckt und das ewige Leben schenkt.

[68] Den Text des Nicänischen Glaubensbekenntnisses kann man im Evangelischen Gesangbuch nachlesen.

lich übertrieben, wenn man aus dem bloßen Nichterwähnen eines Themas sofort schwerwiegende Schlussfolgerungen ziehen würde. *Glaubensbekenntnisse* sind aber eine besondere Sorte von Texten. Es sind Basistexte, die das Entscheidende zusammenfassen wollen. Sie sind von vornherein in der Absicht geschrieben worden, vielen Menschen eine verbindliche Orientierung zu bieten. Dementsprechend ist am Text des Apostolischen Glaubensbekenntnisses viele Jahrzehnte gefeilt worden. Niemand kann davon ausgehen, dass man im Apostolischen Glaubensbekenntnis die Bibel »einfach vergessen« hat. Wenn die Bibel aber nicht vergessen wurde, dann wurde sie *absichtlich* nicht erwähnt. Und diese Absicht muss man ernst nehmen. Wir haben kein Recht, den Bischöfen und Lehrern der Alten Kirche zu unterstellen, sie hätten nicht mit Sorgfalt abgewogen, welche Aussagen in diesen Grundlagentext aufgenommen werden sollen und welche nicht. Es gehört zum Respekt vor Basistexten dieser Art, den dafür Verantwortlichen zuzutrauen, dass sie sowohl über den Inhalt als auch über den »Nicht-Inhalt« sehr bewusst entschieden haben. Andernfalls könnten diese Texte nicht die Orientierung bewirken, um deretwillen sie verfasst worden sind. Es ist deshalb nicht angebracht, zu sagen: »Die Bibel wird zwar im Apostolischen Glaubensbekenntnis nicht erwähnt. Das besagt aber nicht viel.« Wenn diese Meinung berechtigt wäre, bräuchten wir keine Glaubensbekenntnisse mehr.[69] Nach dem fundamentalistischen Geschichtsbild beginnt die Relativierung der Bibel erst mit der »modernen Theologie« im 18. und 19. Jahrhundert. Die Glaubensbekenntnisse der Alten Kirche und das Neue Testament selbst zeigen aber, dass dieses Geschichtsbild nicht stimmt.

3.5 Die Verborgenheit Gottes

Nach biblischer Sicht wirkt Gott in der Welt auf verborgene Weise. Deshalb kann man Gottes Wirken übersehen und der Meinung sein, es gäbe keinen Gott. Gott ist nicht nur unsichtbar. Er ist uns auch fremd. Sein Wirken ist geheimnisvoll und unberechenbar. Gott demonstriert dem Menschen nicht seine Existenz. Er betreibt

[69] Bei Basistexten, wie Glaubensbekenntnisse es sind, darf man also durchaus auch »e silentio« (auf Grund des Schweigens) argumentieren. Bei anderen Texten, die keinen vergleichbaren Entstehungsprozess und keine vergleichbare Funktion haben, muss man mit einer Argumentation »e silentio« zurückhaltend umgehen.

keine direkte Selbstdarstellung. Zwar legt die Schöpfung Zeugnis für Gott ab (vgl. Röm 1,19; Ps 19,2 u. a.), dennoch gilt: in einem tieferen Sinn kann man Gott nur *im Glauben* erkennen. Gott wirkt vorzugsweise durch das *Unscheinbare* und *Niedere*, das die Stolzen und Starken dieser Welt übersehen und verachten. In Ägypten erwählte er nicht die Oberschicht und nicht den Pharao, sondern die hebräischen Fronarbeiter. Wer hätte gedacht, dass Gott sich auf die Seite der Armen, der Geschlagenen und Rechtlosen stellt, dass er die Mühseligen und Beladenen zu sich ruft?

Auch in seiner Offenbarung bleibt Gott der verborgene Gott, der vorzugsweise durch das Unscheinbare und Niedere wirkt. Jesus kam nicht in einem Palast zur Welt, sondern nach dem Lukasevangelium in einem Futtertrog (Lk 2,7). Jesus hatte keine privilegierten Eltern. Er hatte einen gewöhnlichen Beruf. Die längste Zeit seines Lebens ist er nicht besonders aufgefallen. Als er öffentlich aufzutreten begann, war keineswegs offensichtlich, wer er war. Selbst Johannes dem Täufer, dem Prophet und Bußprediger, blieb die Frage nicht erspart: »Bist du es, der kommen soll, oder sollen wir auf einen Anderen warten« (Mt 11,2)? Die Gefangennahme Jesu stürzte seine Jünger in Verwirrung und Ratlosigkeit. Sein irdisches Leben endete im verachteten, brutalen Tod am Kreuz. Wer hätte das gedacht? »Das Schwache in der Welt hat Gott erwählt, um das Starke zuschanden zu machen. Und das Niedrige in der Welt und das Verachtete hat Gott erwählt, das was nichts ist, um das zunichte zu machen, was etwas ist« (1Kor 1,27 f). »Meine Kraft ist in den Schwachen mächtig« (2Kor 12,9). Das sind *grundsätzliche* Aussagen über Gottes Wirken in der Welt. Dieser Grundzug des göttlichen Wirkens ist in der gesamten Bibel zu finden. Es wäre sehr merkwürdig, wenn er für *die Bibel selbst* nicht gelten würde. Deshalb brauchen wir uns nicht darüber zu wundern, dass es auch in der Bibel Schwaches und Unscheinbares gibt. Das entspricht dem Wirken Gottes. Diese Seite der Bibel ist nicht peinlich, sondern liebenswert. Wir müssen nicht darum bemüht sein, die Schwachheiten der Bibel zuzudecken oder zu leugnen.

Viele Christen wollen keine Bibel, in der es auch Schwachheiten und Unscheinbares gibt. Das entspricht nicht ihren Vorstellungen und Bedürfnissen. Sie wollen eine »Imponierbibel«, die ihre Sicherheitsbedürfnisse rasch und komplett befriedigt. Passt aber eine solche Bibel zum »Wort vom Kreuz« (1Kor 1,18)? Viele

Christen sagen: »Die Bibel ist das einzige fehlerlose und vollkommene Buch der Welt!« Ein so sensationelles und grandioses Buch hätte nach den Maßstäben unserer Gesellschaft eine Goldmedaille verdient, oder den Eintrag ins Guinessbuch der Rekorde. Ist aber der Gott der Bibel scharf auf Medaillen und Rekorde? Imponiert er den Menschen nach den Maßstäben dieser Welt? Eine fehlerlose und vollkommene Bibel würde Gottes Wirken auf eine Weise demonstrierbar und vorzeigbar machen, die zum *verborgenen* Gott und zum »Wort vom Kreuz« nicht passt. Wenn sogar Jesus Christus, der Gottes Wort *in Person* ist und »in allem Gott gleich war« (Phil 2,6) sich »*entäußerte*« und »die Gestalt eines Knechtes annahm« (Phil 2,7), warum sollte dann Entsprechendes für die Bibel unzumutbar sein?

Die Bibel hat durchaus ihre großen Qualitäten und beeindruckenden Passagen. Und das, was zum Heil wichtig ist, wird in ihr deutlich genug. Aber die Bibel trägt auch die Spuren der Zeiten, Kulturen und Menschen, die an ihrer Entstehung und Überlieferung beteiligt waren, bis dahin, dass diese Menschen z. T. tief in Gewalt und Hass verstrickt waren.[70] Viele Qualitäten der Bibel sind *verborgene, unscheinbare* Qualitäten. Sie entsprechen der Niedrigkeit des Kreuzes und der Verborgenheit Gottes. Durch die Behauptung einer Fehlerlosigkeit der Bibel kommt man der verborgenen Qualität der Bibel nicht auf die Spur. Man kann die Qualität der Bibel nicht auf weltliche Weise »demonstrieren«. Man kann sie nur *erfahren*. Der verborgene Gott spricht durch die Bibel, wann und wo er will. Und wer sich dem verborgenen Gott anvertraut, wird erfahren, *wie* Gott durch die Bibel wirkt. Es ist ein wichtiges Kriterium für die geistliche Qualität einer christlichen Gruppe, ob sie die *Verborgenheit* Gottes gebührend ernst nimmt, gerade auch in ihrem Verständnis der Bibel.

3.6 Das Thema Vollkommenheit

Wer die Bibel für fehlerlos und vollkommen hält, beruft sich dabei auf die Vollkommenheit Gottes: »Gott ist vollkommen, also ist es sein Wort auch.« Diese Überzeugung ist ein fester Bestandteil des

[70] Vgl. z. B. in 2Kg 8 f die Gewaltorgien, zu denen Jehu sich hinreißen lässt.

fundamentalistischen Bibelverständnisses.[71] Der Satz klingt einleuchtend und scheint unwiderlegbar. Niemand will ja die Vollkommenheit Gottes in Frage stellen. Doch wie stichhaltig ist diese Aussage wirklich?

Man muss zunächst einmal zwei Fragen stellen: 1. Kann man von der Vollkommenheit des *unsichtbaren Gottes* so direkt auf die Vollkommenheit eines *sichtbaren, irdischen Buchs* schließen? 2. Gibt es auf Erden etwas, das so vollkommen ist wie Gott? Zur Beantwortung dieser Fragen müssten wir wissen, was »Vollkommenheit« ist. Aber woher sollen wir unvollkommene Menschen das wissen? Die Bibel gibt uns dazu keine genauen Definitionen. Sie spricht zwar oft von Gottes Gerechtigkeit, Barmherzigkeit, Gnade, Treue, Heiligkeit und Liebe, aber nur selten und indirekt von seiner »Vollkommenheit«. In der hebräischen Sprache gibt es kein Wort, das dem deutschen Wort »vollkommen« oder »Vollkommenheit« entspricht. Die beiden Wörter, die dafür am ehesten in Betracht kommen (»tamim« und »kalil«), liegen auf einer anderen Ebene (s. u.). Sie werden im Alten Testament auch nicht auf Gott angewandt. In der Bibel geht es vor allem um Gottes *Wirken* in der Welt, nicht um seine »Beschaffenheit an sich«.

Das Thema »Vollkommenheit« spielt in der *griechischen Philosophie* eine viel größere Rolle als in der Bibel. Auf dem Weg über die griechische Philosophie ist dieses Thema in die abendländische Theologie gelangt. Die Bibel ist kein philosophisches Buch. Es gibt in ihr keine Begriffsklärungen im philosophischen Sinn. Das Argument »Gott ist vollkommen, also ist es sein Wort auch« ist mehr philosophisch geprägt als biblisch. Dieses Argument geht von einer »Beschaffenheit« Gottes aus und leitet aus ihr »logische« Konsequenzen für ein irdisches Buch ab. Viel biblischer ist es, wenn man fragt: *Wie wirkt Gott in dieser Welt?* Darauf antwortet die Bibel: Gott wirkt in dieser Welt auf *verborgene* und *unscheinbare* Weise.[72] Man kann von Gottes Vollkommenheit nicht reden, ohne von seiner *Verborgenheit* zu reden.

Wer aus der Vollkommenheit Gottes eine vollkommene Bibel ableitet, formuliert ein logisches Prinzip, das es in der Bibel so nicht gibt. Bei der Behauptung »Zu einem vollkommenen Gott

[71] Vgl. den Exkurs nach Kapitel 2.

[72] Vgl. den vorhergehenden Abschnitt.

gehört ein vollkommenes Buch« handelt es sich lediglich um eine menschliche Meinung. Dabei ist ungeklärt, woher der Mensch wissen will, worin die »Vollkommenheit« Gottes besteht und wie diese sich auf die Bibel auswirkt. Man kann die Vollkommenheit Gottes schon deshalb nicht direkt auf die Bibel übertragen, weil Gottes Vollkommenheit *unsichtbar* und *transzendent* ist. Die Vollkommenheit *der Bibel* wäre dagegen die Vollkommenheit eines *sichtbaren irdischen Buchs*. Diesen Unterschied darf man nicht übersehen. Das tut man aber, wenn man aus der Vollkommenheit Gottes die Vollkommenheit der Bibel »ableitet«. Es gibt keine Logik, die Erde und Himmel verbindet. Die menschliche Logik gilt nur *innerhalb* der Schöpfung. Über die himmlische Realität und darüber, wie die himmlische Realität sich auf die irdische Realität bzw. auf die Bibel auswirkt, können wir mit Hilfe der Logik keine Aussagen machen. In dem Satz »Gott ist vollkommen, also ist es die Bibel auch« wird die Rolle der Logik überschätzt. Mit dieser Argumentation unterliegt der Fundamentalismus einem *rationalistischen* Einfluss.

Für die Behauptung, die Bibel sei vollkommen, gibt es keine biblische Grundlage. Oft wird ein Psalmwort als »Beleg« genannt: »Die Tora Gottes ist vollkommen und erquickt die Seele« (Ps 19,8). Dieser Vers ist jedoch *kein* Beleg für eine vollkommene und fehlerlose Bibel. Erstens geht es bei diesem Satz nur um die *Tora*, nicht um die Bibel insgesamt. Zweitens müssen wir uns darüber informieren, was das hebräische Wort bedeutet, das an dieser Stelle mit »vollkommen« übersetzt wird. Es handelt sich um das Wort »tamim«. Dieses Wort kommt im Alten Testament 91 Mal vor. Es ist ein Fachausdruck der Priester für den Opferdienst im Tempel. Das Wort bezieht sich in der Mehrzahl der Fälle auf *Tiere* (51 Mal). Schon deshalb kann es bei ihm nicht um eine *göttliche* Vollkommenheit gehen, auch nicht um eine Fehlerlosigkeit im intellektuellen Sinn. Das Wort bezeichnet ein Tier, das weder krank noch verstümmelt ist. Im Opferkult durften nur gesunde Tiere verwendet werden (vgl. Lev 22,19 ff). Das Gegenteil von tamim bedeutet »missgebildet, unvollständig« (vgl. Lev 22,18–21; Nu 19,2). Es geht bei diesem Wort um Gesundheit im Sinne der körperlichen Unversehrtheit, um die Vollständigkeit der körperlichen Gliedmaßen. Das Wort »tamim« wird auch auf *Menschen* angewandt (34 Mal). Auch das zeigt, dass es nicht um eine *göttliche* Vollkommenheit geht. Bei Menschen besagt das Wort tamim: Dieser Mensch lebt in vollständig intakten (ungetrübten) Beziehungen zu Gott und zu den Menschen (vgl. Gen 6,9; 17,1; Dt 18,13; Jos 24,14; Ri 9,16.19 u. ö.). Beim entsprechenden Substantiv »tom« geht es um die Vollständigkeit bzw. das Vollständigwerden (Fertigwerden) einer Sache: eines Gebäudes, einer Rede, einer Handlung, eines Plans, einer zeitlichen Frist (vgl. 1Kön 6,22; Hi 31,40; Jos 3,17; 5,8; Ps 64,7; Gen 47,18; Lev 25,29 u. ö.). Nur sehr selten wird das Wort »tamim« auch auf Gottes Weg, Werk, Einsicht und an einer Stelle auch auf Gottes Tora angewandt (Dt 32,4; 2Sam 22,31; Hi 37,16, Ps 18,31; 19,8). *Kein einziges Mal* wird das Wort unmittelbar auf Gott selbst *als Person* bezogen. Der zitierte Satz in Ps 19,8 ist also sinngemäß zu übersetzen: »Die Tora Gottes ist vollständig und erquickt die Seele.« Gemeint ist: Der Tora fehlt nichts Wesentliches.

Die Bedeutung des hebräischen Worts »tamim« spielt auch im *Neuen Testament* eine Rolle. Hinter den griechischen Formulierungen des Neuen Testaments steht oft ein hebräisches Verständnis. In der Bergpredigt sagt Jesus z. B.: »Darum sollt ihr vollkommen sein, wie euer Vater im Himmel vollkommen ist« (Mt 5,48). Jesus fordert uns mit diesem Satz bestimmt nicht auf, so vollkommen und fehlerlos wie Gott zu werden. Also muss etwas Anderes gemeint sein. Es geht auch hier um *Vollständigkeit* im Sinn von »tamim«. So wie Gottes Herz vollständig von Liebe erfüllt ist bis hin zur Feindesliebe, so sollen auch wir unser Herz vollständig (ungeteilt, rückhaltlos) der Liebe und dem Willen Gottes öffnen bis hin zur Feindesliebe. »Vollkommen« meint hier also das Gleiche wie »von ganzem Herzen«. In diesem Sinn sagt Jesus auch zu dem reichen Mann: »Wenn du vollkommen sein willst, dann gehe hin und verkaufe deinen Besitz und gib ihn den Armen« (Mt 19,21). Auch Paulus bezeichnet die Christen, die sich vom Heiligen Geist leiten lassen, als »Vollkommene« (vgl. 1Kor 2,6; 1Thess 4,1.10; vgl. 2Tim 3,17). Diese Beispiele zeigen, wie vorsichtig man damit sein muss, die eigenen Vorstellungen von Vollkommenheit und den heutigen deutschen Sprachgebrauch in biblische Sätze hineinzulesen. Bei dem hebräischen Wort »tamim«, das meist auf Tiere, oft auf Menschen und nur an einer einzigen Stelle auf Gottes Tora angewandt wird (Ps 19,8), geht es *nicht* um eine göttliche Fehlerlosigkeit und Vollkommenheit. Gemeint ist vielmehr: So vollständig und gesund wie ein unversehrtes Opfertier ist auch Gottes Tora.[73]

Fehler, Spannungen und Widersprüche sind keineswegs nur etwas Schlechtes. Sie gehören zum Leben. In der Bibel sind sie oft ein Zeichen dafür, dass die biblischen Schreiber unterschiedliche Perspektiven und Interessen haben, oder in unterschiedlichen Situationen leben (aus unterschiedlichen kulturellen, sozialen oder theologischen Milieus stammen). Das Volk Israel und die Urchristenheit waren keine homogene Größen, in denen jeder in jeder Hinsicht gleich dachte, auch nicht über Gott und sein Handeln. Spannungen und Widersprüche können auch daraus entstehen, dass es unter den Bedingungen von Zeit und Raum nicht möglich ist, den unvorstellbaren Gott in sprachlich und vorstellungsmäßig völlig widerspruchsfreier Weise zu offenbaren. Gerade die Spannungen und Widersprüche in der Bibel können uns zum tieferen Nachdenken veranlassen. Das gilt vor allem deshalb, weil wir davon ausgehen können, dass die Bibel uns in den *heilsentscheidenden* Aspekten zuverlässig leitet.[74]

Stellen Sie sich zum Schluss dieses Abschnitts folgenden Fall vor: Ein Mann treibt in Seenot im Meer. Er wird von einem Schiff gesichtet. Man wirft ihm ein Seil zu. Der Mann lehnt das Seil jedoch mit den Worten ab: Er lasse sich nur durch ein makelloses Seil retten, das keine Ölflecken hat. So töricht eine solche Reaktion wäre, so töricht ist es, nicht nach der Bibel zu greifen, nur weil sie einige »Ölflecken« hat. Gott kann und will uns durch das starke Seil der Bibel aus dem Meer, d. h. aus dem Tod retten. *Das* ist entscheidend. Die »Ölflecken« sind demgegenüber unwichtig.

3.7 Die Einheit der Heiligen Schrift

Die moderne Bibelwissenschaft konzentrierte sich lange Zeit auf die Erforschung der einzelnen biblischen Schriften, Autoren, Redaktoren, Textgattungen, Motive, Begriffe und Überlieferungs-

[73] Diese Ausführungen zum Begriff »Vollkommenheit« sind ein Beispiel dafür, wie durch wissenschaftliche Analysen Klarheit und ein tieferes Verständnis auch dort möglich werden, wo Vorurteile einen Bibeltext verdunkelt haben.

[74] Vgl. Kapitel 1.

schichten. Das war grundsätzlich berechtigt, weil es anders nicht möglich gewesen wäre, sich eine angemessene Vorstellung von der Entstehung der biblischen Schriften zu machen und von dem jeweiligen theologischen Profil, einer Schrift, einer Überlieferungsschicht oder eines Autors. Dank dieser Forschungsarbeit trat Vieles ins Blickfeld, was man bisher nicht wusste und nicht beachtet hatte. Die Erforschung der biblischen Texte erreichte so einen bisher nicht bekannten Grad an Genauigkeit und Differenziertheit. In den letzten Jahrzehnten ist jedoch immer deutlicher geworden, dass man bei dieser Art Forschung nicht stehen bleiben darf. Sie stellt nur die erste Hälfte der Arbeit dar. Genauso wichtig ist es, auf der Basis gründlicher Einzelstudien nach dem zu fragen, was die unterschiedlichen biblischen Schriften verbindet. Aus welchen Gründen hat man so unterschiedliche Schriften und gerade sie in dieselbe Schriftensammlung aufgenommen? Warum hat man dieser Sammlung kanonische Bedeutung zuerkannt?

Die Frage nach dem inneren Zusammenhang der biblischen Schriften, d. h. nach ihren sachlichen Gemeinsamkeiten, gewinnt in der heutigen Bibelwissenschaft zunehmend an Aufmerksamkeit. Mehrere der neusten Standartwerke zum Neuen Testament geben ausführlich darüber Rechenschaft, inwiefern und inwieweit man von einer sachlichen Einheit der neutestamentlichen Botschaft sprechen kann.[75] In der alttestamentlichen Wissenschaft ist eine ähnliche Entwicklung im Gang. Heute lässt sich mit den Mitteln und auf dem Erkenntnisstand der modernen Bibelwissenschaft eine grundlegende sachliche Einheit der biblischen Schriften aufzeigen.[76] Das ist eine erfreuliche Entwicklung, für die man dankbar sein kann. Auch ich bekenne mich mit vielen meiner Universitäts- und Hochschulkollegen zur Einheit der Heiligen Schrift.

Die Rede von der Einheit der Heiligen Schrift, wie sie nach jahrzehntelanger bibelwissenschaftlicher Forschung möglich ge-

---

[75] Besonders wichtig in diesem Zusammenhang ist die »Theologie des Neuen Testaments« von Ferdinand Hahn. Von den beiden Bänden dieser Theologie, widmet sich der gesamte zweite Band dem Thema: »Die Einheit des Neuen Testaments«. Auch die neueste »Theologie des Neuen Testaments« von Ulrich Wilckens widmet sich immer wieder dieser Frage. Das gilt auch für zahlreiche weitere Standardwerke zum Neuen Testament aus neuerer Zeit. Vgl. auch Eckstein, Kyrios Jesus, 35–58.

[76] Vgl. dazu das wichtige Standartwerk von Söding, Einheit.

worden ist, bedeutet keinen Rückfall in das traditionelle Harmonisierungsdenken. Die neu errungene Sicht der Einheit lebt nicht davon, dass man die zahlreichen Unterschiede, Spannungen und Widersprüche innerhalb der biblischen Schriften übersieht, unterschätzt oder leugnet. Sie basiert auf der wichtigen Erkenntnis, dass diese Unterschiede, Spannungen und Widersprüche nichts grundsätzlich Negatives sind, sondern zur Lebendigkeit, Glaubwürdigkeit und Qualität der Bibel gehören. Die Unterschiede, Spannungen und Widersprüche innerhalb der Bibel schließen eine tiefer liegende, fundamentale Einheit der biblischen Botschaft keineswegs aus. Sie sind *getragen* und *umfangen* von einem Schatz an grundlegenden Gotteserfahrungen und daraus erwachsenden gemeinsamen Überzeugungen.[77] Die Einheit der Bibel ist keine intellektuelle Einheit, nicht die Einheit eines lehrmäßigen Systems. Sie ist eine dynamische und dialogische Einheit. Die unterschiedlichen Perspektiven und Positionen, die in der Bibel Raum haben, stehen untereinander in einer Erfahrungs-, Gesprächs- und Lerngemeinschaft. Dieses Verständnis von Einheit ist realistischer, als das Einheitsdenken, das sich aus einem starken (oft auch ängstlichen) Harmonisierungsbedürfnis ergibt. Es ist ein viel tieferes Kompliment an die Bibel. Denn: Wie viel traut man der Bibel tatsächlich zu, wenn man befürchtet, dass bereits durch einige Fehler und Widersprüche alles zusammenbricht? Die Bibel braucht keinen frommen Schutz. Das hat sie nicht nötig. Sie wird sich immer wieder durch die Qualität ihres Inhaltes und kraft des Heiligen Geistes durchsetzten, wann und wo es Gott gefällt. Von diesem Zutrauen lebt die Christenheit. Dieses Zutrauen gilt es zu stärken.

[77] So gibt es z. B. bei allen Spannungen und Widersprüchen zwischen den im deutschen Bundestag vertretenen Parteien doch auch einen Grundkonsens der Demokraten auf der Basis gemeinsamer Grundwerte. Dieses Beispiel hinkt natürlich. Es will nur deutlich machen, dass partielle Widersprüche einen tragenden Grundkonsens nicht ausschließen.

3.8 Bilanz

Ich habe in diesem Kapitel die kategoriale Unterscheidung zwischen Gott und der Bibel skizziert, wie sie in der gesamten nichtfundamentalistischen Theologie als unverzichtbar gilt. Welchen Gewinn bringt diese Unterscheidung für uns Christen? Fünf Aspekte halte ich für besonders wichtig:

(1) Die beschriebene Unterscheidung verdeutlicht Gottes *Einzigkeit* und bringt so Gottes Würde theologisch zur Geltung. Das ermöglicht eine angemessene Sicht der Bibel. Die betreffende Unterscheidung stellt klar: Gott allein hat göttliche Eigenschaften. Gott allein ist göttlich. Das ändert nichts daran, dass wir Christen uns auf die Wirkungseinheit von Gott und Bibel verlassen können. Aus dieser Wirkungseinheit ergibt sich aber kein Grund für eine Vergöttlichung der Bibel. Die Bibel gehört nicht zum Einssein von Vater, Sohn und Heiligem Geist hinzu. Sie ist kein »Stück Himmel« auf Erden, sondern gehört in den Bereich der Schöpfung. Deshalb glauben Christen allein an den dreieinigen Gott, nicht *an* die Bibel. Die Bezeichnung der Bibel als »Gottes Wort« darf nicht dazu führen, dass diese grundlegenden Einsichten verdunkelt werden.

(2) Es ist nicht notwendig, dass die Bibel bis in alle Details hinein fehlerlos oder widerspruchslos ist. Bei diesem Thema steht weder die Zuverlässigkeit der Bibel noch die rettende Kraft Gottes auf dem Spiel. *Ohne* die kategoriale Unterscheidung zwischen Gott und der Bibel ist das allerdings der Fall. Dann *darf* die Bibel keine Fehler oder Widersprüche haben. Jede Schwäche der Bibel wäre eine Schwäche Gottes. In diesem Fall *muss* man auf Biegen und Brechen die Makellosigkeit der Bibel verteidigen. Andernfalls hat man das Gefühl, sich an Gott zu versündigen und die eigene Glaubensbasis zu verlieren. Deshalb ist die kategoriale Unterscheidung zwischen Gott und der Bibel so wichtig. Nur diese Unterscheidung macht es möglich, die Frage, ob die Bibel fehlerlos und widerspruchslos ist oder nicht, überhaupt als Frage *zuzulassen*.

(3) Wir können die Frage, ob die Bibel fehlerlos und widerspruchslos ist oder nicht, der Bibel selbst überlassen. Wir müssen der Bibel nicht eine bestimmte Wunschvorstellung überstülpen. Die Bibel darf so sein, wie sie ist. Sie muss nicht so sein, wie ich sie haben will, oder wie ich meine, dass Gott sie haben wolle. Von jetzt an kann mir klar werden: Im Grunde habe ich bisher nicht die

Bibel verteidigt. Ich habe *mein Bild* von der Bibel verteidigt, d. h. im Grunde habe ich meine Art der Frömmigkeit verteidigt, aber nicht die Bibel.

(4) Nimmt man zu einer Aussage der Bibel *kritisch* Stellung, heißt das nicht, dass man Gott kritisiert. Die dunklen Stellen der Bibel sind keine »dunklen Stellen« Gottes. Widersprüche in der Bibel sind keine Widersprüche in Gott.

(5) Wenn ich meinen Glauben auf den dreieinigen Gott konzentriere (ich glaube nur *an* Gott, nicht *an* die Bibel), ergeben sich neue und angstfreie Möglichkeiten, die Bibel wissenschaftlich zu erforschen. Auf diese Weise entsteht die Zuversicht und der Mut, sich im Vertrauen zu Gott der wissenschaftlichen Möglichkeiten verantwortungsbewusst zu bedienen. Gott selbst und die himmlische Realität kann man nicht »wissenschaftlich erforschen«. Die Reichweite der Wissenschaft und der Vernunft ist auf den Raum der Schöpfung begrenzt. Da die Bibel aber zum Bereich der Schöpfung gehört, steht sie der wissenschaftlichen Erforschung offen. Man braucht als Bibelwissenschaftler allerdings einen Respekt vor den Glaubensgeheimnissen, auf die man bei der Erforschung der Bibel immer wieder stößt. Grundsätzlich aber gilt: Je klarer mir wird, dass ich nur an Gott glaube, nicht an die Bibel, desto lernfähiger werde ich in Bezug auf die Bibel. Ich werde bereit, mein derzeitiges Bild der Bibel durch Lernprozesse zu verändern. Das heißt keineswegs, dass man dann nichts Sicheres mehr über die Bibel sagen kann und alles unverbindlich wird. Solche Abwehrreaktionen entstehen aus Vorurteilen, Missverständnissen und aus der frommen Angst. Man denke z. B. an den bekannten Angst-Mechanismus: »Wenn *das* nicht mehr stimmen soll, was stimmt dann überhaupt noch?«[78]

[78] Dieses Scheinargument ist Ausdruck der Angst und des Schwarz-Weiß-Denkens. Manche Christen versuchen, dieses Schwarz-Weiß-Denken mit Hilfe von Bibelstellen zu rechtfertigen. Doch wenn Jesus in der Bergpredigt sagt: »Euer Ja sei ein Ja, euer Nein ein Nein. Alles andere stammt vom Bösen« (Mt 5,37), dann geht es um die Eindeutigkeit und Verlässlichkeit unserer Rede (gegen alle Doppelbödigkeit), aber nicht um eine Aufforderung zum Schwarz-Weiß-Denken. Auch der Satz: »Wärst du doch kalt oder heiß! Weil du aber lau bist, will ich dich aus meinem Mund ausspucken« (Offb 3,15 f) ist kein Aufruf zum Schwarz-Weiß-Denken, sondern ein Aufruf zur Entschiedenheit. Das ist nicht das Gleiche! Es gilt darauf zu achten, dass man Bibelworte nicht in den Dienst der eigenen Vorurteile stellt.

Von solchen Schreckgespenstern darf man sich nicht einschüchtern lassen. Man darf sich das Lernen nicht verbieten lassen. Wenn der Glaube bildungsfeindlich wird, dann wird er auch eng.

4. Die Unterscheidung von Jesus Christus und Bibel

4.1 Die Zusammengehörigkeit von Jesus Christus und Bibel

Bevor ich die kategoriale Unterscheidung zwischen Jesus Christus und der Bibel erläutere, möchte ich – um Missverständnisse zu vermeiden – die *Zusammengehörigkeit* beider betonen.[79] Die Bibel und Jesus Christus gehören in mehrfacher Weise eng zusammen. Diese Zusammengehörigkeit ist theologisch unbestritten.

Jesus war Jude. Er berief sich in vielfacher Hinsicht auf die Bibel seines Volks, die auch seine Bibel war. In ihrem Spiegel deutete er sein eigenes Leben. Die Zusammengehörigkeit von Jesus Christus und der Bibel kommt auch darin zum Ausdruck, dass es zwischen ihm und der Bibel – was ihre Bedeutung für uns betrifft – Entsprechungen (Analogien) gibt. Wir bezeichnen sowohl Jesus Christus als auch die Bibel als »Gottes Wort«. Jesus Christus ist das persongewordene Wort Gottes. Die Bibel ist das geschriebene Wort Gottes. Da mit dem Ausdruck »Wort Gottes« eine Weise der *Offenbarung* gemeint ist, können wir auch sagen: Sowohl Jesus Christus als auch die Bibel sind eine Gestalt der Offenbarung Gottes. Aus diesem Grund können beide als »Licht« der Menschen bezeichnet werden (vgl. z. B. Ps 119,105; Joh 1,4–9; 8,12; 2Petr 1,19).

Hinzu kommt: Alles Wichtige über Jesus Christus wissen wir aus der Bibel. Die Bibel ist die einzige ausführlichere und theologisch qualifizierte Quelle über Jesus Christus. Es gibt keine andere Quelle, die uns in vergleichbarer Weise einen Zugang zu Jesus Christus ermöglicht. Wir können deshalb unser »Bild« von Jesus Christus nur aus der Bibel gewinnen. Wie viel wir heute über Jesus Christus wüssten, wenn es kein Neues Testament gäbe, lässt sich nicht sagen. Mit Sicherheit wäre dieses Wissen weitaus undeutlicher. Der christliche Glaube wäre auf das Schwerste gefährdet.

[79] Vgl. auch den Hinweis auf die Zusammengehörigkeit von Gott und Bibel in Kapitel 2 (Stichwort »Wirkungseinheit«).

Wer Jesus Christus verkündigen will, muss deshalb seine Verkündigung in der Heiligen Schrift gründen und an ihr prüfen. Eine andere Möglichkeit gibt es nicht.

Diese Zusammengehörigkeit von Jesus Christus und der Bibel wird durch die folgenden Ausführungen in keiner Weise in Frage gestellt. Es geht im Folgenden darum zu verstehen, *um welche Art von Zusammengehörigkeit* es sich handelt. Die enge Zusammengehörigkeit von Jesus Christus und Bibel bedeutet nämlich *nicht,* dass beide gleichrangig sind und auf derselben Stufe der Autorität stehen. Das soll in den folgenden Abschnitten deutlich werden.

4.2 Der Vorrang Jesu Christi vor der Bibel

Nach Darstellung des Neuen Testaments steht Jesus Christus eindeutig *über* der Bibel. Damit ist gemeint: Jesus Christus hat einen höheren Rang, eine höhere Autorität als die Bibel. Luther drückt das so aus: Jesus Christus ist der Herr der Heiligen Schrift. Die Heilige Schrift ist der Knecht Jesu Christi.[80] Von Jesus Christus heißt es: »Mir ist gegeben alle Macht, im Himmel und auf Erden« (Mt 28,18). Diese Aussage kann man nicht auf die Bibel übertragen. Man kann nicht sagen: »Der Bibel ist gegeben alle Macht im Himmel und auf Erden«. In *dieser* Hinsicht gibt es *keine* Entsprechung zwischen Jesus Christus und der Bibel. Wir Christen haben nur *einen* Herrn, und die christliche Gemeinde hat nur *ein* »Haupt« (vgl. Eph 5,23; Kol 1,18). Dieser Herr und dieses Haupt ist Jesus Christus. Die Zusammengehörigkeit der Bibel mit Jesus Christus ist die Zusammengehörigkeit eines *Dieners* mit seinem *Herrn.*

Damit stehen wir vor einem Tatbestand, den es in keiner anderen Religion gibt. Auch im Judentum und im Islam gibt es nichts Vergleichbares. Bei diesen beiden Religionen handelt es sich um »*Buchreligionen*« im vollen Sinn des Wortes.[81] Die Grundlage des

---

[80] Nach Luther ist Jesus Christus »Herr«, »König«, »Richter« und »Haupt« der Heiligen Schrift. Die Heilige Schrift ist sein »Geschöpf« und »Knecht« (vgl. z. B. WA 39 I, 47, 5.21; 40 I, 458, 11.34; 459, 14 u. ö.).

[81] Allerdings gibt es im Judentum auch eine »mündliche Tora«. Im Islam gibt es keinen entsprechenden »mündlichen Koran«. Auf diese nicht unwichtige Differenzierung kann ich im Rahmen des vorliegenden Buchs nicht näher eingehen.

Judentums und des Islam ist ein Buch. Nach jüdischem Glauben steht Mose nicht über der Tora. Im Gegenteil: Die Tora steht über Mose. Nach islamischem Glauben steht Mohammed nicht über dem Koran. Im Gegenteil: Der Koran steht über Mohammed. In beiden Religionen ist der Offenbarungsinhalt wichtiger als die Person, die ihn empfangen hat. Das kommt darin zum Ausdruck, dass nach jüdischer und nach islamischer Auffassung die Tora bzw. der Koran seit Ewigkeit im Himmel vorhanden ist.

Anders verhält es sich im Christentum. Die Grundlage des christlichen Glaubens ist *in erster Linie* eine *Person* und erst in zweiter Linie ein *Buch*. Das zeigt sich gerade auch am Thema »himmlische Herkunft« (Präexistenz). Nach dem Neuen Testament hat nicht die Bibel, sondern Jesus Christus eine himmlische Präexistenz (vgl. Phil 2,6 ff; Kol 1,15–18; Hebr 1,1 ff; Joh 1,1–18 u. ö.). Er, nicht die Bibel, »war in allem Gott gleich« (Phil 2,6). Er, nicht die Bibel, »ruht im Schoß des Vaters« (Joh 1,18). Jesus Christus, nicht die Bibel, ist »das A und das O, der Erste und der Letzte, der Anfang und das Ende« (Offb 22,13).

Warum steht Jesus Christus – im Unterschied zu Mose und zu Mohammed – über der Heiligen Schrift? Weil Gott sich selbst in der *Person Jesu* offenbart hat. Das geht weit über die Offenbarungen hinaus, die Propheten erhalten haben. Bei diesen Offenbarungen ging es primär um bestimmte *Botschaften* (Informationen, Erkenntnisse). Die Propheten haben die empfangenen Botschaften an ihre Zeitgenossen weitergegeben. Später wurden diese Botschaften in schriftlicher Form überliefert. Dabei trat die Person des Propheten hinter die Botschaft zurück. Wir wissen z. B. kaum etwas über die Person des Amos. Wie lebte er? Wie starb er? Seine Schüler haben nur seine Botschaft als wichtig eingestuft und schriftlich festgehalten. Nach jüdischem Glauben hat Mose, nach islamischem Glauben hat Mohammed die *entscheidende* Botschaft empfangen. Deshalb steht gerade bei ihnen – wie bei allen Propheten – die *Botschaft* im Vordergrund. Im Koran steht fast nichts über das Leben Mohammeds.[82]

[82] Im Islam wurden auch Überlieferungen aus dem Leben Mohammeds gesammelt. Diese Überlieferungen werden hoch geschätzt, aber dem Koran nicht gleichgestellt.

Anders verhält es sich mit Jesus Christus. Christen können nicht sagen: die Botschaft, die Jesus von Gott empfangen hat, ist wichtiger als seine Person. Nach christlicher Überzeugung hängen bei ihm Botschaft und Person viel enger zusammen als bei allen anderen Propheten. Jesus Christus sprengt den Begriff des Prophetischen.[83] In den Evangelien geht es nicht nur um die *Botschaft* Jesu, sondern auch um sein *Verhalten*. Denn Gottes Offenbarung in Jesus Christus kommt auch darin zum Ausdruck, wie Jesus *lebte*, wie er auf die Menschen zuging, mit ihnen Tischgemeinschaft hielt, wie er mit Kranken, Besessenen, Armen, Sündern, Frauen und Kindern umging, wie er Jünger und Jüngerinnen berief und mit ihnen zusammenlebte. *Vor allem* gehört zur Offenbarung Gottes in Jesus Christus auch die Art und Weise, wie Jesus starb und von Gott aus dem Tod auferweckt wurde. Die Auferweckung des Gekreuzigten wird zu einem entscheidenden Offenbarungs- und Heilsgeschehen.

Nach christlichem Glauben sehen wir im Leben, Sterben und Auferstehen Jesu Christi, *wer Gott ist*.[84] Etwas Vergleichbares kann man von keinem Propheten sagen. Jesus Christus erhielt nicht nur Botschaften von Gott. Gott war vielmehr in ihm auf einzigartige Weise anwesend. Wir Christen glauben: In Jesus Christus ist Gott Mensch geworden! Jesus Christus ist wahrer Mensch und wahrer Gott! Diese Aussagen sind für Juden und Muslime eine Ungeheuerlichkeit. Man könnte sie niemals auf Mose oder auf Mohammed anwenden. In Jesus Christus offenbart Gott nicht nur etwas, sondern *sich selbst*. Es geht im christlichen Glauben in erster Linie darum, wer Jesus Christus ist, um durch ihn zu Gott zu finden.

Eine *Person* ist kategorial etwas Anderes als eine *Information*, oder ein *Buch*. Informationen bestehen aus *Sätzen*. Sätze kann man verschriftlichen. Man kann sie in einem Buch dokumentieren.

---

[83] Jesus benutzt an keiner Stelle der Evangelien die Redewendungen, die für die Propheten typisch sind: »So spricht der Herr« und »Spruch des Herrn«. Im Unterschied zu den Propheten, beruft Jesus sich auch *nicht* auf spezielle, zeitlich begrenzte Offenbarungsempfänge. Er tritt auf wie einer, der mit Gott in *ständiger* Offenbarungsbeziehung steht. Vor allem ist bei keinem Propheten davon die Rede, dass Gott ihn von den Toten auferweckt habe.

[84] In Jesus Christus hat Gott »aufgetan, den tiefsten Abgrund seines väterlichen Herzens« (Luther; Bekenntnisschriften der Evangelisch-Lutherischen Kirche, Göttingen 1982, 660,29 f).

Eine *Person* kann man nicht verschriftlichen. Man kann sie nicht dokumentieren wie eine Information. Eine Person besteht nicht nur aus Sätzen. Sie ist mehr als die Summe aller Sätze, die sie geäußert hat. Ein Buch kann von einer Person *erzählen*. Es kann die Bedeutung einer Person *bezeugen*. Ein Buch kann aber nicht an die Stelle einer Person treten und nicht deren Rolle übernehmen. Deshalb ist das Christentum nicht im gleichen Sinn eine »Buchreligion«, wie das Judentum und der Islam.[85]

Die Grundlage des christlichen Glaubens ist in erster Linie die Person Jesus Christus. Diese Grundlage kann durch nichts Anderes ersetzt werden, auch nicht durch die Bibel: »Einen anderen Grund kann niemand legen als den, der gelegt ist, welcher ist *Jesus Christus*« (1Kor 3,11). Deshalb gibt es im Neuen Testament nur *ein* Evangelium, das *Evangelium von Jesus Christus* (Röm 1,9; 15,6; 1Kor 9,12; 2Kor 10,14; Eph 3,6; Phil 3,7; 1Thess 3,2). Es gibt nur »*einen* Mittler zwischen Gott und den Menschen, der Mensch Christus Jesus« (1Tim 2,5). Nicht die Bibel, sondern Jesus Christus ist der Mittler. Die Bibel bezeugt ihn. Sie führt zu ihm hin. Aber sie ist nicht selbst der Mittler. Zwischen dem bezeugenden Buch und dem Bezeugten besteht ein kategorialer Unterschied.

Nur von Jesus Christus können wir sagen: Er ist »der Weg, die Wahrheit und das Leben« (Joh 14,6). Wir können diesen Satz nicht auf die Bibel übertragen. Weil Gott sich in *der Person* Jesus Christus offenbart hat – nicht nur in dessen Botschaft –, ist Jesus Christus nicht nur ein Prophet, sondern unser *Erlöser* und *Retter*. Das kann man weder von einem Propheten sagen noch von der Bibel. Die Bibel hat prophetische Qualität. Jesus Christus aber ist mehr als ein Prophet. Nicht die Bibel ist für uns gekreuzigt worden und auferstanden, sondern Jesus Christus. Nicht die Bibel erlöst und rettet uns, sondern Jesus Christus. Das ist ein Unterschied von großer Tragweite. Weil Jesus Christus unser Erlöser und Retter ist, stehen Jesus Christus und die Bibel nicht auf der gleichen Ebene und haben nicht die gleiche Autorität.[86] Jesus Christus und

[85] Judentum und Islam sind »primäre Buchreligionen«. Das Christentum ist eine »sekundäre Buchreligion« (Härle, Dogmatik, 117).

[86] Von Jesus Christus heißt es: »Der Menschensohn ist Herr auch über den Schabbat« (Mk 2,28; Mt 12,8; Lk 6,5). Bei diesem Satz geht es nicht nur um die damalige jüdische Schabbatordnung, sondern um den Schabbat selbst und damit um ein zentrales Gebot der Heiligen Schrift.

die Bibel gehören also nicht *in jeder Hinsicht* zusammen. Jesus Christus gehört in das Glaubensbekenntnis der Christen hinein, die Bibel nicht.

Der kategoriale Unterschied zwischen Jesus Christus und der Bibel kommt besonders deutlich in den *Glaubensbekenntnissen* zum Ausdruck, die es bereits im Neuen Testament gibt. Sie bringen den Inhalt des christlichen Glaubens in konzentrierter Form zum Ausdruck. Oft bestehen diese Glaubensbekenntnisse nur aus ein oder zwei Sätzen: »Gott hat Jesus von den Toten auferweckt« (vgl. 1Kor 15,3 f; Röm 4,24; Lk 24,6.34; Mt 28,6 f; 1Thess 4,14). »Du bist Christus, der Sohn des lebendigen Gottes« (Mt 16,16; vgl. Apg 8,37). »Wenn du mit deinem Mund bekennst ›Jesus ist der Herr‹ und in deinem Herzen glaubst ›Gott hat ihn von den Toten auferweckt‹, wirst du gerettet werden« (Röm 10,9; vgl. 1Kor 12,3). Diese Bekenntnisse sind ganz auf Jesus Christus bzw. auf Gottes Handeln an ihm ausgerichtet.[87]

In der Urchristenheit legt man großen Wert darauf, dass das Bekenntnis zu Jesus Christus nicht im Widerspruch zur Heiligen Schrift steht. Es ist vielmehr *»gemäß«* der Schrift. In Jesus Christus *erfüllt* sich die Schrift (vgl. 1Kor 15,3 f; Röm 1,2; Lk 24,26–27; Apg 8,35; Joh 5,39 u. ö.). Aber die Heilige Schrift gehört nicht *zum Inhalt* der neutestamentlichen Glaubensbekenntnisse. Nirgendwo findet sich ein Bekenntnis im Sinn von: »Wenn du mit deinem Mund bekennst und in deinem Herzen glaubst, dass die Heilige Schrift von Gott inspiriert ist, wirst du gerettet werden.« Das Bekenntnis des Glaubens gilt *allein* Jesus Christus und dem, was Gott an ihm getan hat (vgl. Hebr 3,1; 4,14; Joh 12,42; 20,31; 1Joh 2,23; 4,15 u. ö.). Aufschlussreich ist auch die Aufzählung in Eph 4,4 ff: »Ein Leib und ein Geist, wie ihr auch berufen seid zu einer Hoffnung, ein Herr, ein Glaube, eine Taufe, ein Gott und Vater aller«. Die Heilige Schrift wird in dieser Aufzählung nicht

[87] Vgl. auch: »Diesen Jesus hat Gott auferweckt. Dafür sind wir alle Zeugen. Nachdem er durch die rechte Hand Gottes erhöht worden ist und vom Vater den verheißenen Geist empfangen hatte, hat er ihn ausgegossen, wie ihr seht und hört … Deshalb erkenne das ganze Haus Israel mit Gewissheit: Gott hat ihn zum Herrn und Messias gemacht« (Apg 2,32–36). »Wir haben nur einen Gott, den Vater. Von ihm stammt alles, und wir leben auf ihn hin. Und einer ist unser Herr: Jesus Christus. Durch ihn ist alles und wir sind durch ihn« (1Kor 8,6).

genannt.[88] Dieser neutestamentliche Befund bestätigt die Entscheidung der Alten Kirche: die Bibel gehört nicht ins Glaubensbekenntnis.[89]

Zu den *umfangreicheren* Glaubensbekenntnissen des Neuen Testaments zählen Hebr 1,1–3; Phil 2,6–11 und Kol 1,15–20. Diese Texte sind von besonderer Bedeutung. Deshalb gehe ich auf sie in der angegebenen Reihenfolge kurz ein. Der Hebräerbrief beginnt mit folgenden Sätzen: »Nachdem Gott einst viele Male und auf vielerlei Weise zu den Vätern geredet hat durch die Propheten, hat er in diesen Tagen der Endzeit zu uns geredet durch den Sohn. Ihn hat er eingesetzt zum Erben des Alls. Durch ihn hat er die Welt geschaffen. Er ist der Abglanz seiner Herrlichkeit und das Abbild seines Wesens. Er trägt alle Dinge durch sein Wort. Er hat die Reinigung von den Sünden vollbracht und hat sich zur Rechten der Majestät Gottes in der Höhe gesetzt« (Hebr 1,1–3). Diese Verse verankern Jesus Christus in der Geschichte der bisherigen Gottesoffenbarungen durch die Propheten. Ohne diese Geschichte kann man Jesus Christus nicht verstehen. Andererseits zeigen diese Verse aber auch den Rangunterschied zwischen den Propheten und Jesus Christus. Keine einzige der Aussagen über Jesus Christus kann man auf die Propheten anwenden. Die Rolle Jesu Christi ist einzigartig und unvergleichlich. Die Propheten tragen nicht alle Dinge durch ihr Wort. *Er* aber trägt *alle* Dinge durch *sein* Wort. Die Verse betonen den Unterschied zwischen dem Reden Gottes durch die Propheten – das öfters und auf vielerlei Weise geschehen ist – und dem *endgültigen* Reden Gottes durch den *Sohn*.

Um den einzigartigen Rang Jesu Christi geht es auch in dem Bekenntnis im Philipperbrief. In der ersten Hälfte dieses Bekenntnisses heißt es: »Er war in allem Gott gleich. Aber er hielt nicht gierig daran fest, so wie Gott zu sein. Er gab alle seine Vorrechte auf und wurde wie ein Knecht. Er wurde wie ein Mensch dieser Welt und lebte das Leben der Menschen. Im Gehorsam zu Gott erniedrigte er sich so tief, dass er den Tod auf sich nahm, ja sogar den Tod

[88] Auch die Sakramente sind ganz auf Jesus Christus bzw. auf den dreieinigen Gott ausgerichtet. Wir werden nicht auf die Heilige Schrift getauft, sondern auf Jesus Christus bzw. auf den dreieinigen Gott.

[89] Vgl. Kapitel 3, Abschnitt 4.

am Kreuz« (Phil 2,6–8).[90] Aus diesem Geschehen zieht die zweite Hälfte des Bekenntnisses die Konsequenzen: »Darum hat Gott ihn erhöht und ihm einen Rang und Namen verliehen, der höher ist als alle anderen Namen. Damit alle im Himmel und auf Erden und unter der Erde ihre Knie beugen vor dem Namen Jesu und jeder Mund bekennt: ›Jesus Christus ist der Herr‹, zur Ehre des Vaters« (Phil 2,9–11). Diese alles überragende Rolle Jesu Christi deutlich zu machen und zur Geltung zu bringen – auch im Vergleich zur Bibel –, gehört zur Aufgabe der christlichen Theologie. Aus diesem und keinem anderen Grund betont die nichtfundamentalistische Theologie den kategorialen Unterschied zwischen Jesus Christus und der Bibel. Im Bekenntnis des *Kolosserbriefs* heißt es:

»Er ist das Ebenbild des unsichtbaren Gottes,
der Erstgeborene der ganzen Schöpfung.
Denn in ihm wurde alles erschaffen, im Himmel und auf Erden,
das Sichtbare und Unsichtbare, Throne und Herrschaften,
Mächte und Gewalten,
alles ist durch ihn und auf ihn hin erschaffen.
Er ist vor aller Schöpfung, in ihm hat alles Bestand.
Er ist das Haupt des Leibes, der Leib aber ist die Kirche.
Er ist der Ursprung, der Erstgeborene der Toten.
Deshalb hat er in allem den Vorrang.
Denn Gott wollte in seiner ganzen Fülle in ihm wohnen,
um durch ihn alles zu versöhnen.
Alles im Himmel und auf Erden wollte er zu Christus führen,
der Frieden gestiftet hat am Kreuz durch sein Blut«
(Kol 1,15–20).

Keinen einzigen Satz dieses umfangreichen Bekenntnisses kann man auf die Bibel anwenden! Man mache die Probe aufs Exempel, indem man statt dem Wort »er« das Wort »die Bibel« einsetzt. Wenn Jesus Christus »in allem den Vorrang« hat, kann nicht gleichzeitig auch die Bibel in allem den Vorrang haben. *Hier* gibt es nur ein entweder er oder sie. Und die Bibel selbst sagt: *Er*!

---

[90] Es heißt von Jesus Christus, dass er »gehorsam« war *gegenüber Gott*, seinem Vater. Es heißt aber niemals, dass er gehorsam war gegenüber der *Heiligen Schrift*! Das Wort »Gehorsam« passt nicht für das Verhältnis des Sohnes Gottes zur Heiligen Schrift.

Ich hoffe, es ist deutlich geworden, warum die nichtfundamentalistische Theologie – wie Martin Luther – zwischen dem Rang Jesu Christi und dem Rang der Bibel kategorial unterscheidet. Wir dürfen die Bibel nicht an die Stelle und auf die Ebene rücken, die *allein* Jesus Christus zukommt. Bei aller Wertschätzung, Dankbarkeit und Demut im Blick auf die Heilige Schrift: Hier ist eine unübersteigbare Grenze. Denn hier steht die einzigartige Rolle und Würde Jesu Christi auf dem Spiel. Es geht bei den genannten Hinweisen in keiner Weise um eine Abwertung der Bibel. Es geht vielmehr darum, Jesus groß zu machen, ihm die Ehre zu geben, die ihm gebührt. Das ist für uns Christen die wichtigste und schönste Aufgabe. Wer die Bibel auf die gleiche Ebene rückt wie Jesus Christus, der denkt zu gering von Jesus Christus. Er raubt ihm den ersten Platz.

4.3 Jesus Christus als Gottes entscheidende Offenbarung

Beim Thema »Offenbarung« geht es um die Frage: Wie teilt Gott sich dem Menschen mit? Diese Frage spielt sowohl im Judentum und Christentum als auch im Islam eine zentrale Rolle. Es gehört zu den charakteristischen Merkmalen der jüdischen Religionsgeschichte, dass sich in ihr die *Geschichte* und *das Wort* als Gottes wichtigstes Offenbarungsmittel herauskristallisiert haben.[91] Darum begann man im Judentum, Gottes *Offenbarungstaten* und seine *Offenbarungsworte* schriftlich zu überliefern. Seitdem es im Judentum eine anerkannte Sammlung heiliger Schriften gab, galt diese »Heilige Schrift« (insbesondere die Tora) als die entscheidende Offenbarung Gottes.

In diesem jüdischen Kontext war es etwas Neues und Provozierendes, als es in der Urchristenheit dazu kam, dass Jesus Christus *höher* als die Heilige Schrift eingestuft wurde.[92] Damit brachte die Urchristenheit zum Ausdruck: Nicht die Heilige Schrift, sondern

[91] Im Judentum ist das entscheidende Offenbarungsmittel nicht ein Bild oder eine Statue, nicht ein Gebäude oder eine Zeremonie, nicht der Traum oder der Loswurf, auch nicht der Kosmos (Sonne, Mond o.a.) oder ein Tier, sondern Gottes Handeln in der Geschichte und sein in der Geschichte ergangenes Wort.

[92] Vgl. Abschnitt 2.

Jesus Christus ist die entscheidende Offenbarung Gottes. In der heutigen evangelischen und katholischen Theologie besteht Einigkeit darüber, dass Jesus Christus bzw. das Christusgeschehen[93] die entscheidende Offenbarung Gottes ist, nicht die Bibel. Da sich fundamentalistisch geprägte Christen sehr schwer damit tun, den Vorrang Jesu Christi vor der Heiligen Schrift in dieser Eindeutigkeit anzuerkennen[94], möchte ich diese wichtige Erkenntnis in diesem Abschnitt aus den Texten des Neuen Testaments belegen.[95] Ich beginne mit dem *Johannesevangelium*, das für das Thema »Offenbarung« von besonderer Bedeutung ist.

Der erste Abschnitt des *Johannesevangeliums* (1,1–18) beginnt mit den Sätzen: »Im Anfang war das Wort und das Wort war bei Gott und Gott war das Wort. Dieses war im Anfang bei Gott. Alle Dinge sind durch dasselbe geworden. Und ohne das Wort ist auch nicht eines geworden, das geworden ist. In ihm war das Leben und das Leben war das Licht der Menschen« (1,1–4). Diese Sätze heben gleich zu Beginn des Evangeliums die überragende Bedeutung Jesu Christi hervor. Er ist »das Wort«. In diesen Versen kann mit dem Ausdruck »Wort« die Bibel *nicht* mitgemeint sein. Sie war weder »im Anfang« bei Gott noch spielt sie in der Schöpfung eine Mittlerrolle.[96] Wenn *alles, was geworden ist,* sich diesem Wort verdankt, dann verdankt sich auch die Bibel diesem Wort. Die nächsten Aus-

---

[93] Mit »Christusgeschehen«, »Christusereignis«, oder »Geschichte Jesu Christi« bezeichnet man in der Theologie das Wirken Gottes an und durch Jesus Christus. Wenn ich im Folgenden von »der Person« Jesu Christi spreche, ist das Wirken Gottes an dieser und durch diese Person stets mitgemeint.

[94] Das geht aus den »Chicagoer Erklärungen« hervor. Vgl. den Exkurs im Anschluss an dieses Kapitel.

[95] In den folgenden Ausführungen orientiere ich mich am neutestamentlichen Wortfeld von »Offenbarung«. Es handelt sich dabei vor allem um die Begriffe: apokalyptein (aufdecken, enthüllen), apokalypsis (Enthüllung), phaneroun, phainein, epiphainein (aufleuchten, erscheinen), phanerosis, epiphaineia (Erscheinung), ophtänein (sich zeigen) und mysterion (Geheimnis). Mit diesen Begriffen erfasst man mehr als hundert Aussagen des Neuen Testaments zum Thema »Offenbarung« und den größten Teil der neutestamentlichen Schriften. Das ist eine solide Basis für Schlussfolgerungen.

[96] Man kann nicht sagen: »Im Anfang war die Bibel und die Bibel war bei Gott und Gott war die Bibel. Diese war im Anfang bei Gott. Alle Dinge sind durch die Bibel geworden und ohne die Bibel ist auch nicht eines geworden, das geworden ist.« In der Unmöglichkeit, diese Sätze auf die Bibel anzuwenden, zeigt sich der Ranguntersch ied zwischen Jesus Christus und der Bibel.

sagen über »das Wort« kann man ebenfalls nicht auf die Bibel anwenden: »Und das Wort wurde Fleisch und wohnte unter uns. Und wir sahen seine Herrlichkeit, wie sie der Einzige vom Vater hat, voller Gnade und Wahrheit« (1,14). Dieser Vers erzählt von der entscheidenden Offenbarung Gottes. Er tut es in *Vergangenheitsform* (»wurde«, »sahen«), d.h. die entscheidende Offenbarung ist bereits vor dem Niederschreiben des Johannesevangeliums geschehen. Dann kann nicht das Johannesevangelium die entscheidende Offenbarung sein. Vers 14 spricht von einer Offenbarung »im Fleisch«. Das ist etwas Anderes als eine Offenbarung »im Buch«. Es geht um die »Herrlichkeit« einer Person, die man »*sehen*« konnte, nicht um die Herrlichkeit einer Schriftrolle, in der man liest. Nirgendwo in der Bibel findet man den Satz: »Und das Wort wurde Buch.« *Ist* Jesus Christus Gottes »Wort«, dann kann die Bibel nur in dem Sinn Gottes Wort sein, dass sie zu Jesus Christus hinführt. Die abschließenden Sätze des ersten Abschnitts lauten: »Das Gesetz ist durch Mose gegeben, die Gnade und Wahrheit ist durch Jesus Christus geworden. Niemand hat Gott je gesehen. Der Einziggeborene, der Gott ist und im Schoß des Vaters ruht, hat Kunde gebracht« (1,17 f). Diese Sätze postulieren einen *tiefen Unterschied* zur bisherigen Offenbarungsgeschichte. Die Begriffe »Gnade« und »Wahrheit« werden (wie bereits in Vers 14) Jesus Christus zugeordnet. Erst in ihm, nicht schon in der Heiligen Schrift des Volkes Israels, sind »Gnade« und »Wahrheit« im vollen Sinn offenbar geworden. Auch die Worte »niemand«, »Einziggeborener«, »im Schoß des Vaters« und vor allem die Formulierung »der Gott ist«[97] betonen die einzigartige und unvergleichliche Rolle Jesu Christi.[98]

Nach diesem Hinweis auf Joh 1,1–18 gebe ich einen Überblick über alle Stellen im Johannesevangelium, in denen das Wort

[97] Man muss bedenken, dass die jüdische Religion in der damaligen Zeit die *einzige monotheistische* Religion war. Nach jüdischer Überzeugung besteht zwischen Gott und Mensch ein unüberbrückbarer Unterschied. Deshalb ist die Formulierung »der Gott ist« (vgl. auch Joh 1,1) für jüdische Ohren eine Ungeheuerlichkeit.

[98] Nur von Jesus Christus kann man mit dem *ersten Johannesbrief* sagen: »Was von Anfang an war, was wir gehört haben, was wir mit unseren Augen gesehen haben, was wir betrachtet haben und unsere Hände betastet haben, vom *Wort des Lebens*« (1Joh 1,1). Darum kann es von Jesus Christus auch heißen: »Sein Name war: ›Gottes Wort‹« (Offb 19,13).

»offenbaren« (phaneroun) verwendet wird: Johannes der Täufer will, dass Jesus Christus »in Israel offenbar werde« (1,31). Beim ersten Wunder Jesu heißt es: »Und er offenbarte seine Herrlichkeit« (2,11). Die Brüder Jesu sagen zu ihm: »mache dich der Welt offenbar« (7,4). In den Abschiedsreden sagt Jesus: »Wer mich aber liebt, der wird von meinem Vater geliebt werden und ich werde ihn lieben und mich ihm offenbaren« (14,21). Im Gebet fasst Jesus den Sinn seines irdischen Daseins zusammen: »Ich habe den Menschen deinen Namen offenbart« (17,6; vgl. 17,26).[99] Nach der Auferweckung Jesu heißt es: »Danach offenbarte sich Jesus seinen Jüngern noch einmal. Es war am See Tiberias und er offenbarte sich auf folgende Weise…« (21,1). Und: »Dies war schon das dritte Mal, dass Jesus sich den Jüngern offenbarte, nachdem er von den Toten auferweckt worden war« (21,14). In *allen* genannten Stellen bezieht sich das Wort »offenbaren« auf *Jesus Christus.* Die Offenbarung geht von ihm aus und hat seine Person zum Inhalt. An *keiner* Stelle ist mit dem Wort »offenbaren« die jüdische Heilige Schrift gemeint oder das Johannesevangelium oder eine andere Schrift der Urchristenheit.

Die »Ich-bin-Worte« Jesu konzentrieren das Offenbarungsgeschehen ebenfalls auf seine Person.[100] Am Klarsten kommt die Offenbarer-Rolle Jesu in dem Satz zum Ausdruck: »Wer mich sieht, der sieht den Vater« (14,9). Grundlage dieser einzigartigen Aussage ist das *gegenseitige Kennen* und die *Einheit* von Vater und Sohn (vgl. 10,15.30; 16,15; 17,10.25). Das Johannesevangelium betont mehrfach die umfassende Vollmachtsübertragung vom Vater auf den Sohn (3,35; 10,29; 13,3). Darum steht der Sohn »über allem« (3,31). Der Vater hat dem Sohn »Vollmacht gegeben über alles Fleisch« (17,2). Auch »das Gericht« hat er dem Sohn übergeben, »damit alle den Sohn ehren, wie sie den Vater ehren« (5,22 f). Von der Heiligen Schrift heißt es nicht: »damit sie die Schrift ehren, wie sie den Vater ehren.« Eine solche Aussage stünde im Widerspruch zur einzigartigen Würde des Sohnes. Nicht die Heilige Schrift ist

---

[99] Mit dem »Namen« ist Gottes Wesen gemeint.

[100] Jesus sagt im Johannesevangelium: »Ich bin das Brot des Lebens« (6,35), »das Licht der Welt« (8,12), »die Tür« (10,9), »der gute Hirte« (10,11), »die Auferstehung und das Leben« (11,25), »der Weg, die Wahrheit und das Leben« (14,6) und »der wahre Weinstock« (15,1).

nach dem Johannesevangelium die entscheidende Offenbarung Gottes, sondern Jesus Christus.

Wie die Person Jesu, so haben im Johannesevangelium auch *die Worte Jesu* einen Vorrang vor den Worten der jüdischen Heiligen Schrift. An den Worten Jesu entscheidet sich das ewige Heil des Menschen: »Amen, Amen, ich sage euch: Wenn jemand mein Wort bewahrt, wird er in Ewigkeit den Tod nicht schmecken« (8,51). »Amen, Amen, ich sage euch: Wer mein Wort hört und glaubt dem, der mich gesandt hat, der hat das ewige Leben und kommt nicht in das Gericht. Er ist aus dem Tod in das Leben hinübergegangen« (5,24). Verheißungen, die mit »Amen« verbunden sind, gibt es im Johannesevangelium im Blick auf die Heilige Schrift nicht. Sie bleiben den Worten Jesu vorbehalten. »Die Worte, die ich zu euch geredet habe, sind Geist und sind Leben« (6,63). Petrus sagt zu Jesus: »Du hast Worte ewigen Lebens« (6,68). Angesichts solcher Aussagen ist es undenkbar, dass auf die Worte Jesu eine Formulierung angewendet werden könnte, die im Johannesevangelium auf die heiligen Schriften angewendet wird: »weil *ihr meint*, in ihnen das Leben zu haben« (5,39). Das ewige Leben ist eine Gabe, die nur Jesus Christus dem Menschen geben kann. »Wenn ihr in meinen Worten bleibt, seid ihr wahrhaft meine Jünger und ihr werdet die Wahrheit erkennen und die Wahrheit wird euch frei machen« (8,31 f). »Ihr seid schon rein um des Wortes willen, das ich zu euch gesprochen habe« (15,3). Nirgendwo heißt es: »Ihr seid schon rein um der Heiligen Schrift willen.« Sehr weitreichend ist auch die Zusage: »Wenn ihr in mir bleibt und meine Worte in euch bleiben, dann bittet um was ihr wollt und es wird euch zuteil werden« (15,7). Alle diese Zusagen beziehen sich *speziell* auf die Worte Jesu, nicht allgemein auf die Worte der Heiligen Schrift. Die Worte Jesu beziehen ihre Autorität nicht aus der Heiligen Schrift. Sie haben ihre eigene Autorität und Souveränität. Am jüngsten Tag haben sie richterliche Funktion.[101] »Wenn ihr mich liebt,

---

[101] Die erste Hälfte des Johannesevangeliums, die dem öffentlichen Auftreten Jesu gewidmet ist, endet mit folgendem Schlusswort: »Und wenn jemand meine Worte hört und nicht hält, richte nicht ich ihn. Denn ich bin nicht gekommen, die Welt zu richten, sondern sie zu retten. Wer mich ablehnt und meine Worte nicht annimmt, hat seinen Richter. Das Wort, das ich geredet habe, wird ihn richten am jüngsten Tag. Denn ich habe nicht von mir aus geredet, sondern der Vater, der mich gesandt hat, er hat mir den Auftrag gegeben, was ich sagen und was ich reden soll. Und ich weiß, dass sein Auftrag ewiges Leben ist. Was ich also rede, das rede ich so, wie es mir der Vater gesagt hat« (12,47–50).

werdet ihr meine Gebote halten … Wer meine Gebote hat und sie hält, der ist es, der mich liebt … Wer mich nicht liebt, befolgt meine Worte nicht« (14,15–24). Jesus sagt im Johannesevangelium an keiner Stelle: »Wer mich liebt, der wird die Worte der Heiligen Schrift halten.« Von den Geboten der Heiligen Schrift spricht Jesus im Johannesevangelium nicht. Wenn es um Gebote geht, sind stets *seine Gebote* gemeint.[102] »Der Beistand aber, der heilige Geist, den der Vater in meinem Namen senden wird, der wird euch alles lehren und euch an alles erinnern, was ich euch gesagt habe« (14,26). Nach dem Johannesevangelium erinnert der Heilige Geist die Jünger nicht an die Heilige Schrift, sondern speziell an das, was *Jesus* ihnen gesagt hat. Die Person und die Worte Jesu sind das entscheidende Kriterium: »Wäre ich nicht gekommen und hätte nicht zu ihnen geredet, so hätten sie keine Sünde. Jetzt aber haben sie keine Ausrede für ihre Sünden« (15,22). »Amen, Amen, ich sage euch: Die Stunde kommt und ist schon da, in der die Toten die Stimme des Sohnes Gottes hören werden, und die sie hören, werden leben« (Joh 5,25). Die Worte Jesu sind im Johannesevangelium in einem *besonderen Sinn* Gottes Wort: »Denn der, den Gott gesandt hat, der redet die Worte Gottes« (3,34). »Und das Wort, das ihr hört, ist nicht mein, sondern des Vaters, der mich gesandt hat« (14,24).[103] Wer nicht an Jesus glaubt, kann Gottes Wort nicht in sich haben: »Und sein Wort habt ihr nicht in euch wohnen, weil ihr nicht an den glaubt, den er gesandt hat« (5,38). Mit der Formulierung »sein Wort« oder »dein Wort« ist im Johannesevangelium nicht die Heilige Schrift gemeint, sondern speziell das Wort, das Jesus vom Vater gehört hat. Das gilt auch für den bekannten Vers: »Heilige sie in der Wahrheit. Dein Wort ist die Wahrheit« (17,17). Mit »dein Wort« ist hier *nicht* die Heilige Schrift gemeint, sondern speziell *das Wort Jesu* (vgl. 8,31 f).

Welche Bedeutung hat nach dem Johannesevangelium die jüdische *Heilige Schrift*?[104] Sie erfüllt sich in Jesus Christus (vgl. 2,22; 6,45; 12,13–16.37–41; 13,18; 15,25; 17,12; 19,24.28 f; 20,9).

---

[102] Es geht um das Gebot an die Jünger, einander zu lieben (13,34 f). Auf *dieses* Gebot weist Jesus mehrfach hin (vgl. 14,15.21; 15,9.12.17).

[103] Vgl. genauso 8,26.28.47.55; 12,49 f; 14,10.24; 15,15; 17,8.14.

[104] Das Johannesevangelium ist voller Bezüge zur Heiligen Schrift. Das gilt nicht nur im Blick auf die direkten Zitate und Verweise. Noch zahlreicher sind die indirekten Bezugnahmen. Sie setzen voraus, dass die Leser des Johannesevangeliums die Heilige Schrift so gut kennen, dass ihnen die betreffenden Zusammenhänge auch ohne ausdrücklichen Hinweis klar sind.

Der Glaube an Jesus Christus ist *gemäß* der Heiligen Schrift (1,45; 5,39.46 f; 7,38). Jesus Christus ist der, »von dem Mose in der Tora geschrieben hat und die Propheten« (1,45), d. h. die Heilige Schrift *bezeugt* Jesus Christus: »Ihr erforscht die Schriften, weil ihr meint, in ihnen das Leben zu haben. Gerade sie legen Zeugnis für mich ab« (5,39). Wie im gesamten Judentum und Urchristentum ist die Heilige Schrift auch nach dem Johannesevangelium »*Gottes Wort*« (10,35).[105] Deshalb kann sie »nicht aufgelöst«, d. h. nicht außer Kraft gesetzt werden (ebd.). Wie hoch die Heilige Schrift im Johannesevangelium geschätzt wird, geht vor allem aus zwei Aussagen hervor: »Wenn ihr Moses glaubtet, würdet ihr auch mir glauben. Denn über mich hat jener geschrieben. Wenn ihr aber seinen Schriften nicht glaubt, wie werdet ihr dann meinen Worten glauben« (5,46 f)? Und: »Wer an mich glaubt, *wie die Schrift sagt*, von dessen Leib werden Ströme des lebendigen Wassers fließen« (7,38). Diese Verheißung macht deutlich, wie eng Jesus Christus und die Heilige Schrift zusammengehören. Und doch zeigt sich gerade auch an dieser Verheißung, dass der Heiligen Schrift *nicht* der gleiche Rang zukommt wie Jesus Christus. Die Verheißung lautet nicht: »Wer der Schrift glaubt, wie ich sage.« Oder sogar: »Wer *an die* Schrift glaubt, wie ich sage.«[106] Jesus Christus steht im Mittelpunkt und die Heilige Schrift hat ihm gegenüber eine Zubringerfunktion. Der, der die Heilige Schrift »erfüllt« – d. h. an ihr Ziel bringt –, steht nach dem Johannesevangelium *über* ihr. Im Johannesevangelium kommt die Heilige Schrift überhaupt nur ins Spiel, wenn es um Jesus Christus geht. Außerhalb ihrer Zeugnisfunktion für Jesus Christus wird die Heilige Schrift im Johannesevangelium nicht erwähnt.

Welche Aufgabe hat nach dem Johannesevangelium *das Johannesevangelium selbst*? Es hat die gleiche Aufgabe, wie sie auch die jüdische Heilige Schrift hat: Das Johannesevangelium *bezeugt* die Offenbarung Gottes in Jesus Christus. Das geht aus dem Schlusswort des Evangeliums hervor: »Dieser Jünger ist es, der all das *bezeugt* und der es aufgeschrieben hat. Und wir

---

[105] Dass die Heilige Schrift »Gottes Wort« ist, heißt für das Johannesevangelium also *keineswegs*, dass sie den gleichen Rang und die gleiche Würde hat wie Jesus Christus (s. o.).

[106] Vgl. Kapitel 3, Abschnitt 4.

wissen, dass sein *Zeugnis* wahr ist« (21,24). Das Johannesevangelium ist also nicht selbst die entscheidende Offenbarung Gottes, sondern es bezeugt Gottes entscheidende Offenbarung in Jesus Christus.

Genauso sieht es auch der *erste Johannesbrief*. Gleich zu Beginn dieses Briefs heißt es: »Und das Leben ist offenbar geworden und wir haben es *gesehen* und *bezeugen* und verkündigen euch das Leben, das ewig ist, das beim Vater war und offenbar geworden ist« (1Joh 1,2). Wieder bezieht sich die Offenbarung und ihr Inhalt nicht auf eine Schrift, sondern auf die Person Jesu Christi. Dann kann nicht der erste Johannesbrief die entscheidende Offenbarung sein. »Dazu ist der Sohn Gottes offenbar geworden, dass er die Werke des Teufels zerstöre« (1Joh 3,8). »Dadurch ist die Liebe Gottes unter uns offenbar geworden, dass Gott seinen Sohn in die Welt gesandt hat, damit wir durch ihn leben« (1Joh 4,9). Es heißt nicht: »Dadurch ist die Liebe Gottes unter uns offenbar geworden, dass die Jünger Jesu inspirierte Schriften verfasst haben.« Die entscheidende Offenbarung besteht nicht im Schreiben von Schriften, sondern in der Sendung des Sohnes.

Die anderen drei Evangelien stellen Jesus Christus nicht in der gleichen Intensität als den Offenbarer Gottes bzw. die Offenbarung Gottes dar. In ihnen finden sich kaum Begriffe aus dem Wortfeld »Offenbarung«. Grundsätzlich aber ergibt sich in ihnen der gleiche Befund. Auch die anderen Evangelien verstehen unter »Offenbarung« das Offenbarungsgeschehen in Jesus Christus: »Alles ist mir von Gott übergeben worden. Niemand kennt den Sohn, nur der Vater. Niemand kennt den Vater, nur der Sohn und der, dem der Sohn es offenbaren will« (Mt 11,27; Lk 10,22). In diesem Wort Jesu werden alle Gottesoffenbarungen an den Sohn gebunden. Man mache sich klar, was das »*niemand* kennt den Vater« für die bisherige Offenbarungsgeschichte bedeutet! Man kann dieses Jesuswort nicht umformulieren in: »Der Bibel ist alles von Gott übergeben worden. Niemand kennt den Vater, nur die Bibel und der, dem die Bibel es offenbaren will.« Im Lukasevangelium steht außerdem das prophetische Wort des alten Simeon, der den neugeborenen Jesus sieht: »Nun lässt du, Herr, deinen Diener in Frieden sterben. Denn meine Augen haben dein Heil gesehen, das du vor allen Völkern bereitet hast, ein Licht zur Offenbarung an die Völker und zur Herrlichkeit für dein Volk Israel« (Lk 2,29–32).

Jesus Christus als Person ist das »Offenbarungslicht« (phos eis apokalypsin). In allen drei Evangelien steht auch das Wort Jesu an seine Jünger: »Euch ist das Geheimnis des Reiches Gottes gegeben« (Mt 13,11; Mk 4,11; Lk 8,10). Gemeint ist: Das Geheimnis des Reiches Gottes ist den Jüngern in der Person Jesu offenbar geworden.

Für *Paulus* ist die Begegnung mit dem Auferstandenen bei Damaskus die entscheidende Offenbarung Gottes. Diese Begegnung hat ihn umgekrempelt. Nicht die Heilige Schrift machte aus Saulus einen Paulus, sondern der Auferstandene. Was ihm vorher Gewinn war, hält Paulus danach für Schaden und Unrat, »um des überragenden Wertes der Erkenntnis Christi Jesu willen, meines Herrn« (Phil 3,7–10). In der Begegnung mit dem Auferstandenen wurde Paulus zum Apostel berufen. Durch diese Begegnung veränderte sich auch sein Verständnis der Heiligen Schrift. Von dieser entscheidenden Offenbarung sagt Paulus: Gott habe es gefallen, »seinen Sohn an mir zu offenbaren« (Gal 1,15 f). Paulus hat das von ihm verkündigte Evangelium durch »eine Offenbarung Jesu Christi empfangen« (Gal 1,12). In dieser Offenbarung sieht Paulus die Glaubensgrundlage aller Christen: »Denn ich habe euch in erster Linie überliefert, was auch ich empfangen habe, dass Christus für unsere Sünden gestorben ist gemäß den Schriften und begraben worden ist und dass er auferweckt worden ist am dritten Tag gemäß den Schriften und dass er dem Kephas erschienen ist (offenbart wurde), dann den Zwölfen. Danach erschien er (wurde er offenbart) mehr als fünfhundert Brüdern auf einmal, von denen die Mehrzahl bis heute lebt, einige aber sind bereits gestorben. Danach erschien er (wurde er offenbart) dem Jakobus, dann allen Aposteln. Zuletzt von allen erschien er (wurde er offenbart) wie einer Fehlgeburt auch mir« (1Kor 15,3–8). In allen zitierten Stellen versteht Paulus unter »Offenbarung« die persönliche Begegnung mit dem Auferstandenen. In keiner dieser für ihn entscheidenden Bekenntnisaussagen versteht er unter »Offenbarung« die jüdische Heilige Schrift, oder den Text seiner Briefe. Wie für das Johannesevangelium, so ist die Heilige Schrift auch für Paulus *der Zeuge* für das Offenbarungsgeschehen in Jesus Christus: »Jetzt aber ist ohne das Gesetz die Gerechtigkeit Gottes offenbar geworden, *bezeugt* vom Gesetz und von den Propheten und zwar die Gerechtigkeit Gottes durch den Glauben an Jesus Christus für alle Glaubenden« (Röm 3,21 f). Der zitierte Satz steht in Vergangenheitsform. Die Offenbarung der Gerechtigkeit Gottes ist also bereits seit einiger Zeit geschehen. Dann kann mit »Offenbarung« nicht der Text des Römerbriefs gemeint sein. Gemeint ist die Offenbarung Gottes in Jesus Christus. In *diesem* Geschehen hat sich für Paulus die Zeit erfüllt: »Als die Zeit erfüllt wurde, sandte Gott seinen Sohn« (Gal 4,4; vgl. entsprechend 1Joh 4,9). Die Sendung des Sohnes ist das entscheidende Offenbarungsgeschehen, nicht das Schreiben der neutestamentlichen Schriften. Die christliche Zeitrechnung richtet sich an der Sendung des Sohnes aus, nicht an der Entstehung des Neuen Testaments.

Zahlreiche Aussagen in den anderen Briefen des Neuen Testaments bestätigen das bisherige Ergebnis: »Groß ist das Geheimnis des Glaubens, wie jeder bekennen muss. Er ist offenbart im Fleisch, gerechtfertigt im Geist, erschienen den Engeln, gepredigt den Völkern, geglaubt in der Welt, aufgenommen in die Herrlichkeit« (1Tim 3,16). »Gottes Gnade ist … jetzt offenbart durch die Offenbarung unseres Retters Jesus Christus« (2Tim 1,9 f). »Als aber die Freundlichkeit und Menschenliebe Gottes offenbart worden ist, unseres Retters, hat er uns gerettet« (Tit 3,4 f). »Offenbar geworden ist die heilbringende Gnade Gottes …« (Tit 2,11, Vergangenheitsform). Auch der *erste Petrusbrief* verbindet das Stichwort »Offenbarung« mit der Person Jesu Christi: »Seid nüchtern und setzt eure Hoffnung ganz auf die Gnade, die euch gegeben wird in der *Offenbarung Jesu Christi*« (1Petr 1,13). »Christus … wurde am Ende der Zeiten offenbart im Blick auf euch, die ihr durch ihn an Gott glaubt« (1Petr 1,20). Im *Hebräerbrief* heißt es: »Jetzt aber ist er am Ende der Zeiten ein für allemal offenbar geworden, um durch sein Opfer die Sünden zu tilgen« (Hebr 9,26). Wie in allen zuvor zitierten Stellen, bezieht sich das Wort »offenbaren« auch im Hebräerbrief nicht auf ein Buch oder eine urchristliche Schriftrolle, sondern auf die Person Jesu Christi und ihre Heilsbedeutung.

Ein Sonderfall ist die letzte Schrift des Neuen Testaments, die *Offenbarung des Johannes*. Auch sie setzt die grundlegende Bedeutung der Selbstoffenbarung Gottes in Jesus Christus voraus, verbindet das Stichwort »Offenbarung« allerdings eng mit dem niedergeschriebenen Text. Das ist typisch für apokalyptische Schriften. In ihnen gilt betont das *schriftliche* Wort als Medium der Offenbarung.[107] Apokalyptische Schriften gab es im damaligen Judentum häufiger. Sie wurden vor allem in schweren Not- und Verfolgungszeiten geschrieben. Im Mittelpunkt dieser Schriften steht die letzte Phase der Menschheitsgeschichte, das Weltende und das Weltgericht. Das gilt auch für die Offenbarung des Johannes. Sie ist die einzige apokalyptische Schrift des Neuen Testaments. Es geht in ihr um das, »was in Bälde geschehen soll« (1,1). Eine solche Offenbarung nahe bevorstehender Ereignisse hat nicht die gleiche Bedeutung wie die grundlegende Selbstoffenbarung Gottes in Jesus Christus. Bei der Offenbarung des Johannes handelt es sich um eine zusätzliche Offenbarung *auf der Basis* der Selbstoffenbarung Gottes in Jesus Christus.

Fazit: Die Befragung des Neuen Testaments hat zu einem eindeutigen Ergebnis geführt. In den Schriften des Neuen Testaments gilt Gottes Selbstoffenbarung in Jesus Christus als die *entscheidende* Offenbarung. Durch diese Offenbarung entstand die Christenheit und der christliche Glaube. Eine vergleichbar zentrale Rolle kommt nach Auffassung der Urchristenheit weder der jüdischen Heiligen Schrift zu noch den urchristlichen Schriften. Es gab christlichen Glauben schon bevor die erste neutestamentliche Schrift geschrieben wurde. Die neutestamentlichen Schriften konnten überhaupt nur deshalb geschrieben werden, weil zuvor die grundlegende Selbstoffenbarung Gottes in Jesus Christus geschehen ist. In der Sicht der Urchristenheit *bezeugen* sowohl die jüdische Heilige Schrift als auch die urchristlichen Schriften Gottes Selbstoffenbarung in Jesus Christus. Besonders klar findet man

[107] Es ist von einem ausdrücklichen Auftrag des Auferstandenen zur Niederschrift die Rede: »Was du siehst, das schreibe in ein Buch und sende es an die sieben Gemeinden« (Offb 1,11). Gleich zu Beginn dieser Schrift heißt es: »Selig ist, wer diese prophetischen Worte *vorliest* und wer sie hört und wer sich an das hält, was darin geschrieben ist, denn die Zeit ist nahe« (Offb 1,3). Und am Ende dieser Schrift heißt es: »Ich bezeuge jedem, der die prophetischen Worte dieser Schriftrolle hört: Wer etwas hinzufügt, dem wird Gott die Plagen zufügen, von denen in diesem Buch geschrieben steht. Und wer etwas wegnimmt von den prophetischen Worten dieses Buchs, dem wird Gott seinen Anteil am Baum des Lebens und an der heiligen Stadt wegnehmen, von denen in diesem Buch geschrieben steht« (Offb 22,18 f). Entsprechende Aussagen zu einem schriftlich verfassten Text finden sich nirgendwo sonst im Neuen Testament.

diese Sicht im Johannesevangelium. Aber auch Paulus und die anderen Schreiber der neutestamentlichen Schriften sehen das so. Im Neuen Testament ist von keiner Offenbarung die Rede, die *unabhängig* ist von Gottes Selbstoffenbarung in Jesus Christus. Das zeigt den Vorrang dieser Offenbarung vor allen anderen Offenbarungen. Gottes Selbstoffenbarung (Menschwerdung) in Jesus Christus geschah »ein für allemal« (Hebr 9,26). Sie ist sowohl der *Ursprung* und die *Grundlage* des christlichen Glaubens als auch dessen *Inhalt* und *Ziel*.[108] Nach Auskunft des Neuen Testaments geschah die alles entscheidende Offenbarung Gottes nicht in Gestalt von Sätzen oder in Gestalt eines Buches, sondern in Gestalt einer *menschlichen Person*. Die Offenbarung in Gestalt einer *Person* entspricht dem *persönlichen* Gott in einem tieferen Sinn als eine Offenbarung in Gestalt von Texten und Buchstaben. In einer Person wohnt der persönliche Gott anders als in einem Buch.[109] Nur in der Gestalt Jesu Christi kann Gott ein Kind umarmen (vgl. Mk 10,13–16) und Tischgemeinschaft mit Sündern halten. Ein Buch kann niemanden umarmen und keine Tischgemeinschaft halten.

4.4 Die Vermittlung der Offenbarung

Nachdem klargestellt ist, dass nicht die Bibel, sondern Jesus Christus die entscheidende Offenbarung Gottes ist, müssen wir eine *zweite Frage* stellen: Wie wird diese entscheidende Offenbarung den Menschen bekannt gemacht? Die Offenbarung Gottes in Jesus Christus ist geschehen, damit möglichst viele Menschen von ihr hören. Aus diesem Grund ist die Frage nach der *Offenbarungsvermittlung* von großer Bedeutung. Offenbarung und Offenbarungsvermittlung bilden im Neuen Testament einen unauflösbaren *Gesamtzusammenhang*. Gott selbst ist in der Offenbarungsvermittlung wirksam. Darum kommt auch ihr *Offenbarungs*qualität zu: »Denn die Gerechtigkeit Gottes wird *im Evangelium* geoffen-

[108] Zu Jesus Christus als Ursprung, Grund, Inhalt und Ziel des christlichen Glaubens vgl. Härle, Dogmatik, 81–110.

[109] Auf die »Personalität« Gottes und die Fragen, die damit zusammenhängen, kann ich in diesem Rahmen nicht näher eingehen.

bart aus Glauben zu Glauben …« (Röm 1,17; vgl. 2Tim 1,10).[110] Die Offenbarungsvermittlung kann sowohl in Form der mündlichen als auch der schriftlichen Verkündigung geschehen. Seitdem die Christenheit ein »Neues Testament« kennt, *basiert* die mündliche Verkündigung des Evangeliums auf der christlichen Heiligen Schrift. Die hohe Bedeutung der Offenbarungsvermittlung geht aus zahlreichen Aussagen des Neuen Testaments hervor.

Paulus schreibt: »Denn Gott war in Christus und versöhnte die Welt mit sich selber und rechnete ihnen die Sünden nicht zu und hat unter uns aufgerichtet das Wort von der Versöhnung. So sind wir Botschafter für Christus. Denn Gott ermahnt durch uns. Darum bitten wir an Christi statt: ›Lasst euch versöhnen mit Gott‹« (2Kor 5,19 f). Zum *Ereignis* der Versöhnung (der Offenbarung Gottes in Jesus Christus) gehört das *Wort* von der Versöhnung (die Verkündigung dieses Ereignisses). Gott selbst hat diesen Zusammenhang »aufgerichtet«. Das zeigt, wie wichtig er ist. In Lk 24,46 f heißt es entsprechend: »So steht es geschrieben, dass Christus leiden und auferstehen wird von den Toten am dritten Tag. Und dass *gepredigt* wird in seinem Namen Umkehr zur Vergebung der Sünden unter allen Völkern« (vgl. vor allem auch den Missionsauftrag Mt 28,16–20). Am Beginn der Apostelgeschichte steht das Wort des Auferstandenen an seine Jünger: »Ihr werdet die Kraft des Heiligen Geistes empfangen. Und ihr werdet meine Zeugen sein in Jerusalem und in ganz Judäa und Samaria und bis ans Ende der Erde« (Apg 1,8; vgl. 26,23).

Der Heilige Geist spielt in der frühen Christenheit eine größere Rolle als in der bisherigen jüdischen Religionsgeschichte. Seinem Wirken kommt eine *offenbarende* Bedeutung zu. Der Heilige Geist offenbart den Aposteln und den urchristlichen Gemeinden den *Sinn* und die *Bedeutung* der Selbstoffenbarung Gottes in Jesus Christus. Deshalb gibt es in den urchristlichen Gemeinden das Charisma der Prophetie bzw. der Offenbarung: »Wie ist es nun, ihr Brüder? Sooft ihr zusammenkommt hat jeder einen Psalm, eine Lehre, eine Offenbarung, eine Zungenrede, eine Auslegung. Alles geschehe aufbauend« (1Kor 14,26; vgl. 1Kor 12,7; 14,6.30;

[110] Mit »Evangelium« sind in Röm 1,17 nicht die vier schriftlichen Evangelien gemeint – die Paulus noch nicht kannte –, sondern die *mündliche* Verkündigung der frohmachenden Botschaft von Jesus Christus.

Phil 3,15). Ohne den »Geist der Weisheit und der Offenbarung« (Eph 1,17) kann man nicht verstehen, was Gottes Offenbarung in Jesus Christus für uns bedeutet. »Durch Offenbarung ist mir das Geheimnis kundgetan worden, wie ich es eben auf das Kürzeste geschrieben habe. Daran könnt ihr, wenn ihr es lest, meine Einsicht in das Geheimnis Christi erkennen. Es ist in den früheren Zeiten den Menschen nicht kundgetan worden, wie es jetzt seinen heiligen Aposteln und Propheten im Geist offenbart wurde« (Eph 3,3–6; vgl. 1Kor 2,10; 14,6; Kol 1,26 f). »Zu geeigneten Zeiten hat Gott sein Wort offenbart durch die Predigt, die mir anvertraut worden ist« (Tit 1,3). Die Apostel und Propheten der urchristlichen Gemeinde sind also *Offenbarungsempfänger*.[111]

Die Offenbarungen (Plural) im Leben der urchristlichen Gemeinden beziehen sich stets auf die grundlegende Offenbarung zurück, die in Jesus Christus geschehen ist. Sie machen die urchristlichen Apostel und Propheten zu *Vermittlern* der grundlegenden Offenbarung in Jesus Christus: »Durch uns wird der Duft der Erkenntnis Christi an allen Orten offenbar« (2Kor 2,14). »Wohin wir auch kommen, immer tragen wir das Todesleiden Jesu an unserem Leib, damit auch das Leben Jesu an unserem Leib offenbar werde« (2Kor 4,10). Im Sinne der *Offenbarungsvermittlung* kommt auch den *urchristlichen Schriften* Offenbarungsqualität zu: »Dem aber, der euch stärken kann nach meinem Evangelium und der Predigt von Jesus Christus gemäß der Offenbarung des Geheimnisses (apokalypsin mysteriou), das ewigen Zeiten hindurch verschwiegen war, jetzt aber offenbart (phanerontentos) und durch die prophetischen Schriften an alle Völker bekannt gemacht worden ist (gnoristentos) nach dem Auftrag des ewigen Gottes, um Gehorsam des Glaubens zu bewirken« (Röm 16,25 f). Mit den »prophetischen Schriften« sind hier *urchristliche* Schriften gemeint. Der Text unterscheidet deutlich zwischen dem grundlegenden Offenbarungsgeschehen in Jesus Christus (apokalypsin mysteriou; phanerontentos) und dem »Bekanntmachen«

[111] In den urchristlichen Gemeinden gab es neben Aposteln, Lehrern und Evangelisten auch Propheten (vgl. z. B. Apg 11,27; 13,1; 1Kor 12,28). Die Apostel hatten dabei im Vergleich zu den urchristlichen Propheten und den anderen urchristlichen Ämtern die höhere Autorität.

dieses Offenbarungsgeschehens durch die urchristlichen Schriften (gnoristentos).[112]

Man wird den zitierten Aussagen des Neuen Testaments nicht gerecht, wenn man behauptet, *die urchristlichen Schriften* seien *selbst* die entscheidende Offenbarung. Damit behauptet man: die *Offenbarungsvermittlung* sei die eigentliche Offenbarung. Wer das grundlegende Offenbarungsgeschehen in Jesus Christus mit der Offenbarungsvermittlung identifiziert, macht eine sachgemäße *Unterscheidung* der beiden Geschehensebenen unmöglich. Genau darin liegt das schwerwiegende Missverständnis im Offenbarungsverständnis der fundamentalistischen Theologie. Letztere unterscheidet das grundlegende Offenbarungsgeschehen in der Person Jesu Christi nicht als ein *eigenes* Geschehen von der Vermittlung dieses Geschehens in den neutestamentlichen Schriften. Gottes Selbstoffenbarung in Jesus Christus tritt damit hinter das Offenbarungswunder der Inspiration zurück und wird von diesem »verschluckt«. Das Wunder der Inspiration ist für die fundamentalistische Theologie genauso wichtig und grundlegend, wie das Wunder der Menschwerdung Gottes in Jesus Christus.[113] Auch in diesem wichtigen Punkt ist die fundamentalistische Theologie gerade *nicht* »bibeltreu«.[114]

Auf Grund der dargestellten Sachlage versteht die heutige evangelische und katholische Theologie zu Recht unter dem Begriff »Offenbarung« *in erster Linie* Gottes Selbstoffenbarung in Jesus Christus. Erst in zweiter Linie und davon abgeleitet ist mit »Offenbarung« auch die Bibel als Buch gemeint, in dem uns die grundlegende Offenbarung *vermittelt* wird. Der Text des Neuen Testaments ist keine zweite Selbstoffenbarung Gottes *neben* seiner Selbstoffenbarung in Jesus Christus, keine zweite Inkarnation des Wortes. Das Neue Testament ist vielmehr auf Gottes Selbst-

[112] In 2 Petr 1,19 dürfte die Bezeichnung »das prophetische Wort« ebenfalls auch auf *urchristliche* Propheten bzw. Schriften zu beziehen sein (vgl. 2 Petr 3, 15–16).

[113] Das zeigt sich in den »Chicagoer Erklärungen« in aller Deutlichkeit. Vgl. den Exkurs im Anschluss an dieses Kapitel.

[114] Die anderen Punkte sind die Rede von einem »Glauben *an* die Bibel« (vgl. Kapitel 3, Abschnitt 4), d.h. die Vergöttlichung der Bibel und die mangelnde Unterscheidung zwischen der Dreieinigkeit und einer abzulehnenden göttlichen »Viereinigkeit«.

offenbarung in Jesus Christus *ausgerichtet*. Es lebt von ihr. Die unersetzbare und einzigartige Rolle der Bibel besteht darin, dass sie Gottes entscheidende Offenbarungstat in Jesus Christus *bezeugt*. Weil in diesem biblischen Zeugnis alle für uns wesentlichen Aspekte der Selbstoffenbarung Gottes in Jesus Christus deutlich werden, und weil Gott selbst durch dieses Zeugnis zu uns spricht (in diesem Zeugnis am Wirken ist), *darum* gehört die Bibel zu dem Offenbarungsgeschehen in Jesus Christus mit hinzu. Die Selbstoffenbarung Gottes in Jesus Christus und *die wirksame (schöpferische) Mitteilung* dieses Offenbarungsgeschehens gehören zusammen, müssen aber dennoch unterschieden bleiben. In dieser *gegliederten Einheit* bildet Gottes Offenbarung in Jesus Christus zusammen mit der Bibel die Grundlage des christlichen Glaubens. Dabei bleibt die Bibel die Dienerin Jesu Christi.[115]

Im 17. und 18. Jahrhundert dominierte in den evangelischen Kirchen eine theologische Richtung, die man als »protestantische Orthodoxie« bezeichnet.[116] In der protestantischen Orthodoxie kam es zum ersten Mal in der Geschichte des Christentums zu einer vollständigen Identifizierung von Offenbarung und Bibel.[117] In der protestantischen Orthodoxie galt der Bibeltext als die entscheidende Offenbarung Gottes. Der Unterschied zwischen dem *personalen Offenbarungsgeschehen* in Jesus Christus und dem Text der Bibel geriet dabei aus dem Blick. Gottes Selbstoffenbarung in Jesus Christus wurde nicht mehr vom Text der Bibel unterschieden.[118] Damit entfiel der Vorrang Jesu Christi vor der Bibel, d. h. die kategoriale Unterscheidung zwischen Jesus Christus und der Bibel. Sind »Offenbarung« und »Bibel« identisch, dann darf es in der Bibel auch keine Fehler und Widersprüche geben. Es wären ja Fehler und Widersprüche in der Offenbarung Gottes und damit letztlich in Gott selbst. Das einseitige Offenbarungsverständnis der protestan-

---

[115] Härle bezeichnet Jesus Christus deshalb als die »*primäre*«, die Heilige Schrift als die »*sekundäre*« Gestalt der Offenbarung (Dogmatik, 118 f).

[116] Der Ausdruck »Orthodoxie« bezieht sich in diesem Fall nicht auf die »orthodoxen Kirchen« in Griechenland, Osteuropa oder im Nahen Osten. Er bezeichnet vielmehr das Bestreben, im Gegenüber zur katholischen Kirche eine »*evangelische Rechtgläubigkeit*« sicherzustellen.

[117] Ansätze zu einer solchen Identifizierung gab es bereits im Mittelalter. Diese Ansätze kann man aber nicht gleichsetzen mit dem theologischen Gesamtsystem, das sich in der protestantischen Orthodoxie herausgebildet hat.

[118] Zu den Gründen, die zu dieser Identifizierung von Offenbarung und Bibel geführt haben vgl. Kapitel 6, Abschnitt 3.

tischen Orthodoxie wurde von der späteren evangelischen Theologie wieder korrigiert. Es zeigte sich, dass dieses Offenbarungsverständnis weder dem Neuen Testament gerecht wird noch der Theologie der Reformatoren. Für die Reformatoren war – wie im Neuen Testament und in der Alten Kirche – Jesus Christus als Person die entscheidende Offenbarung Gottes. Die Gleichsetzung von Offenbarung und Bibeltext wird heute nur noch vom protestantischen Fundamentalismus vertreten. Er steht darin in der Nachfolge der protestantischen Orthodoxie.[119] Die fundamentalistische Theologie beurteilt die theologische Entwicklung *nach* der Zeit der protestantischen Orthodoxie weitgehend negativ. Die Theologie des 19. und 20. Jahrhunderts sei zu sehr von der Aufklärung beeinflusst, zu »rationalistisch«. Dieses Pauschalurteil macht eine sachgerechte und differenzierte Würdigung der theologischen Entwicklung der letzten zweihundert Jahre unmöglich.

Der dargelegte biblische Befund zeigt, dass die Entsprechungen (Analogien) zwischen Jesus Christus und der Bibel[120] nur in einem *begrenzten* Maß gelten. Man darf diese Entsprechungen nicht überinterpretieren. Das ist dann der Fall, wenn man sie *auf Kosten* des Vorrangs Jesu Christi betont.[121] Jesus Christus ist in einem besonderen Sinn Gottes Wort, Gottes Offenbarung und Licht der Welt, den man auf die Bibel nicht übertragen kann.

Auf der Basis dieser Erkenntnis erklärte die evangelische Bekenntnissynode von Barmen (ein Stadtteil von Wuppertal) am 31. Mai 1934 im ersten Artikel der Barmer Theologischen Erklärung: »Jesus Christus, wie er uns in der Heiligen Schrift bezeugt wird, ist das eine Wort Gottes, das wir zu hören, dem wir im Leben und im Sterben zu vertrauen und zu gehorchen haben.«[122] In diesem Bekenntnis waren sich die

---

[119] Vgl. dazu den Exkurs im Anschluss an dieses Kapitel und Kapitel 6, Abschnitte 3–4.

[120] Vgl. Abschnitt 1.

[121] In Gruppen mit fundamentalistischem Bibelverständnis werden die Entsprechungen zwischen Jesus Christus und der Bibel so uneingeschränkt betont, dass der Ranguntérschied zwischen Jesus Christus und der Bibel aus dem Blickfeld gerät. Dabei verwendet man gern folgenden Vergleich: »Wie Jesus Christus wahrer Gott und wahrer Mensch ist, so ist die Bibel wahres Gotteswort und wahres Menschenwort.« Dieser Vergleich findet sich zwar auch bei Luther, aber Luther wusste um *die Grenze* dieses Vergleichs. Bei ihm geht dieser Vergleich nicht auf Kosten des Vorrangs Jesu Christi vor der Bibel.

[122] Vgl. Burgsmüller, Erklärung.

139 Vertreter aus 18 lutherischen und reformierten Landeskirchen und aus freien Gemeindekreisen einig. Die Barmer Theologische Erklärung richtete sich gegen die »Deutsche Christen«, die sich an Hitler und seinem Parteiprogramm orientierten. Viele Christen haben diese Erklärung als prophetisches Wort in dunkler Zeit empfunden. Die Barmer Theologische Erklärung formuliert nicht: »Die Bibel ist das eine Wort Gottes.« Sie formuliert sehr bewusst: »*Jesus Christus* ist das eine Wort Gottes.« Damit wahrt diese Erklärung den kategorialen Rangunterschied zwischen Jesus Christus und der Bibel und bekennt, dass Jesus Christus in einem tieferen Sinn »Wort Gottes« genannt zu werden verdient als die Bibel.

Ich möchte den dargelegten biblischen Befund durch folgenden Hinweis ergänzen: Man muss unterscheiden zwischen einem *Ereignis* und der späteren mündlichen oder schriftlichen *Darstellung* (Deutung, Verarbeitung) dieses Ereignisses. Keine Darstellung eines Ereignisses ist identisch mit dem Ereignis selbst, auch dann nicht, wenn sie als inspiriert gelten kann. Man darf deshalb das Ereignis einerseits und die spätere sprachliche Darstellung dieses Ereignisses andererseits nicht miteinander identifizieren. Das Ereignis der Selbstoffenbarung Gottes in Jesus Christus und die spätere neutestamentliche Darstellung dieses Ereignisses sind deshalb zu unterscheiden. Probleme oder Unklarheiten in der neutestamentlichen Darstellung dieses Ereignisses sind keine Probleme oder Unklarheiten im Ereignis selbst. Wenn jemand auf Widersprüche oder Fehler in den neutestamentlichen Texten hinweist, bedeutet das nicht, dass er die Offenbarung Gottes in Jesus Christus für fehlerhaft oder widersprüchlich hält.

Ich will das Gesagte an einem Beispiel verdeutlichen. Nehmen wir an, mehrere Autoren haben über die Erstbesteigung des Mt. Everest berichtet. Bei genauer Lektüre dieser Berichte würde sich herausstellen, dass es in diesen Berichten Fehler gibt und außerdem Widersprüche *zwischen* diesen Berichten. Dann sind das keine Fehler und Widersprüche in der Erstbesteigung des Mt. Everest, sondern lediglich in den Berichten *über* dieses Ereignis. Dadurch verliert die Erstbesteigung des Mt. Everest nichts von ihrer Bedeutung und ihrer Faszination. Man darf denjenigen, die diese Berichte untersucht und die Fehler und Widersprüche bemerkt haben, auch nicht unterstellen, sie seien von der Erstbesteigung des Mt. Everest weniger beeindruckt und begeistert als die anderen, die diese Fehler und Widersprüche nicht bemerkt haben. So verhält es sich auch mit den biblischen Texten: Das wissenschaftliche Erforschen der biblischen Texte ist keine Kritik an den Offenbarungsereignissen, von denen diese Texte berichten. Eine *Kritik* an den Offenbarungsereignissen selbst steht keinem Menschen zu.[123] Es ist ein großes Missverständnis, wenn man dergleichen der heutigen Bibelwissenschaft pauschal unterstellt. Die einzig angemessene Haltung gegenüber Gott und seiner Offenbarung ist das *uneingeschränkte Vertrauen*. Das ist theologisch unbestritten. Die schriftliche Darstellung von Offenbarungsereignissen darf man aber untersuchen, auch wissenschaftlich und »kritisch«.[124] Das gilt vor allem dann, wenn es dabei um das Ziel geht, die Offenbarung Gottes besser zu verstehen.

4.5 Ein häufiger Einwand

Fundamentalistisch orientierte Christen tun sich sehr schwer damit, Jesus Christus eine eindeutige, klare Vorrangstellung vor der Bibel einzuräumen. Da für sie die Bibel *absolute* Autorität hat und zusammen mit Gott auf der obersten Stufe der Autorität steht, kann es niemand geben, dessen Autorität höher einzustufen ist, als die Autorität der Bibel. Wenn fundamentalistisch geprägte Christen hören, dass man in der nichtfundamentalistischen Theologie Jesus Christus einen Vorrang vor der Bibel zuerkennt, äußern sie sehr oft folgenden Einwand: »Wie kann Jesus Christus einen höheren Rang als die Bibel haben, wenn wir doch alles Wichtige über Jesus Christus allein aus der Bibel wissen? Wir können unser Jesusbild doch nur aus der Bibel gewinnen!« Dieser Einwand ist deshalb für viele Christen so einleuchtend, weil das, worauf er hinweist, völlig richtig ist. In der Tat: Wir wissen alles Wichtige über Jesus Christus allein aus der Bibel. Und wir können unser Jesusbild nur aus der Bibel gewinnen.[125] Das weiß selbstverständlich jeder Bibelwissenschaftler. Das wusste auch Martin Luther. *Trotz-*

[123] Keinem Menschen steht z. B. folgende Beurteilung zu: »Ich finde es nicht gut, wie Gott sich in Jesus Christus offenbart hat. Gott hätte sich besser folgendermaßen offenbaren sollen …«

[124] Sehr wichtig ist es dabei zu berücksichtigen, dass sich der wissenschaftliche Gebrauch des Begriffs »Kritik« vom Alltagsgebrauch dieses Wortes *unterscheidet*. Vgl. dazu Kapitel 8, Abschnitt 1 (Punkt 5).

[125] Vgl. Abschnitt 1.

dem hat er Jesus Christus über die Bibel gestellt. Der genannte Einwand berücksichtigt den Zusammenhang von Jesus Christus und Bibel nur sehr *einseitig* und *unvollständig*. Er übersieht wichtige Aspekte dieses Zusammenhangs:

(1) Dass wir alles Wichtige über Jesus Christus allein aus der Bibel wissen, ist lediglich die *eine* Seite des Zusammenhangs von Jesus Christus und Bibel. Die *andere* Seite müssen wir genauso berücksichtigen: *Ohne* Jesus Christus gäbe es überhaupt kein Neues Testament! Als sich die Selbstoffenbarung Gottes in Jesus Christus ereignete, gab es noch kein Neues Testament. Das Neue Testament verdankt seine Existenz diesem entscheidenden Ereignis. Das Neue Testament blickt auf dieses Ereignis zurück und bezieht sich darauf. Wir müssen in erster Linie *das* Geschehen ehren, dem wir das Neue Testament *verdanken*. Das Neue Testament verdankt sich Jesus Christus. Es lebt von ihm, verkündigt ihn, dreht sich um ihn. Aber Jesus Christus dreht sich nicht um das Neue Testament. Bei aller Betonung der Zusammengehörigkeit von Jesus Christus und Bibel darf dieser Unterschied nicht verdunkelt werden. In dem zitierten Einwand wird *dieser* Aspekt unterschätzt oder völlig übersehen. Sonst würde man so nicht argumentieren.

(2) Es gibt sehr wichtige *Gründe dafür*, Jesus Christus *über* die Bibel zu stellen. Ich habe diese Gründe in den drei vorangegangenen Abschnitten ausführlich vorgestellt. Diese Gründe sind biblisch gut belegt. Der zitierte Einwand hebt diese *Gründe* nicht auf. Sollen wir die zahlreichen wichtigen Gesichtspunkte, die *für* den Vorrang Jesu Christi sprechen, wegen dieses Einwands unbeachtet lassen und vergessen? Wäre *das* überzeugender?

(3) Die Christen der ersten drei Generationen kannten noch kein »Neues Testament«. Der Kanonisierungsprozess des Neuen Testaments kam erst im zweiten Jahrhundert n. Chr. zu einem ersten Abschluss. Seitdem sind wir Christen es gewohnt, uns Jesus Christus über das Neue Testament zu nähern. Die urchristlichen Gemeinden hatten diese Möglichkeit noch nicht. Für uns ist es selbstverständlich, dass Paulus zum Neuen Testament gehört. Wir denken dabei meistens nicht daran, dass Paulus selbst noch nicht wusste, was ein »Neues Testament« ist. D. h. in den ersten Generationen der Christenheit stand die Selbstoffenbarung Gottes in Jesus Christus in einem Maß *im Vordergrund*, das wir Besitzer eines Neuen Testaments so nicht mehr kennen. Weil wir daran gewöhnt

sind, uns über das Neue Testament Jesus Christus zu nähern, erscheint es uns zunächst befremdlich, dass Jesus Christus *über* dem Neuen Testament steht. Bei gründlicherem Nachdenken wird uns dieser Sachverhalt jedoch klar.

(4) Bedeutet der Umstand, dass es von einer Person der Geschichte nur eine einzige schriftliche Quelle gibt automatisch, dass diese Quelle den gleichen Rang hat wie die Person, von der sie berichtet? Wenn man die Frage so grundsätzlich stellt, merkt man schnell, dass es so einfach nicht ist.

Nehmen wir z.B. an, wir hätten eine einzige Quellenschrift, die von Alexander dem Großen berichtet. Wäre dann die automatische Konsequenz, dass diese Quellenschrift genauso wichtig und bedeutungsvoll ist wie Alexander der Große? Diese Schlussfolgerung wäre selbst dann falsch, wenn Alexander der Große der Verfasser dieser Schrift wäre und diese Schrift als »inspiriert« gelten dürfte. Denn es bliebe auch dann dabei: Alexander der Große *als Person* – nicht diese Schrift – hat den Nahen und Mittleren Osten neu strukturiert und ein hellenistisches Zeitalter begründet. Wenn diese Unterscheidung von Person und Quelle schon für Alexander den Großen und andere Gestalten der Weltgeschichte gilt, *um wie viel mehr* dann für Jesus Christus. Natürlich hinkt dieses Beispiel insofern, als es zur geistlichen Bedeutung der Bibel keinen passenden Vergleich gibt. Aber das Beispiel macht – zusätzlich zu den bereits genannten Gesichtspunkten – deutlich, wie oberflächlich der zitierte »Einwand« ist. Die bezeugende Quelle liegt keineswegs automatisch auf der gleichen Ebene wie die bezeugte Person, auch dann nicht, wenn es sich um die einzige Quelle handelt. Zwischen dem *Zeugnis* und dem *Bezeugten* bleibt auch dann ein wichtiger Unterschied.

Fazit: Der Hinweis darauf, dass die Bibel die einzige wichtige Quelle über Jesus Christus ist, eignet sich nicht als »Einwand« gegen den Vorrang Jesu Christi vor der Bibel. Wer diesen Hinweis tatsächlich als »Einwand« gegen den Vorrang Jesu Christi versteht, muss sich der Frage stellen: *Spiele ich jetzt nicht die Bibel gegen Jesus Christus aus*?

4.6 Jesus Christus als Mitte und Maßstab der Bibel

Als Herr über die Bibel ist Jesus Christus die *Mitte* und der *Maßstab* der christlichen Bibelauslegung. Das bedeutet: Wir orientieren uns in der Bibelauslegung an Jesus Christus. Nur wenn wir die Bibel von Jesus Christus her interpretieren, kommt der Vorrang Jesu Christi vor der Bibel auch zur Geltung. Es ist deshalb angebracht, bei jedem Bibeltext zu fragen: Was hätte Jesus dazu gesagt? Wie hätte Jesus gehandelt? Hat Jesus von Gott auch so gesprochen, wie dieser Bibeltext? Entspricht die Aussage dieses Bibeltextes dem *Evangelium von Jesus Christus*?

Einige Beispiele: Hätte Jesus auch alle erstgeborenen Söhne der ägyptischen Bevölkerung im Schlaf erwürgt, weil der Pharao verstockt war (vgl. Ex 11)? Hätte Jesus auch sämtliche Baalspriester umbringen lassen, wie es von Elia berichtet wird (vgl. 1Kg 18,40)? Hätte Jesus einen Krieg befohlen und die Ausrottung ganzer Städte, mitsamt der Kinder, der Frauen und der Alten (vgl. Jos 6,24f u.ö.)? Verträgt sich ein solches Verhalten mit der Ethik Jesu, mit dem Gebot der Feindesliebe? Diese Fragen darf man sich nicht ersparen. Man darf sich dabei auch nicht in Ausreden flüchten, nur damit das eigene religiöse System erhalten bleibt. Mit einem Ausweichen dieser Art macht man sich die Sache zu leicht. Das heißt nicht, dass man alte Texte nach späteren Wertvorstellungen beurteilen soll. Man muss jeden Text aus seiner eigenen Zeit heraus verstehen. Die *Orientierung an* Jesus Christus besagt vielmehr: Wir dürfen in unserem Gottesverständnis und in unserem Gewissen nicht mehr hinter das zurückfallen, was Jesus Christus gesagt und getan hat. Biblische Texte, die etwas Anderes für richtig halten, als Jesus uns gelehrt hat, dürfen unser Gewissen nicht binden. Das Gottesverständnis Jesu, der Lebensstil Jesu und das Evangelium von Jesus Christus sind für uns der Maßstab, an dem wir alles Andere in der Bibel messen. Dann können wir nicht mehr alle Geschehnisse, die in biblischen Texten auf Gott zurückgeführt werden (vgl. die genannten drei Beispiele), auf Gott zurückführen. Was wir auf Gott zurückführen können und müssen, entscheidet sich an dem, wie Gott sich in Jesus offenbart hat.

Gott kann zwar durchaus auch durch Bibeltexte zu unserem Herz und Gewissen reden, denen wir sachlich um Jesu Christi willen nicht zustimmen können. Wir sollen also nicht sagen: solche Texte seien nicht »Gottes Wort«. Aber wir werden Gottes Reden durch diese Texte immer von Jesus Christus her verstehen und deuten. *Kein Satz der Bibel darf an Jesus Christus vorbei Autorität erhalten.* Entscheidend ist nicht, dass ein Satz in der Bibel steht. Entscheidend ist, in welcher Nähe oder Ferne er zu Jesus Christus steht. Nicht alles, was in der Bibel steht, hat die Qualität von Jesus Christus. Nicht alles in der Bibel ist – von Jesus her gesehen – gleich wichtig und gleich richtig.[126] Deshalb dürfen wir nicht nur, sondern *müssen* wir die Bibel von Jesus Christus her auch kritisch lesen. Nicht aus Überheblichkeit oder Besserwisserei, sondern aus *Gehorsam* gegenüber Jesus Christus. Wenn wir von ihm her die Bibel kritisch lesen, stellen wir nicht *uns selbst* über die Bibel. Wir stellen *Jesus Christus* über die Bibel. Das ist ein großer Unterschied. Jesus Christus *allein* ist unser Herr. Er ist der von Gott eingesetzte Herr über alles, auch über die Heilige Schrift. Diese Haltung hat nichts zu tun mit Aufklärungsphilosophie und Rationalismus. In dieser an Jesus orientierten Bibelauslegung vollzieht sich vielmehr unsere Nachfolge Jesu. Die Nachfolge Jesu erstreckt sich auf unser *ganzes* Leben, also auch auf unsere Auslegung der Bibel.

Jesus Christus ist der Beurteilungsmaßstab der Bibel. Wir holen diesen Beurteilungsmaßstab nicht von außerhalb der Bibel: nicht von einer Weltanschauung oder Philosophie, nicht von einer politischen Theorie oder Ideologie, nicht von der Vernunft oder der Wissenschaft. Wir gewinnen unseren Maßstab allein aus der Bibel (sola scriptura). Allerdings gewinnen wir ihn nicht aus der Bibel allgemein, sondern gezielt aus ihrem Zentrum, aus der *entscheidenden* Offenbarung, von der die Bibel uns berichtet: der Selbstoffenbarung Gottes in Jesus Christus.[127] Wenn wir es nicht zulassen, dass Jesus Christus zum Beurteilungsmaßstab der Bibel wird, handeln wir uns die Gefahr ein, dass wir anderen Maßstäben folgen.

---

[126] Vgl. den Exkurs nach Kapitel 10.

[127] Juden lesen die Bibel – die wir »Altes Testament« nennen – nicht von dieser Mitte her. Ihre Lektüre der Bibel steht in einem anderen Deutungshorizont. Das ist zu respektieren. Wir dürfen das Alte Testament dem Judentum nicht »enteignen«.

Und welcher Maßstab sollte so gut oder »besser« sein, als der Maßstab, den wir in Jesus Christus haben? Die Gefahr ist groß, dass wir irgendwelchen Texten oder Aussagen der Bibel mehr oder gleich viel Gewicht geben, wie dem Evangelium von Jesus Christus. Solche Texte und Aussagen werden dann oft dazu benutzt, die Konsequenzen der Botschaft Jesu bzw. des Evangeliums von Jesus Christus zu umgehen.

An dieser Stelle ist es wichtig, auf den sogenannten »*hermeneutischen Zirkel*« hinzuweisen.[128] In dem Fall, um den es hier geht, besagt dieser Fachausdruck: Einerseits gewinnen wir unser Verständnis von Jesus Christus *allein aus der Bibel*. Andererseits verstehen wir Jesus Christus als *Beurteilungsmaßstab* der Bibel. Dieser Zirkel ist sachgemäß und unvermeidbar. Es handelt sich nur scheinbar um einen Widerspruch. Vielmehr geht es darum, die Bibel gezielt von der *entscheidenden* Gottesoffenbarung her zu verstehen, die sie bezeugt. Dass sich dadurch ein Zirkelschluss ergibt, ist der nichtfundamentalistischen Theologie bewusst. Es gibt dazu aber keine Alternative. Es sei denn, wir rauben Jesus Christus den ersten Platz. Diese »Lösung« kommt aber für die nichtfundamentalistische Theologie nicht in Frage. Da das biblische Bild von Jesus Christus einen gewissen Interpretationsspielraum zulässt, ist Jesus Christus als Maßstab der Heiligen Schrift nicht so exakt bestimmbar, wie ein naturwissenschaftlicher oder technischer Sachverhalt. Das ist auch gut so. Dennoch ist es ein großer Unterschied, ob ich mein Verständnis der Heiligen Schrift an Jesus Christus orientiere, oder ob ich das nicht tue. Es bleibt eine Daueraufgabe für die Theologie, mit dem genannten hermeneutischen Zirkel so angemessen und produktiv wie möglich umzugehen. Gerade auch daran zeigt sich die Qualität theologischer Arbeit.

Ist Jesus Christus für uns der Herr und Maßstab der Bibel, dann können wir nicht mehr pauschal sagen: Wir sind »bibeltreu«. Die Frage kann nur noch lauten: Sind wir *Jesus Christus* treu? Jesus Christus treu zu sein ist wichtiger, als der Bibel treu zu sein. Nur dort, wo wir Jesus Christus treu bleiben können, dürfen wir auch der Bibel treu bleiben. Im Konfliktfall argumentieren wir ohne jedes Zögern mit Jesus Christus gegen die Bibel. Das hat schon

---

[128] »Hermeneutik« ist die Lehre vom Verstehen und seinen Bedingungen.

Martin Luther gelehrt und praktiziert.[129] Bei ihm steht das »solus Christus« (allein Christus) *über* dem »sola scriptura« (allein die Schrift). Wer die Bezeichnung »bibeltreu« für den richtigen Wegweiser hält, der rückt die Bibel auf die oberste Stufe der Autorität. Ihm ist entweder die Herrschaft Jesu Christi über die Bibel nicht klar, oder er nimmt billigend in Kauf, dass gerade durch das Wort »bibeltreu« immer wieder aufs Neue Missverständnisse, Vorurteile und Feindbilder gegenüber anderen Christen und gegenüber der nichtfundamentalistischen Theologie geschaffen werden. Der Ausdruck »bibeltreu« ist als Leitmotiv der Bibelauslegung unbrauchbar.

Zum Schluss dieses Abschnitts möchte ich auf einige Texte des Neuen Testaments hinweisen, die besonders deutlich für eine an Jesus Christus orientierte Bibelauslegung sprechen:

– Petrus, Jakobus und Johannes begleiten Jesus auf einen Berg. Dort wird ihnen offenbart, wer Jesus ist (Mk 9,2–10; Mt 17,1–9; Lk 9,28–36). Es erscheinen Mose und Elia. Petrus schlägt vor, für Jesus, Mose und Elia je eine Hütte zu bauen. Doch eine Stimme aus der Wolke sagt: »Das ist mein geliebter Sohn. Auf *ihn* sollt ihr hören!« Nach diesen Worten sind Mose und Elia nicht mehr zu sehen. Es heißt ausdrücklich: »Sie sahen niemand mehr, als *Jesus allein.*« Dieser Text hat, aus hermeneutischer Perspektive betrachtet, auch eine sehr grundsätzliche Bedeutung: die Jünger Jesu orientieren sich an Jesus *allein* (solus Christus). Auf *ihn* sollen sie hören. Diesen Auftrag nimmt eine an Jesus Christus orientierte Bibelauslegung ernst.

---

[129] Dieser »Konfliktfall« tritt überall dort auf, wo ein Bibeltext oder eine biblische Aussage dem Evangelium von Jesus Christus bzw. der Botschaft und Ethik Jesu *nicht* entspricht. Dann behält Jesus Christus Recht und der Bibeltext gerät in das Licht Jesu Christi. Im vorliegenden Buch kann ich auf die zahlreichen Bibeltexte, die solche Konflikte auslösen können, nicht näher eingehen. Das ist im Rahmen dieses Buchs nicht zu leisten. Denn jedes dieser Beispiele muss gründlich analysiert werden. Sonst lösen sie neue Unklarheiten und Missverständnisse aus. Ich kann im Rahmen des vorliegenden Buchs auch nicht die vielen konkreten Einzelfragen erörtern, die mit einer an Jesus Christus orientierten Bibelauslegung zusammenhängen. Das Erlernen einer solchen Bibelauslegung braucht Zeit, Geduld, Diskussion und Übung. Im vorliegenden Buch muss ich mich darauf beschränken, die *grundsätzlichen* Weichenstellungen aufzuzeigen und zu begründen.

- Jesus sagt: »Alles ist mir von meinem Vater übergeben worden. Niemand kennt den Sohn, nur der Vater. Und niemand kennt den Vater, nur der Sohn und der, dem der Sohn es offenbaren will« (Mt 11,27; Lk 10,22). Was kann dagegen sprechen, dass wir unsere Bibelauslegung an dem orientieren, dem Gott *»alles«* übergeben hat? Wenn *»niemand«* den Vater kennt, nur der Sohn, an wem könnten wir unsere Bibelauslegung dann orientieren, außer am Sohn?
- Das Schlusswort des Matthäusevangeliums (Mt 28,16–20) ist von besonderem Gewicht. Es enthält den Auftrag des Auferstandenen an seine Jünger: »Geht hin in alle Welt und macht zu Jüngern alle Völker. Tauft sie auf den Namen des Vaters, des Sohnes und des Heiligen Geistes. Und lehrt sie halten alles, *was ich euch geboten habe*« (28,19 f). Damit setzt der Auferstandene selbst Prioritäten. Er spricht nicht allgemein von der Heiligen Schrift, sondern konzentriert seinen Auftrag auf das, was *er* gesagt hat. Welches Recht haben wir, diese Prioritätsetzung des Auferstandenen in irgendeiner Weise zu umgehen?
- In den Abschiedsreden sagt Jesus zu seinen Jüngern: »Der Beistand, der Heilige Geist, den der Vater in meinem Namen senden wird, der wird euch alles lehren und euch an alles erinnern, was ich euch gesagt habe« (Joh 14,26). Nach dieser Aussage zielt auch das Wirken des Heiligen Geistes auf die gleiche Priorität, wie der Auferstandene in Mt 28,19 f.
- Paulus schreibt: »In der Gerechtigkeit, die das Gesetz fordert, war ich untadelig. Aber was mir Gewinn war, das habe ich um Christi willen für Schaden gehalten. Ja, ich halte es in der Tat dafür, dass alles Schaden ist um des überragenden Wertes der Erkenntnis Jesu Christi willen« (Phil 3,6 ff). Schon *vor* der Begegnung mit dem Auferstandenen hatte Paulus die Heilige Schrift als inspiriertes Wort Gottes ernst genommen, wie es alle Juden tun. Aber er hatte die *Auslegung* der Heiligen Schrift noch nicht an Jesus Christus orientiert. Das ist das Neue an der Auslegung der Heiligen Schrift, die Paulus *nach* seiner Begegnung mit dem Auferstandenen betrieben hat. Was nicht an dem »überragenden Wert der Erkenntnis Jesu Christi« orientiert ist, hält er von nun an für einen *Schaden*! Können wir unsere Bibelauslegung dann an etwas Anderem orientieren, als an dem »überragenden Wert der Erkenntnis Jesu Christi«?

- Im Kolosserbrief heißt es von Jesus Christus: »Er ist vor allem und alles hat in ihm seinen Bestand« (1,17). Und: »Er hat in allem den Vorrang« (1,18). Dann hat Jesus Christus auch in der Bibelauslegung den Vorrang. Auch unsere Bibelauslegung hat – wie alles Andere – in ihm ihren Bestand. Wenn er das »Haupt« der Gemeinde ist (1,18; Eph 1,22f), dann richtet sich die Gemeinde *allein* nach ihrem Haupt. Das gilt selbstverständlich auch für die Bibelauslegung. Wenn in ihm »die ganze Fülle« wohnt (1,19), an wem sollte sich dann unsere Bibelauslegung ausrichten, außer an ihm?
- Im Hebräerbrief steht: »Er trägt alle Dinge durch sein machtvolles Wort« (1,3). Also trägt er auch unsere Bibelauslegung durch sein machtvolles Wort.

Diese Bibeltexte sollen exemplarisch deutlich machen, wie tief eine an Jesus Christus orientierte Bibelauslegung in der Botschaft des Neuen Testaments verankert ist.

4.7 Bilanz

Mit den Darlegungen dieses Kapitels habe ich die kategoriale Unterscheidung zwischen Jesus Christus und der Bibel skizziert, wie sie in der gesamten nichtfundamentalistischen Theologie als unverzichtbar gilt. Welchen Gewinn bringt diese Unterscheidung für uns Christen? *Fünf* Aspekte halte ich für besonders wichtig:

(1) Jesus Christus erhält auch im Bezug auf die Bibel den Rang, der ihm gebührt: Er steht *über* der Bibel. Er hat eine *höhere* Autorität als die Bibel. Nur er »trägt alle Dinge durch sein Wort« (Hebr 1,3). Er hat »in Allem den Vorrang« (Kol 1,18). Er ist die entscheidende Offenbarung Gottes in Person und die entscheidende Grundlage des christlichen Glaubens. Dieser Vorrang Jesu Christi vor der Bibel verhindert eine Vergöttlichung der Bibel.

(2) Die Bibel erhält eine *Mitte* und die Bibelauslegung einen *Maßstab*: Jesus Christus. Diese Mitte und dieser Maßstab gibt unserer Auslegung der Bibel Klarheit und Profil. Wir brauchen diesen Maßstab. Ohne ihn ist die Bibel ein großes Sammelbecken von Geschichten, Weisungen und Sprüchen, in dem jede Gruppierung und jeder Ausleger nach eigenem Geschmack und Gut-

dünken die Schwerpunkte setzen kann. Von der Mitte der Bibel aus ergeben sich auch die *zentralen* theologischen Forschungsaufgaben: Wo stimmen biblische Aussagen mit dem Evangelium von Jesus Christus bzw. mit der Botschaft und Ethik Jesu überein? Wo nicht? Was ist mit dem »Evangelium von Jesus Christus« genau gemeint? Wie verhalten sich Altes und Neues Testament zueinander? Was bedeutet das Judesein Jesu für das Verhältnis von Judentum und Christentum?

(3) Durch die kategoriale Unterscheidung von Jesus Christus und Bibel ergeben sich andere und angstfreie Möglichkeiten, mit der Bibel umzugehen. Auf diese Weise entsteht der Raum und die Freiheit zur wissenschaftlichen Erforschung der Bibel. Jesus Christus, den auferstandenen Sohn Gottes, kann niemand »wissenschaftlich analysieren«. Die biblischen Zeugnisse von seinem Leben, Sterben und Auferstehen können und dürfen wir aber sehr wohl wissenschaftlich erforschen. Dabei ist allerdings der Respekt vor den Glaubensgeheimnissen wichtig, auf die man bei dieser Forschungsarbeit immer wieder stößt.[130]

(4) Die kategoriale Unterscheidung von Jesus Christus und Bibel leitet uns dazu an, das *Ereignis* der Offenbarung von der schriftlichen *Darstellung* dieses Ereignisses zu unterscheiden. Auch diese Unterscheidung schafft einen Freiraum zum wissenschaftlichen Umgang mit der Bibel. Die wissenschaftliche Erforschung der biblischen Berichte bedeutet *nicht*, dass man sich über die Offenbarungsereignisse stellt, von denen die biblischen Texte Zeugnis ablegen. Im Gegenteil: Mit Hilfe der wissenschaftlichen Untersuchungen biblischer Texte will und kann man die Offenbarungsereignisse besser verstehen lernen.

(5) Weil Jesus Christus einen höheren Rang hat als die Bibel, verbindet uns der Glaube an Jesus Christus *auch dann*, wenn wir *nicht* genau das gleiche Bibelverständnis haben. Wer andere Christen nach dem Motto behandelt: »Nur wenn du mein Bibelverständnis hast, akzeptiere ich deinen Glauben an Jesus Christus und anerkenne dich als Bruder bzw. Schwester«, der raubt Jesus Christus den ersten Platz. Er stellt die Bibel nicht nur gleichrangig neben Jesus Christus, sondern im Grunde sogar *vor* ihn und damit *über* ihn: »*Zuerst* musst du mein Bibelverständnis übernehmen,

[130] Vgl. entsprechend die Bilanz am Ende des dritten Kapitels (Punkt 5).

dann erst kann ich dich als Bruder oder Schwester anerkennen.« Wie eine lange Erfahrung lehrt, führt das oft dazu, dass man anderen Christen ziemlich schnell und skrupellos den Glauben abspricht und tiefe Gräben zwischen Christen aufreißt. Viel angemessener und christlicher ist dagegen folgendes Motto: »*Zuerst* freuen wir uns an unserem Glauben an Jesus Christus und feiern ihn. *Anschließend* unterhalten wir uns freundschaftlich über unser Bibelverständnis.«

Exkurs: Die »Chicagoer Erklärungen«

Die »Chicagoer Erklärungen« gelten international als wichtigste Selbstdarstellung des neueren protestantischen Fundamentalismus. Es handelt sich um drei Erklärungen. Sie stammen aus den Jahren 1978, 1982 und 1986. Jede dieser Erklärungen wurde von einer größeren Zahl fundamentalistischer Theologen erarbeitet und unterzeichnet. Die erste Erklärung umreißt die Grundposition des protestantischen Fundamentalismus. Die zweite Erklärung ergänzt die erste in Form von Erläuterungen. Die dritte Erklärung widmet sich den ethischen Konsequenzen. Für das vorliegende Buch sind vor allem die beiden ersten Erklärungen von Bedeutung. In diesem Exkurs beabsichtige ich keine Gesamtinterpretation der Chicagoer Erklärungen. Ich konzentriere mich auf zwei Fragen: Wie sehen die Autoren der Chicagoer Erklärungen das Verhältnis von Jesus Christus und Bibel? Und: Was verstehen sie unter »Offenbarung«?[131]

Die Chicagoer Erklärungen betonen den »christozentrischen Charakter« der Bibel. Sie bezeichnen Jesus Christus als »Höhepunkt«, »Brennpunkt«, »Mittelpunkt« und »zentrales Thema« der Heiligen Schrift.[132] Dem kann man aus christlicher Sicht nur zustimmen. Die Autoren der Chicagoer Erklärungen sehen im christozentrischen Charakter der Bibel allerdings keinen Grund für eine kategoriale Unterscheidung zwischen Jesus Christus und der Bibel. Schon deshalb nicht, weil sie im Wesentlichen das Offen-

[131] Ich zitiere den Text der Chicagoer Erklärungen nach der Übersetzung von Thomas Schirrmacher. Vgl. ders., Bibeltreue.

[132] Vgl. ebd. 26.27.28.37.

barungsverständnis der protestantischen Orthodoxie vertreten.[133] Das zeigt sich gleich am Beginn der ersten Chicagoer Erklärung: »Gott, der selbst die Wahrheit ist und nur die Wahrheit spricht, hat die Heilige Schrift inspiriert, um sich damit selbst der verlorenen Menschheit durch Jesus Christus als Schöpfer und Herr, Erlöser und Richter zu offenbaren«.[134] Bereits dieser Satz vermengt die Offenbarung in Jesus Christus mit der Offenbarung durch die Heilige Schrift. Der zitierte Satz lässt keine Unterscheidung zu zwischen einer Offenbarung in Gestalt einer menschlichen *Person* und einer Offenbarung in Gestalt eines *Buchs*. An dieser Unterscheidung haben die Autoren der Chicagoer Erklärungen kein Interesse. Im Gegenteil: Ihr Verständnis von Offenbarung schließt eine solche Unterscheidung aus. Im Vordergrund des Interesses steht das Wunder der Inspiration. Der erste und grundlegende Hinweis gilt der Inspiration der Heiligen Schrift.

In den Chicagoer Erklärungen steht die Offenbarung in Gestalt der Heiligen Schrift so sehr im Vordergrund, dass *das Spezifische* der Selbstoffenbarung Gottes in Jesus Christus nicht mehr angemessen wahrgenommen und gewürdigt werden kann. Jesus Christus wird zwar als die zentrale Person der Bibel hervorgehoben, aber Gottes Offenbarung in Jesus Christus wird nicht als die zentrale Offenbarung hervorgehoben! Jesus Christus gilt als die wichtigste Gestalt der Bibel, aber nicht Jesus, sondern *die Bibel* gilt als die wichtigste Gestalt der Offenbarung. Doch erst mit der Erkenntnis, dass Jesus Christus auch die wichtigste Gestalt der *Offenbarung* ist, kommt die Bedeutung Jesu Christi in vollem Umfang zur Geltung. Wer Gottes Selbstoffenbarung in Jesus Christus nicht als die entscheidende Offenbarung anerkennt, der wird Jesus Christus auch keinen Vorrang vor der Heiligen Schrift zubilligen.[135] Das geht auf Kosten der Souveränität Jesu Christi, auch

---

[133] Zum Offenbarungsverständnis der protestantischen Orthodoxie vgl. Seite 85 f.

[134] Schirrmacher, ebd. Es handelt sich um den ersten Satz nach dem Vorwort.

[135] Die Chicagoer Erklärungen sprechen sehr oft von Gottes Offenbarung durch die Heilige Schrift. Im Vergleich dazu ist von Gottes Offenbarung in Jesus Christus wesentlich seltener die Rede, meist auch nicht direkt. Sie wird häufig nur unausgesprochen vorausgesetzt. Das zeigt, welche Offenbarung für die Autoren die Wichtigere ist und den größeren Teil der Aufmerksamkeit auf sich zieht. An keiner einzigen Stelle der Chicagoer Erklärungen ist klar und ein-

wenn die Autoren der Chicagoer Erklärungen das nicht beabsichtigen. Für die nichtfundamentalistische Theologie ist Jesus Christus *sowohl* der Mittelpunkt der Bibel *als auch* die entscheidende Offenbarung Gottes. Erst in beiden Aspekten zusammen zeigt sich die Bedeutung Jesu Christi.

Die Chicagoer Erklärungen stellen Jesus Christus und die Heilige Schrift als gleichrangige Autoritäten dar und verbinden beide zu einer einzigen Quelle der Autorität: »Im Christentum gehört die Autorität Gott in seiner Offenbarung, was einerseits Jesus Christus, das lebendige Wort, andererseits die Schrift, das geschriebene Wort meint.«[136] Über dieses »einerseits-andererseits« kommen die Chicagoer Erklärungen nicht hinaus.[137] »Indem Christus und die Heilige Schrift sich gegenseitig ihre Autorität beglaubigen, verschmelzen sie zu einer Quelle der Autorität. Von diesem Standpunkt aus sind der biblisch interpretierte Christus und die Bibel, welche Christus in den Mittelpunkt stellt und verkündigt, eins.«[138] Diese Aussagen sollen dem Neuen Testament entsprechen? Kann und darf man eine *Person* und ein *Buch* in dieser Weise zur Einheit »verschmelzen«? Wollen die Chicagoer Erklärungen eine »*Viereinigkeit*« Gottes aus Vater, Sohn, Heiliger Geist und Bibel lehren? Wenn nicht, sollte man das deutlich sagen, um Missverständnisse zu vermeiden. Eine Klarstellung dieser Art gibt es jedoch in den Chicagoer Erklärungen nicht. Die »Verschmelzungstheologie« der Chicagoer Erklärungen verkürzt dagegen die Souveränität Jesu Christi, der »in *allem den Vorrang*« hat (Kol 1,17 f). Die Autoren der Chicagoer Erklärungen lassen bei ihrer »Verschmelzung« von

---

deutig von »Gottes *Selbstoffenbarung* in Jesus Christus« die Rede. Es wird auch nirgendwo darauf hingewiesen, dass der christliche Glaube nicht durch das Neue Testament, sondern durch die Selbstoffenbarung Gottes in Jesus Christus entstanden ist (Jahre bevor es die erste Schrift des Neuen Testaments und lange Zeit bevor es das Neue Testament gab). In den Chicagoer Erklärungen zeigt sich die deutliche Tendenz, die Christusoffenbarung in der Schriftoffenbarung aufgehen zu lassen. Die Christusoffenbarung wird von der Schriftoffenbarung aufgesogen und »verschluckt«.

[136] zitiert nach: Schirrmacher, 28 f.

[137] Nichtfundamentalistische Theologen würden stattdessen formulieren: »Im Christentum gehört die Autorität Gott in seiner Offenbarung, was *in erster Linie* Gottes Selbstoffenbarung in Jesus Christus meint …«

[138] zitiert nach: Schirrmacher, 29.

Jesus Christus und Bibel keinerlei Vorsicht oder Problembewusstsein erkennen. Daran zeigt sich der »blinde Fleck« im protestantischen Fundamentalismus. Dieser blinde Fleck ist den betreffenden Autoren offensichtlich nicht bewusst. Solange er aber nicht erkannt und kritisch aufgearbeitet wird, können Gespräche mit den Befürwortern der modernen Bibelwissenschaft nur in Sackgassen und Missverständnissen enden.

Der genannte blinde Fleck zeigt sich auch darin, dass die Autoren der Chicagoer Erklärungen keinen Unterschied machen zwischen »trennen« und »unterscheiden«.[139] Sie wenden sich mit großem Nachdruck dagegen, dass man die Autorität Jesu Christi von der Autorität der Heiligen Schrift »trennt« bzw. »isoliert«.[140] Der Gedanke, dass es erforderlich sein könnte, zwischen der Autorität Jesu Christi und der Autorität der Heiligen Schrift so zu »unterscheiden«, dass diese »Unterscheidung« nichts mit einer »Trennung« zu tun hat, wird nicht erwogen. Eine solche Möglichkeit gibt es für die Autoren der Chicagoer Erklärungen nicht. Eine »Trennung« der Autorität Jesu Christi von der Autorität der Bibel steht in der christlichen Theologie aber nirgendwo zur Diskussion. An dieser wichtigen Stelle arbeiten die Chicagoer Erklärungen mit einer Karikatur. Sie erzeugen ein Feindbild. Wer aber mit Karikaturen und Feindbildern arbeiten muss, stellt seiner eigenen Position kein gutes Zeugnis aus.

Der Trennungs-Vorwurf, den die Chicagoer Erklärungen erheben, basiert auf der fehlenden Unterscheidung zwischen einem berechtigten »unterscheiden« und einem unberechtigten »trennen«. Man fragt sich: Muss man die Autoren der Chicagoer Erklärungen tatsächlich erst darauf aufmerksam machen, dass »unterscheiden« und »trennen« nicht das Gleiche ist? Die Antwort auf diese Frage können die Autoren der Chicagoer Erklärungen nur selbst geben. Wie soll ein Gespräch über bibelhermeneutische Grundfragen gelingen, wenn elementar wichtige Differenzierungen in so aufwendig vorbereiteten, offiziellen Selbstdarstellungen nicht beachtet werden? Eine Trennung der Autorität Jesu Christi von der Autorität der Bibel wäre in der Tat das Ende jeder christ-

---

[139] Vgl. dazu Kapitel 3, Abschnitt 1.

[140] zitiert nach: Schirrmacher, 29 u. ö.

lichen Theologie. Folgt daraus aber, dass man die Autorität Jesu Christi mit der Autorität der Heiligen Schrift verschmelzen und identifizieren kann?[141]

Im Zusammenhang der »Verschmelzungstheologie« der Chicagoer Erklärungen[142] fällt noch etwas auf. Wenn in diesen Erklärungen im Blick auf das Verhältnis von Jesus Christus und Heiliger Schrift von »Unterordnung«, »Gehorsam« und »sich beugen« die Rede ist, dann stets nur bei Jesus Christus, in keinem Fall auf Seiten der Heiligen Schrift. Jesus starb »im Gehorsam gegen die Worte der messianischen Weissagungen«.[143] »So wie er die Schrift als Beglaubigung für sich und seine Autorität sah, beglaubigte er durch seine Unterordnung unter die Schrift ihre Autorität.«[144] »So wie er sich unter die in seiner Bibel (unserem Alten Testament) gegebenen Weisungen seines Vaters beugte, erwartete er das auch von seinen Jüngern …«[145] Steht Jesus mit seinen Jüngern in einem analogen Gehorsamsverhältnis zur Heiligen Schrift? Die zitierten Sätze zeigen, dass in den Chicagoer Erklärungen der *Hauptakzent* der Autorität auf Seiten der Heiligen Schrift bleibt. Das gilt zumindest in Bezug auf die irdische Lebenszeit Jesu. Bezeichnenderweise wird in diesem Zusammenhang mit Vorliebe der *irdische* Jesus als Beispiel herangezogen. In welchem Verhältnis die

---

[141] Auch in den Fällen, in denen nichtfundamentalistisch orientierte Christen – mit Martin Luther – die Heilige Schrift dem prüfenden Licht Jesu Christi aussetzen (vgl. Kapitel 4, Abschnitt 6), geht es *nicht* um eine »Trennung« der Autorität Jesu Christi von der Autorität der Bibel. Es geht in diesen Fällen um die souveräne Herrschaft Jesu Christi über die Bibel. Das ist theologisch etwas völlig Anderes. Man muss einen Herrn nicht von seinem Diener trennen, damit er dessen Herr sein kann. Herr und Diener können sehr intensiv in einer Wirkungseinheit zusammenwirken, solange klar ist, wer der Herr ist und wer der Diener.

[142] Bei der Bezeichnung »Verschmelzungstheologie« geht es mir nicht darum, ein vielleicht ungeschickt gewähltes Wort der Chicagoer Erklärungen auszunutzen und zu überinterpretieren. Auch unabhängig von dem Wort »verschmelzen« zielen die Chicagoer Erklärungen darauf ab, die Autorität Jesu Christi und die Autorität der Heiligen Schrift so eng zu verklammern, dass kategoriale Unterscheidungen keinen Platz mehr haben. Insofern bringt die Bezeichnung »Verschmelzungstheologie« durchaus ein *zentrales* Anliegen der Chicagoer Erklärungen zum Ausdruck.

[143] zitiert nach: Schirrmacher, 29.

[144] Ebd.

[145] Ebd.

Autorität des *auferstandenen Christus* zur Autorität der Heiligen Schrift steht, wird in den Chicagoer Erklärungen nicht zum Thema gemacht.

Es bleibt den Leserinnen und Lesern dieses Buchs überlassen, sich ihre eigene Meinung darüber zu bilden, ob die genannten Aussagen und Tendenzen der Chicagoer Erklärungen dem Gesamtbefund des Neuen Testaments gerecht werden, ob sie »bibeltreu« sind. Nach Auffassung sowohl der evangelischen als auch der katholischen Theologie ist das nicht der Fall. Die in diesen Erklärungen vorgelegte fundamentalistische Verhältnisbestimmung von Jesus Christus und Heiliger Schrift und das zugrundeliegende fundamentalistische Offenbarungsverständnis kann man – auch bei bestem Willen – nur als sehr einseitig und oberflächlich bezeichnen. Zu viele Aspekte und Aussagen des Neuen Testaments werden ausgeblendet oder nicht gebührend gewürdigt.[146] Hinzu kommt, dass sich an wichtigen Stellen ein mangelndes Unterscheidungsvermögen zeigt.

5. Inwiefern ist die Bibel Gottes Wort?

Den Satz »Die Bibel ist Gottes Wort« kann man auf sehr verschiedene Weise verstehen. Deshalb kommt es darauf an, *wie* man ihn versteht. Die entscheidende Frage lautet: Was ist in der Bibel mit »Gottes Wort« gemeint? Geht man dieser Frage nach, stellt man fest, dass keineswegs in erster Linie *schriftliche* Worte, oder ein *Buch* gemeint sind. Wir werden dem biblischen Verständnis von »Gottes Wort« nicht gerecht, wenn wir unsere Aufmerksamkeit von vornherein auf das schriftliche Wort konzentrieren. Weil viele Christen dazu neigen, möchte ich im Folgenden auch die anderen biblischen Aspekte von »Gottes Wort« ins Blickfeld rücken.

(1) Nach dem Neuen Testament ist *Jesus Christus* in einem besonderen, einzigartigen Sinn Gottes »Wort«. Das geht vor allem aus Joh 1,1–4.14, 1Joh 1,1 und Offb 19,13 hervor.[147] In keinem dieser Texte ist es möglich, den Begriff »Wort« durch den Begriff »Bibel« zu ersetzen. Das macht deutlich: die Begriffe bedeuten nicht

---

[146] Vgl. Kapitel 4, Abschnitte 2–6.

[147] Diese Texte werden auf den Seiten 72 f zitiert.

einfach das Gleiche. Sie sind nicht einfach austauschbar. Jesus Christus ist das persongewordene Wort Gottes (Joh 1,14), das man mit den Händen »betasten« konnte (1Joh 1,1). Nirgendwo sonst ist Gottes Wort Person geworden und hat als Person unter uns gelebt. Darum ist es angebracht, dass wir Christen bei dem Ausdruck »Gottes Wort« zuerst an *Jesus Christus* denken. Schon aus diesem Grund können wir unter »Gottes Wort« nicht automatisch die Bibel verstehen. Wer bei der Bezeichnung »Gottes Wort« stets sofort an die Bibel denkt, blendet Jesus Christus als Gottes Wort aus. Jeder Christ kann sich nur selbst fragen, ob er in seinem Verständnis von »Gottes Wort« Jesus Christus in gebührender Weise im Blick hat.

(2) Nach der Bibel sind auch *Gottes Schöpfungsworte* »Gottes Wort«. Die Botschaft des ersten Kapitels der Bibel lautet: Alles Geschaffene verdankt sich Gottes Wort. Dieses Kapitel steht nicht zufällig am Beginn der Bibel. Es gibt Allem, was in der Bibel steht, den richtigen Bezugsrahmen. Darin liegt die besondere Bedeutung des ersten Kapitels der Bibel. Bei den Schöpfungsworten Gottes handelt es sich *nicht* um schriftliche Worte. Gott »ruft« die Welt ins Dasein: »Es werde Licht« (Gen 1,3). »Es werde eine Scheidewand mitten im Wasser und scheide Wasser von Wasser« (Gen 1,6) usw. Das »Wort Gottes«, von dem im ersten Kapitel der Bibel die Rede ist, hat einen anderen Geltungs- und Einzugsbereich als die Bibel. Die Bibel wendet sich an Menschen. *Gottes Wort* aber ist für alles zuständig, was es gibt. Der Kosmos verdankt sein Dasein nicht der Bibel. Er verdankt sein Dasein Gottes Wort. Gottes Schöpfungsworte haben eine grundlegendere und umfassendere Bedeutung als die Bibel. Die Schöpfungsworte Gottes beziehen ihre Kraft und Bedeutung nicht daraus, dass sie in der Bibel stehen. Im Schöpfungsakt spielte und spielt die Bibel keine Rolle. So macht gleich das erste Kapitel der Bibel deutlich, dass es beim »Wort Gottes« um mehr geht, als um ein Buch. Die Bibel *relativiert* sich selbst gegenüber dem Wort Gottes.

Die grundlegende Bedeutung der Schöpfungsworte wird auch außerhalb der Schöpfungsgeschichte betont: »Durch das Wort Jahwes wurden die Himmel geschaffen, durch den Hauch seines Mundes ihr ganzes Heer … Denn er sprach und es geschah. Er gebot, und es stand da« (Ps 33,6.9). Es geht um den »Hauch seines Mundes«, nicht um Buchstaben und Texte. »Die Welt wurde durch Gottes Wort ins Dasein gerufen« (Hebr 11,3). »Die Erde hat ihren Bestand durch Gottes Wort« (2Petr 3,5). Man kann nicht genauso gut sagen: »Die Welt wurde durch die Bibel ins Dasein gerufen.« Oder: »Die Welt hat ihren Bestand durch die Bibel.« Wenn man die zitierten Aussagen nicht in dieser Weise umformulieren kann, dann bedeuten »Gottes Wort« und »Bibel« *nicht* das Gleiche. Wenn alles, was geschaffen wurde, sein Dasein Gottes Wort verdankt, dann verdankt auch die Bibel ihr Dasein Gottes Wort. Ohne Gottes Wort gäbe es keine Bibel. Man kann aber nicht sagen: Ohne Bibel gäbe es kein Wort Gottes.

Weil Gottes Schöpferwort die Schöpfung ins Dasein ruft, ist es selbst *kein Teil der Schöpfung*, sondern deren Ermöglichungsgrund. Gottes Schöpferwort steht über Zeit und Raum. Die Bibel jedoch entsteht *in* Zeit und Raum. Es gab eine lange Zeit, in der es noch keine Bibel gab. Es gab aber keine Zeit, in der es Gottes Wort nicht gab. Deshalb kann man nur von Gottes Wort sagen, es sei *ewig*: »Das Gras verdorrt, die Blume verwelkt, aber das Wort unseres Gottes bleibt in Ewigkeit« (Jes 40,8). »Jahwe, dein Wort bleibt ewig« (Ps 119,89). »Des Herrn Wort bleibt in Ewigkeit« (1Petr 1,25). Man kann nicht genauso gut sagen: »Das Gras verdorrt, die Blume verwelkt, aber die Bibel bleibt in Ewigkeit« usw. Die Bibel hat ihre Aufgabe in der Zeit, nicht in der Ewigkeit. Nirgendwo findet sich in der Bibel ein Hinweis darauf, dass in der Ewigkeit die Bibel gelesen wird. Im Unterschied zu Gottes Wort, gehört die Bibel in den Bereich der Schöpfung.[148]

(3) Mit dem Ausdruck »Gottes Wort« sind in der Bibel sehr oft *mündliche* Worte gemeint, die Gott oder von ihm Beauftragte (Propheten, Apostel, Engel) den Menschen verkünden. Es ist oft an *Hörer* gedacht, nicht an Leser. Das hängt zunächst damit zusammen, dass in der Zeit des *Alten Testaments* die meisten Menschen nicht lesen oder schreiben konnten. Es gab noch keine Bücher im heutigen Sinn, sondern Schriftrollen. Nur wenige Personen besaßen Schriftrollen oder hatten Zugang zu ihnen. Solche Zugangsmöglichkeiten gab es meist nur an Heiligtümern, Tempeln und Königshöfen. Erst ab dem 7. Jh. v. Chr. nahm die Verbreitung der Schriftkultur in Israel zu. Auch in der Zeit des *Neuen Testaments*

[148] Vgl. Kapitel 2 und Kapitel 3, Abschnitt 3.

konnten außerhalb des Judentums die meisten Menschen weder lesen noch schreiben.[149] Schon aus diesem Grund spielt das *mündliche* Wort in der biblischen Zeit eine viel größere Rolle als heute. Wer täglich seine Zeitung bekommt, sich jederzeit dieses oder jenes Taschenbuch kaufen kann und in einer Kultur lebt, in der es wenig Analphabeten gibt, kann sich die antiken Verhältnisse nur schwer vorstellen. Der heutige westliche Mensch hat diesbezüglich völlig andere Standards.

Die hohe Bedeutung des mündlichen Worts in der Bibel hängt aber nicht nur mit kulturgeschichtlichen Faktoren zusammen. Es kommen *geistliche* Aspekte hinzu. Die mündlichen Worte der Propheten wurden zwar gesammelt und schriftlich überliefert, in der Regel aber nicht von den Propheten selbst, sondern erst von ihren Schülern. Die Propheten benutzten fast ausschließlich das *mündliche* Wort. Sie verstanden ihr mündliches Wort als »Gottes Wort«. *Obwohl* zur Zeit Jesu die meisten jüdischen Männer lesen und schreiben konnten, wandte auch Jesus sich *ausschließlich mündlich* an die Menschen. Es gibt von ihm keine Texte oder Schriften. Wir finden in den Evangelien keinen Hinweis auf eine schriftstellerische Tätigkeit Jesu. Er hat z. B. seine Gleichnisse nicht schriftlich herausgegeben. Warum eigentlich nicht? Man geht über diesen wichtigen Aspekt meist viel zu schnell hinweg. Jesus selbst hat uns keinen einzigen schriftlichen Satz hinterlassen. Er verkündete »Gottes Wort« in mündlicher Form. Es ist auch kein Auftrag Jesu an seine Jünger überliefert, dass sie seine Worte aufschreiben sollen.[150] Hinter diesem Tatbestand müssen tiefere Gründe stehen. Erst die Schüler Jesu haben begonnen, seine Worte zu sammeln und aufzuschreiben. Auch die Apostel gründeten die ersten christlichen Gemeinden durch mündliche Verkündigung. Erst später schrieben sie diesen Gemeinden Briefe. Keine der frühen Gemeinden, die wir kennen, ist durch das Lesen von Schriftrollen

[149] Im Judentum entstanden im ersten Jahrhundert v. Chr. Schulen, die *allen* männlichen Kindern offen standen. Das gab es in keiner anderen antiken Gesellschaft. Jeder *männliche* Jude sollte die Heilige Schrift lesen können. Die jüdischen Frauen – insbesondere in den unteren Schichten der Bevölkerung – blieben in aller Regel Analphabeten.

[150] Weder die Abschiedsreden Jesu (Joh 14–16) noch der Missionsauftrag des Auferstandenen enthalten einen Auftrag, die Worte Jesu aufzuschreiben.

oder Briefen *gegründet* worden. Die mündliche Verkündigung der Apostel galt als »Gottes Wort« (1Thess 2,13 u. ö.).[151]

Das »*Wort Gottes*«, das die Propheten, das Jesus und das die Apostel verkündeten, war also in entscheidender Hinsicht ein *mündliches* Wort. Abgesehen von den kulturgeschichtlichen Faktoren hat das wohl folgenden Grund: Nur das mündliche Wort ist im vollen Sinn ein lebendiges und persönliches Wort. Zum lebendigen Wort gehört der Tonfall der Stimme, gehören Gestik, Mimik und Körperhaltung. Nur das mündliche Wort *geschieht*. In der Bibel heißt es oft: »Und das Wort Jahwes geschah zu …«.[152] An zahlreichen Stellen der Bibel wird die Bedeutung des *mündlichen* Worts betont: »Meine Schafe hören meine Stimme« (Joh 10,3. 16.27). »Der Glaube kommt aus dem Gehörten« (Röm 10,17). »Wer Ohren hat zu hören, der höre« (Mk 4,9). »Seid *nicht nur* Hörer des Wortes …« (Jak 1,22). »Wer euch hört, der hört mich« (Lk 10,16). »Heute, wenn ihr seine Stimme hört, verstockt euer Herz nicht« (Hebr 3,7) »O Land, Land, Land, höre des Herrn Wort« (Jer 22,29). »Höre, Israel …« (Dt 6,4 u. ö.). Bis in unsere Zeit hinein ist es oft so, dass Menschen gerade durch das *mündliche* Wort des Vaters, der Mutter, eines Predigers, Jugendleiters, Religionslehrers, Dozenten oder eines anderen Menschen entscheidend berührt werden. Auch in den Situationen, in denen wir beim Lesen der Bibel ins Herz getroffen werden, fühlen wir uns von Gott »*angesprochen*«. Wir spüren, dass der Heilige Geist durch die Bibel zu uns »*redet*«. D. h. immer dann, wenn die Bibel bei uns Menschen an ihr Ziel kommt, wird aus dem schriftlichen Wort eine persönliche *Anrede*. Gott

[151] Im Neuen Testament ist mit »Wort« bzw. »Wort Gottes« sehr oft die apostolische *Verkündigung* gemeint: »Sie redeten das Wort Gottes mit Freimut« (Apg 4,31). »… als sie das Wort des Herrn bezeugten« (Apg 8,25). »… dass die Heiden das Wort Gottes angenommen haben« (Apg 11,1). »Das Wort breitete sich aus« (Apg 19,20). »Das Wort vom Glauben, das wir predigen« (Röm 10,8). »Predige das Wort« (2Tim 4,2) u. ö. Auch an diesen Stellen kann man für den Begriff »Gottes Wort« nicht den Begriff »Bibel« einsetzen. Die mündliche Verkündigung ist nicht das Gleiche wie das Lesen eines Buchs. Sie ist eine eigene, spezifische Gestalt des Wortes Gottes, die es als solche zu würdigen gilt.

[152] In den Prophetenbüchern kommt diese Formulierung über 100 Mal vor! Nur selten finden wir in den Prophetenbüchern die göttliche Weisung, die empfangenen Worte aufzuschreiben (vgl. Jer 36,2–32; 45,1; 51,60 f). Anders verhält es sich bei den Reden Gottes an Mose. In den Mosebüchern finden wir häufiger die göttliche Weisung, diese Reden aufzuschreiben.

redet auch heute. Und wenn er redet, tut er es auf eine lebendige und persönliche Weise: im Medium des *mündlichen* Worts.[153]

(4) Auch das *schriftliche Wort* ist von entscheidender Bedeutung. Man darf die Mündlichkeit und die Schriftlichkeit des Wortes nicht gegeneinander ausspielen. Im Judentum war und ist die Tora der wichtigste Lesestoff. Der klassische Text für die Bedeutung des Torastudiums ist Psalm 1. Darin heißt es: »Wohl dem Mann, der … Freude hat an der Tora Jahwes und über seine Tora nachsinnt bei Tag und bei Nacht. Er ist wie ein Baum, der an Wasserbächen gepflanzt ist, der zur rechten Zeit seine Frucht bringt und dessen Blätter nicht verwelken. Alles, was er tut, wird ihm gelingen« (1–3). In dieser Tradition ist Jesus aufgewachsen. Er hat zwar keine Texte verfasst, aber er hat Texte gelesen und sie auf sich bezogen. Er fragte seine Zeitgenossen: »Habt ihr nicht gelesen…« (Mk 12,10)? Jesus trat nicht in Konkurrenz zur Heiligen Schrift. Er wollte sie auf *neue Weise* zur Geltung bringen. Als Auferstandener hat er seine Jünger die Schrift mit neuen Augen sehen gelehrt (vgl. Lk 24,25 ff).

Auch Paulus berief sich in seiner Verkündigung auf die *Heilige Schrift*. Für seine Zuhörer kommt der Glaube aus dem Hören der Predigt (vgl. Röm 10,17). Die Predigt selbst entsteht aber nicht ohne die Heilige Schrift. Für Paulus ist das »Evangelium« eine mündliche Botschaft. Diese Botschaft steht jedoch im engen Zusammenhang mit der Heiligen Schrift. Losgelöst von der Heiligen Schrift ist sie nicht denkbar. Im Unterschied zu Jesus hat Paulus Texte verfasst. Seine Briefe spielen im Gemeindeleben der von ihm gegründeten Gemeinden und bald auch darüber hinaus eine wichtige Rolle. Die apostolischen Briefe können die mündliche Verkündigung des Evangeliums aber nicht ersetzen. Die mündliche Verkündigung des Evangeliums kann aber auch die apostolischen Briefe nicht ersetzen. Die Briefe der Apostel sind eine spezifische

---

[153] Das Sprechen lernt der Mensch in der Regel »von Natur« aus. Das Schreiben setzt dagegen eine bestimmte Stufe der Zivilisation voraus. Lange Zeit kannte die Menschheit nur das mündliche Wort. Auch heute können Millionen Menschen weder lesen noch schreiben. Am Anfang des Lebens steht das mündliche, nicht das schriftliche Wort. Der Säugling und das Kleinkind leben vom mündlichen Wort. Das schriftliche Wort spielt in den ersten Lebensjahren, die von entscheidender Bedeutung sind, für den Kontakt zwischen Kind und Bezugspersonen noch keine Rolle.

Form apostolischer Autorität. Auch das Entstehen der Evangelien zeigt, dass die mündliche Verkündigung des Evangeliums auf Dauer allein nicht ausreicht. Und die Offenbarung des Johannes betont auf ihre Weise die *Schriftlichkeit* des Wortes.[154]

Wie im Judentum, so dient auch im Christentum die – von Jesus Christus her zu verstehende – Heilige Schrift als Quelle und Norm des Glaubens. Wie im jüdischen Gottesdienst spielt die Heilige Schrift auch im christlichen Gottesdienst eine zentrale Rolle. Die »Wiederentdeckung« der Bibel in der Reformationszeit führte zu einer Blüte des Bibellesens. Luther wollte die Bibel nicht den Priestern und Gelehrten überlassen. Er erkannte: nur das *selbstständige* Lesen der Heiligen Schrift macht die Christen in Glaubensdingen mündig. Ohne die schriftliche Gestalt des Wortes Gottes wüssten wir nicht mehr viel von Gottes mündlichem Wort. Es war deshalb notwendig, die Worte der Propheten und die Worte Jesu in schriftlicher Form zu überliefern. Nur so konnte das Wort Gottes einen *situationsübergreifenden* Charakter annehmen und jeder Generation die Möglichkeit geben, sich in den gleichen Bestand des Wortes Gottes zu vertiefen. Nur auf diese Weise konnte der jüdische und der christliche Glaube durch die Zeiten hindurch seine Identität bewahren. Deshalb können wir uns über die Schriftlichkeit der Bibel von Herzen freuen. Es bleibt jedoch zu beachten: Am Anfang und am Ende des schriftlichen Wortes Gottes steht Gottes mündliches Wort. Der Bibeltext entstand zu einem großen Teil aus dem mündlichen Wort. Und er kommt an sein Ziel, wenn Gott durch ihn zu uns *spricht*. Dazu ist die Bibel da. Das schriftliche Wort der Bibel ist kein Selbstzweck. Es ist um des mündlichen Wortes Gottes willen da. Das schriftliche Wort soll zum Medium der persönlichen Begegnung von Gott und Mensch werden.

(5) Im Textbestand der Bibel finden sich in Bezug auf das »Wort Gottes« *deutliche Unterscheidungen*. Bei einem Teil des biblischen Textes wird *ausdrücklich* gesagt, dass es sich um »Worte Gottes« handelt. Solche Texte beginnen z. B. mit Formulierungen wie: »Und Gott sprach …« oder »So spricht der Herr« o.ä. Dadurch sollen die darauf folgenden Sätze ein besonderes Gewicht erhalten. Dann können wir aber die *anderen* Texte der Bibel, bei denen es sich *nicht* in diesem ausdrücklichen Sinn um Worte Gottes handelt,

[154] Vgl. dazu Seite 80.

nicht im gleichen Sinn als »Gottes Wort« einstufen. Wir würden sonst eine Unterscheidung für bedeutungslos erklären, auf die die biblischen Schreiber großen Wert legen. Die umfangreichsten Gottesreden stehen im zweiten bis fünften Buch Mose. Um dieser Gottesreden willen wird *die Tora* im Judentum so hoch geschätzt. Die Tora besteht aber keineswegs ausschließlich aus Gottesreden. Das Buch Genesis enthält nur wenige und kurze Gottesreden.

Auch in *den Prophetenbüchern* gibt es die genannte Unterscheidung. Nur ein Teil des Textbestandes der Prophetenbücher besteht aus Gottesreden. In ihnen spricht Gott zum Propheten, oder der Prophet verkündet Gottes Wort in wörtlicher Rede (»So spricht Jahwe …«). Die Prophetenbücher enthalten aber auch andere Texte. In ihnen wendet der Prophet sich an die Verantwortlichen in Israel. Dabei zieht er die Konsequenzen aus den Gottesreden. Außerdem gibt es in den Prophetenbüchern Erzählungen aus dem Leben der Propheten. Wie in der Tora werden also auch in den Prophetenbüchern *bestimmte* Texte hervorgehoben und ausdrücklich als »Wort Gottes« gekennzeichnet, andere Texte dagegen nicht. Diese Hervorhebungen dürfen wir nicht ignorieren. Dann aber können wir nicht alle Texte der Bibel *unterschiedslos* als »Gottes Wort« einstufen.

Der genannte Unterschied wird besonders deutlich in den *Psalmen* und im *Buch Hiob*.[155] In den Psalmen beten *Menschen zu Gott*. Es ist ein Unterschied, ob Gott zum Menschen spricht, oder der Mensch zu Gott. Keine Inspirationstheorie kann diesen Unterschied aus der Welt schaffen. Wenn wir die Psalmen im *direkten*, uneingeschränkten Sinn als »Gottes Wort« verstehen wollten, würde das bedeuten: Gott betet zu sich selbst. Er klagt über sich selbst und lobt sich selbst. Das wäre blanker Unsinn. Im Buch Hiob reden die Freunde zu Hiob. Hiob seinerseits redet sowohl zu den Freunden als auch zu Gott. Am Ende des Hiobbuchs redet Gott zu Hiob (Kapitel 38–41). Es können nicht alle Reden im gleichen Sinn »Gottes Wort« sein. Hiob verflucht den Tag seiner Geburt (vgl. Hi 3,1 ff) und klagt Gott in scharfen Worten an. Ver-

---

[155] Die Psalmen und das Buch Hiob gehören zum dritten Teil der jüdischen Bibel, den »Ketubim« (Schriften). Dieser Teil des Kanons hat nach jüdischer Auffassung nicht den Rang der Tora und auch nicht den Rang der Prophetenbücher.

flucht Gott den Tag der Geburt Hiobs und klagt sich selbst in den Worten Hiobs an? Natürlich nicht. Dann aber sind Hiobs Reden zu Gott nicht im gleichen Sinn »Gottes Wort« wie Gottes Reden zu Hiob. Außerdem kritisiert Gott die Reden der Freunde (vgl. Hi 42,7–10). Dann können auch deren Reden nicht im gleichen Sinn »Gottes Wort« sein. Diese Hinweise sollen deutlich machen, dass wir die Bezeichnung »Gottes Wort« nicht schematisch und gedankenlos verwenden dürfen. Wir machen sie sonst zu einer Floskel. Die genannten Unterscheidungen gehören zum Profil der Bibel. Wer diese Unterscheidungen nicht ernst nimmt, der nimmt auch die Bibel nicht ernst.

(6) Wo ist in der Bibel mit dem Ausdruck »Gottes Wort« *die Bibel* selbst gemeint? Im Alten Testament gibt es *keine einzige* Stelle dieser Art! Eine solche Stelle *kann* es nicht geben, weil es zu der Zeit, in der die betreffenden Schriften geschrieben oder überarbeitet wurden, noch kein »Altes Testament« bzw. keine »jüdische Bibel« gab. Das Alte Testament ist nicht so entstanden, wie ein heutiges Buch entsteht. Es entstand im Laufe eines jahrhundertelangen Überlieferungsprozesses. Zum Abschluss dieses Prozesses kam es erst, *nachdem* die jüngste Schrift fertiggestellt worden war, die noch in das Alte Testament aufgenommen wurde. Das bedeutet: Die Schreiber jener Schriften, die man in einer späteren Zeit zur jüdischen Bibel zusammengefasst hat, wussten selbst noch nicht, was eine »Bibel« ist. Deshalb kann es in diesen Schriften auch keine Stelle geben, die sich auf »die Bibel« bezieht. Erst in der Zeit *nach* Abschluss des jüdischen Kanons kann mit der Bezeichnung »Gottes Wort« die jüdische Bibel als Ganzes gemeint sein. Diese Ausdrucksweise entsteht etwa ab dem 1. Jahrhundert v. Chr. Es handelt sich dabei *nicht* um einen Sprachgebrauch des Alten Testaments, sondern um einen Sprachgebrauch des späteren Judentums.

Hinter dem jüdischen Brauch, die Bibel als »Gottes Wort« zu bezeichnen, steht die Überzeugung: die Heilige Schrift ist die Willensoffenbarung Gottes. Dieser Überzeugung war auch Jesus und das gesamte Urchristentum. Deshalb begegnet dieser Sprachgebrauch auch im Neuen Testament. Es gibt im Neuen Testament aber *keine einzige Stelle*, in der mit dem Ausdruck »Gottes Wort« das *Neue* Testament gemeint ist! Eine solche Stelle *kann* es nicht geben, weil es zu der Zeit, in der die betreffenden Schriften geschrieben oder überarbeitet wurden, noch kein »Neues Testament«

gab. Auch das Neue Testament entstand im Laufe eines längeren Überlieferungsprozesses. Zum Abschluss dieses Prozesses kann es wiederum erst gekommen sein, *nachdem* die jüngste Schrift fertiggestellt worden war, die noch in das Neue Testament aufgenommen wurde. Das bedeutet: Die Autoren jener Schriften, die man in späterer Zeit zum »Neuen Testament« zusammengefasst hat, wussten selbst noch nicht, was ein »Neues Testament« ist. Deshalb kann es in ihren Schriften auch keine Stelle geben, die sich auf das »Neue Testament« als Ganzes bezieht. Erst *nach* Abschluss des neutestamentlichen Kanonisierungsprozesses kann mit der Bezeichnung »Wort Gottes« das Neue Testament als Ganzes bzw. die christliche Bibel als Ganzes gemeint sein. Diese Ausdrucksweise entsteht ab dem Ende des 2. Jahrhunderts n. Chr. Es handelt sich dabei *nicht* um einen biblischen Sprachgebrauch, sondern um einen Sprachgebrauch *der Kirche*. In der Bibel gibt es also *keine einzige Stelle*, in der mit dem Ausdruck »Gottes Wort« die christliche Bibel als Ganzes gemeint ist! Das machen sich diejenigen Christen nicht klar, die die Begriffe »Bibel« und »Wort Gottes« für gleichbedeutend und austauschbar halten.

Eine große Zahl von Theologen ist heute der Meinung, der Satz »Die Bibel ist Gottes Wort« sei theologisch nicht vertretbar. Angemessen sei die Formulierung: »Die Bibel bezeugt Gottes Wort«. Diese Theologen möchten den Ausdruck »Gottes Wort« für den Fall reservieren, in dem der Heilige Geist durch die Bibel zu unserem Herz und Gewissen redet. Der Ausdruck »Gottes Wort« soll etwas Besonderes bleiben. Er soll nicht gedankenlos und inflationär verwendet werden. Außerdem wollen diese Theologen klarstellen, dass die Begriffe »Gottes Wort« und »Bibel« nicht gleichbedeutend sind. Ich halte das Anliegen dieser Theologen für berechtigt. Trotzdem bin ich mit vielen anderen Theologen der Meinung, dass der Satz »Die Bibel ist Gottes Wort« – richtig verstanden – durchaus angemessen ist. Dieser Satz entspricht dem ökumenisch anerkannten Sprachgebrauch (vgl. den Sprachgebrauch der katholischen Kirche, der orthodoxen Kirchen, der morgenländischen Kirchen, der Reformatoren und der Freikirchen). Er entspricht dem Sprachgebrauch des Neuen Testaments gegenüber dem Alten Testament.

Der Satz »Die Bibel ist Gottes Wort« meint: Gott kann und will durch die Bibel zu uns reden, uns auf diese Weise mit seinem Heiligen Geist beschenken und leiten und uns alles lehren, was zu unserem Heil wichtig ist. Und: Die Bibel gibt uns in den heilswichtigen Fragen eine zuverlässige Orientierung. Mit diesem Verständnis von »Gottes Wort« bleiben wir auf der Erfahrungsebene, die sich in der Christenheit seit zweitausend Jahren bewährt hat. Dieses Verständnis schenkt uns Geborgenheit und Heilsgewissheit, ohne dass es uns blind macht für die in diesem Abschnitt genannten Gesichtspunkte. Der Ausdruck »Gottes Wort« wird auf diese Weise auch davor geschützt, zu einer gedankenlosen Floskel zu werden, die man einfach mit der Bibel gleichsetzt. Der Satz »Die Bibel ist Gottes Wort« ist selbstverständlich eine *Metapher*. Sie ist aber eine sachlich angemessene Metapher.

Fazit: Nach Auskunft der Bibel begegnet uns »Gottes Wort« in *mehrfacher* Gestalt. *Vier* Gestalten des Wortes Gottes lassen sich unterscheiden: 1. Jesus Christus als Gottes persongewordenes Wort 2. Gottes Schöpfungswort 3. Gottes mündliches Wort 4. Gottes schriftliches Wort (wobei innerhalb des schriftlichen Worts bestimmte Texte besonders hervorgehoben werden). Nur eine solche *differenzierte* Sicht wird dem biblischen Befund gerecht. Der Satz »Die Bibel ist Gottes Wort« ist also nur dann richtig verstanden, wenn man damit meint: Die Bibel ist *eine von mehreren* Gestalten des Wortes Gottes. Wenn man voraussetzt: Beim »Wort Gottes« geht es um mehr, als um die Bibel. Andernfalls *unterschätzt* man das, was die Bibel unter »Gottes Wort« versteht. Der Satz »Die Bibel ist Gottes Wort« ist *falsch* verstanden, wenn man damit meint: Die Bezeichnungen »Gottes Wort« und »Bibel« würden das Gleiche bedeuten. Man könne beide Bezeichnungen austauschen und: die Bibel sei überall in gleicher Weise »Gottes Wort«. Es kommt also ganz darauf an, *wie* man den Satz »Die Bibel ist Gottes Wort« versteht. Davon hängt es ab, ob dieser Satz Zustimmung verdient, oder abgelehnt werden muss.[156]

[156] Ein Beispiel soll zum Schluss der Veranschaulichung dienen. Der Satz: »Der Schwabe ist ein Deutscher« ist zutreffend. Das bedeutet aber nicht, dass die Begriffe »Schwabe« und »Deutscher« identisch und austauschbar sind. Denn nicht jeder Deutsche ist ein Schwabe. Der Begriff »Deutscher« ist ein Oberbegriff zum Begriff »Schwabe«. So ist auch der Begriff »Wort Gottes« ein Oberbegriff zum Begriff »Bibel«.

6. Was bedeutet »Inspiration«?

6.1 Biblische Aspekte

Die jüdische Bibel galt sowohl im Judentum als auch im Urchristentum als Gottes Wort, d.h. als Gottes Willensoffenbarung. Damit verbunden war die Überzeugung, dass die heiligen Schriften von Gottes Geist *inspiriert* sind. In dieser Überzeugung kam eine umfassende Vertrauenshaltung zum Ausdruck: Die heiligen Schriften bieten eine zuverlässige Orientierung in allen heilswichtigen Fragen. Gott leitet und lehrt uns durch die heiligen Schriften. Mit ihrer Hilfe können wir unser Leben so gestalten, wie es dem Willen Gottes entspricht.[157] Diese umfassende Vertrauenshaltung brachte die Kirche auch der christlichen Bibel entgegen, in der das »Neue Testament« dem »Alten Testament« hinzugefügt wurde.

Anders als im Judentum kam im Urchristentum allerdings zu den heiligen Schriften eine zweite, höhere Autorität hinzu: die Autorität des auferstandenen Herrn. Das war gegenüber der bisherigen Situation im Judentum etwas grundsätzlich Neues. Im Urchristentum überlieferte man die Worte, die Jesus gesagt hatte. Und man wusste, dass der Auferstandene seine Gemeinde durch den Heiligen Geist leitet. Das Vertrauen in den auferstandenen Herrn und das Vertrauen in die heiligen Schriften, die man vom Christusgeschehen her in einem neuen Licht sah, war die Basis des urchristlichen Gemeindelebens. Nirgendwo findet sich ein Hinweis darauf, dass für dieses Gemeindeleben eine Lehre von der Verbalinspiration wichtig oder notwendig gewesen wäre.[158] Es gab offensichtlich keinen Bedarf für eine solche Lehre. In der Urchristenheit stand die Freude über das in Jesus Christus Geschehene im Vordergrund, das Vertrauen in die Geistleitung des Auferstandenen und die Dankbarkeit dafür, dass sich die heiligen Schriften in Jesus Christus erfüllt haben. Warum sollte man sich zusätzlich »absichern« müssen durch eine Lehre von der absoluten Fehlerlosigkeit der heiligen Schriften bis in deren kleinste Details hin-

[157] Die Freude über das Geschenk der Heiligen Schrift kommt in den Torapsalmen zum Ausdruck (Ps 1, Ps 19,8–12 und Ps 119).

[158] Zur Lehre von der Verbalinspiration vgl. den Exkurs nach Kapitel 2 und in diesem Kapitel die Abschnitte 3 und 4.

ein? Wer voller Freude und Heilsgewissheit ist und Gottes große Taten bewundert, hat kein Verlangen nach Absicherungen dieser Art. Auch in der zweiten und dritten Generation der Urchristenheit, als die Gefahr der Irrlehren zunahm, wurde keine detaillierte Inspirationslehre entwickelt.

Weder das Alte noch das Neue Testament enthält Aussagen, die von einer absoluten Fehler- und Widerspruchslosigkeit der heiligen Schriften sprechen. Geschweige denn, dass dieses Thema in der Heiligen Schrift ausführlich behandelt würde. Hätten die Schreiber des Alten und Neuen Testaments dieses Thema so stiefmütterlich behandelt, wenn sie an ihm genauso brennend interessiert gewesen wären, wie die späteren Vertreter einer Lehre von der Verbalinspiration? Es gehört zum Dilemma dieser Inspirationstheorie, dass ihr spezielles Thema *an keiner Stelle* der Bibel eindeutig und ausführlich angesprochen wird. Man muss deshalb deutlich unterscheiden zwischen dem unverzichtbaren Vertrauen in Gottes Wirken durch die Bibel bzw. in die grundlegende Orientierungskraft der Bibel einerseits und der darüber hinausgehenden speziellen Theorie einer Verbalinspiration andererseits. Zum Dilemma dieser Theorie gehört auch, dass ihr zufolge die beschriebene umfassende Vertrauenshaltung gegenüber der Heiligen Schrift nicht ausreicht.[159] Die Lehre von der Verbalinspiration will »mehr«. Daran zeigt sich das Problematische und Überzogene dieser Theorie.[160]

Die Vertreter einer Lehre von der Verbalinspiration berufen sich insbesondere auf zwei Stellen aus dem Neuen Testament: 2Tim 3,14–17 und 2Petr 1,19–22. Ich gehe auf beide Stellen kurz ein. Die erste Stelle hat folgenden Wortlaut: »Du aber bleibe bei dem, was

---

[159] Vertreter der Theorie der Verbalinspiration sind der Auffassung: Eigentlich gehört es sich für alle Christen, die Bibel für absolut fehlerlos zu halten. Wer diese Auffassung nicht vertritt, könne sich im Glauben nicht gesund entwickeln.

[160] Wenn die moderne Bibelwissenschaft die »traditionelle Inspirationslehre« ablehnt, ist meistens die Lehre von der Verbalinspiration gemeint. Leider ist man in der heutigen wissenschaftlichen Theologie noch nicht über einzelne Versuche hinausgekommen, eine Inspirationslehre zu entwickeln, die die Engführungen der traditionellen Inspirationslehren vermeidet und dem heutigen Stand der bibelwissenschaftlichen Erkenntnisse gerecht wird. Versuche dieser Art sollten weiter gefördert werden.

du gelernt hast und was dir zur Gewissheit geworden ist. Du weißt ja, wer deine Lehrer waren und kennst von früher Jugend an die heiligen Schriften. Sie können dir Weisheit vermitteln, damit du durch den Glauben an Jesus Christus gerettet wirst. Denn jede dieser Schriften ist von Gottes Geist eingehaucht und nützlich für die Belehrung, für die Ermahnung, für die Besserung und für die Erziehung zur Gerechtigkeit. Und so ist der Mensch, der sich Gott zur Verfügung stellt, zu jedem Werk der Liebe ausgerüstet«. Es geht in diesen Sätzen um die heiligen Schriften des *Judentums*. Der Autor stellt klar, dass diese Schriften für die Christen von bleibender und grundlegender Bedeutung sind, obwohl die große Mehrheit der Juden das Evangelium von Jesus Christus ablehnt. *Dennoch* können diese Schriften »Weisheit vermitteln« und sind »nützlich für die Belehrung, für die Ermahnung, für die Besserung und für die Erziehung zur Gerechtigkeit«. Diese Aufzählung macht deutlich, wo der Akzent dieser Sätze liegt. Das Interesse gilt dem *erzieherischen Nutzen* der heiligen Schriften. In diesem Zusammenhang betont der Autor, dass die heiligen Schriften »von Gottes Geist eingehaucht« sind. Dieser Hinweis zeigt, dass auch dieser Autor – wie das gesamte Judentum und die ganze Urchristenheit – davon ausgeht, dass die heiligen Schriften inspiriert sind. Es geht in diesen Versen allerdings nicht in erster Linie um das Thema »Inspiration«, sondern darum, dass »der Mensch, der sich Gott zur Verfügung stellt, zu jedem Werk der Liebe ausgerüstet ist«. Eine »Lehre« von der Inspiration kann man 2Tim 3,14–17 nicht entnehmen. Dazu ist der Hinweis auf die Inspiration viel zu knapp. Außerdem ist er nur eine Argumentationshilfe, um den erzieherischen Nutzen der jüdischen Heiligen Schrift zu betonen. Eine *spezielle* Lehre von der *Verbal*inspiration kann man dieser Stelle in keinster Weise entnehmen. Behauptungen dieser Art sind abwegig.

Der Text der zweiten Stelle (2Petr 1,19–22) lautet: »Wir haben um so fester das prophetische Wort, und ihr tut gut daran, dass ihr darauf achtet, wie auf ein Licht, das in der Finsternis leuchtet, bis der Tag anbricht und der Morgenstern in euren Herzen aufgeht. Das erkennt aber zuerst, dass keine Weissagung der Schrift eine eigenmächtige Auslegung zulässt. Denn niemals ist eine Weissagung durch menschlichen Willen zustande gekommen. Vielmehr haben die Menschen von Gott gesprochen, weil sie vom Heiligen Geist getrieben waren.« Im Unterschied zur bereits besprochenen Stelle sind hier mit dem »prophetischen Wort« wahrscheinlich schon *urchristliche* Schriften mitgemeint. Dafür spricht der Hinweis des zweiten Petrusbriefs auf die »Schriften« des Paulus (vgl. 2Petr 3,15 f). Der zweite Petrusbrief lässt damit erkennen: der Prozess hat begonnen, dass urchristliche Schriften den heiligen Schriften des Judentums gleichgestellt werden.

In keiner der beiden Stellen ist von einer »absoluten Fehlerlosigkeit und Widerspruchslosigkeit« der Heiligen Schrift die Rede. Dass die »Menschen von Gott gesprochen haben, weil sie vom Heiligen Geist getrieben waren« (2Petr 1,21), ist nicht das Gleiche, wie zu behaupten, die Heilige Schrift sei bis in alle Details hinein absolut fehlerlos und widerspruchslos. Die Aussageabsicht von 2Tim 3,14–17 und 2Petr 1,19–22 ist nicht einfach identisch mit der Zielsetzung der späteren Theorie der Verbalinspiration. Man darf diese beiden neutestamentlichen Stellen nicht kurzschlüssig für eine (Verbal-)Inspirationstheorie vereinnahmen, die viele Jahrhunderte später in einem anderen geschichtlichen Zusammenhang entwickelt worden ist. Nur mit Hilfe einer sehr spekulativen Auslegung kann man diesen beiden »Hauptbelegen« das entnehmen, was fundamentalistisch geprägte Christen ihnen gern entnehmen möchten. Es handelt sich dabei mehr um »Eisegese« (Hineinlegung) als um »Exegese« (Auslegung).

Fazit: Der späteren Theorie einer Verbalinspiration fehlt jegliche solide Grundlage in der Heiligen Schrift. Eine solche wäre gegeben, wenn mehrere Stellen im Alten und im Neuen Testament klipp und klar betonen würden, dass es auf eine absolute Fehlerlosigkeit und Widerspruchslosigkeit der Heiligen Schrift ankommt und auch erklären würden, *warum*. Da selbst die zwei »Hauptbelege« das nicht belegen, was sie belegen sollen, muss man nochmals betonen: Es gibt keinen einzigen klaren und eindeutigen biblischen Beleg für eine Lehre von der Verbalinspiration.

6.2 Die Entwicklung in der Alten Kirche

Im Zuge der Kanonisierung des Neuen Testaments begann man in der Alten Kirche eine Lehre von der Inspiration der Bibel zu entwickeln. Dabei ist auch zum ersten Mal ausdrücklich von einer Fehler- und Widerspruchslosigkeit der Bibel die Rede. Neben anderen Theologen haben vor allem Origines (185–253 n. Chr.) und Augustinus (354–430 n. Chr.) diese Auffassung vertreten. Um ihre Position besser einschätzen zu können, muss man den Kontext ihrer Aussagen berücksichtigen und das theologische Gesamtverständnis, in das diese Aussagen eingebettet sind. Drei Gesichtspunkte sind dabei besonders wichtig:

(1) Der Zusammenhang, in dem Origines und Augustinus von einer Fehler- und Widerspruchslosigkeit der Heiligen Schrift sprechen, ist ausgesprochen problematisch. *Origines* will die Kirche für die *allegorische Schriftauslegung* gewinnen.[161] Nur mit Hilfe einer solchen Schriftauslegung kann man seiner Meinung nach von einer Fehler- und Widerspruchslosigkeit der Heiligen Schrift sprechen. Origines hat maßgeblich dazu beigetragen, dass die allegorische Schriftauslegung für viele Jahrhunderte in der Kirche üblich geworden ist. Diese Auslegungsmethode hat aber in zahllosen Fällen zu sehr willkürlichen Textauslegungen geführt. Sehr oft wurden auf diesem Weg Bibeltexte sinnentstellend uminterpretiert. Aus diesem Grund wird die allegorische Auslegungsmethode heute kaum noch angewandt. *Augustinus* steht in seinem Reden von der Fehler- und Widerspruchslosigkeit der Bibel unter griechisch-hellenistischem Einfluss (griechisches Vollkommenheits- und Harmoniedenken).[162]

(2) Die These, die Heilige Schrift sei fehler- und widerspruchslos, bleibt in der Alten Kirche auf der Ebene der Meinungsäußerungen *einzelner Theologen*. Ihre Auffassung wird *nicht* zur verbindlichen Lehre der Kirche erhoben. Das wäre der Fall gewesen, wenn die Auffassung dieser Theologen in die altkirchlichen *Glaubensbekenntnisse* oder in einen *Konzilsbeschluss* aufgenommen worden wäre. Das ist aber nicht der Fall.

---

[161] In der »allegorischen« Bibelauslegung sucht man nach einem verborgenen geistlichen Sinn eines Bibeltextes, der weit über dessen grammatischen Sinn hinausgeht. Ein Beispiel: Im Gleichnis vom barmherzigen Samariter (Lk 10,28–35) versteht die allegorische Bibelauslegung die Stadt Jerusalem als die ursprüngliche Gemeinschaft des Menschen mit Gott, die Stadt Jericho als die ungläubige Welt. Die Räuber, die den Wanderer überfallen, stellen die Sünden dar, die den Menschen verletzen und berauben. Der barmherzige Samariter ist Jesus Christus. Die Herberge, in die er den Überfallenen bringt, ist die christliche Gemeinde.

[162] Vgl. dazu Küng, Unfehlbar, 118 f.

(3) Sowohl bei Origines als auch bei Augustinus sind die Aussagen über die Inspiration der Bibel in ein theologisches Gesamtverständnis eingebettet, das sich von der späteren Verbalinspirationslehre tiefgreifend unterscheidet:

- Mit der ganzen Alten Kirche verstehen Origines und Augustinus unter »*Offenbarung*« nicht in erster Linie die Heilige Schrift, sondern Gottes Offenbarung in Jesus Christus. Origines und Augustinus setzen also nicht »Offenbarung« mit »Bibeltext« gleich, wie es die späteren Vertreter einer Lehre von der Verbalinspiration tun.
- In der Alten Kirche gibt es noch kein »*sola scriptura*« (allein die Heilige Schrift). D. h. die Aussagen über die Inspiration der Bibel stehen noch nicht in Konkurrenz zur kirchlichen Tradition, wie es in der späteren Lehre von der Verbalinspiration der Fall ist. Die Tradition der Kirche hatte in der Alten Kirche einen wesentlich höheren Stellenwert als in der späteren protestantischen Orthodoxie des 17. und 18. Jahrhunderts.
- Die Alte Kirche entwickelte noch keine *umfassende* und detaillierte Inspirationstheorie. Auch bei Origines und Augustinus ist das nicht der Fall.
- Die Aussagen über die Inspiration der Bibel dienen bei Origines und Augustinus nicht primär der *Verteidigung* der Bibel. Deshalb steht der Aspekt der Fehlerlosigkeit und Widerspruchslosigkeit – anders als in der späteren Verbalinspirationslehre – auch nicht im Mittelpunkt des Interesses.

Diese Unterschiede zwischen der Theologie der Alten Kirche und der späteren Lehre von der Verbalinspiration, wie sie von der protestantischen Orthodoxie des 17./18. Jahrhunderts erstmals entwickelt worden ist[163], dürfen nicht ausgeblendet werden. Sie machen es unmöglich, in der Inspirationstheorie der protestantischen Orthodoxie eine »organische Weiterentwicklung« der Inspirationsaussagen der Alten Kirche zu sehen. Die protestantische Orthodoxie kann sich nur sehr bedingt auf die Alte Kirche berufen. Das Gesamtsystem ihres Inspirations- und Offenbarungsverständnis-

[163] Vgl. den folgenden Abschnitt.

ses stellt in der Geschichte der Christenheit etwas Neues dar, das es in der Alten Kirche so noch nicht gab.

6.3 Die Sicht der protestantischen Orthodoxie

Luther (1483–1546) setzte, wie alle Theologen seiner Zeit, die Inspiration der Bibel voraus. Er sah sich aber nicht dazu veranlasst, eine ausführliche Inspirationstheorie zu formulieren. Nirgendwo findet sich bei ihm eine breite Erörterung des Themas »Inspiration«. Ähnlich verhält es sich bei den anderen Reformatoren (Melanchthon, Zwingli, Calvin). Erst im 17./18. Jahrhundert begann eine neue Phase in der Geschichte des Inspirationsverständnisses. Die protestantische Orthodoxie entwickelte zum ersten Mal in der Geschichte der Christenheit eine *umfassende* und *detaillierte* Inspirationstheorie. In dieser Theorie ging es erstmals *zentral* um die absolute Fehlerlosigkeit und Widerspruchsfreiheit der Bibel. Die entscheidende Aussage dieser Inspirationstheorie lautet: Jedes Wort der Bibel ist vom Heiligen Geist inspiriert. Deshalb kann die Bibel keine Fehler und Widersprüche enthalten. Diese Theorie der Verbalinspiration war eng verbunden mit einem neuen Verständnis von »*Offenbarung*«: In der protestantischen Orthodoxie galt zum ersten Mal der Text der Bibel als die *entscheidende* Offenbarung Gottes. Gottes Offenbarung in Jesus Christus geriet dabei als grundlegendes Offenbarungsgeschehen eigener Art aus dem Blick.[164]

Warum kam es gerade im 17. Jahrhundert zu diesem neuen Inspirations- und Offenbarungsverständnis? Zwei Gründe spielen dabei eine maßgebende Rolle: Der erste Grund war die konfessionelle Spaltung der Christenheit, zu der es im Zusammenhang mit der Reformation gekommen war.[165] Auf dem Konzil von Trient (1545–1563) lehnte die katholische Kirche Luthers »sola scriptura« ab. Das Konzil erklärte: nicht die Heilige Schrift allein ist die Grundlage des christlichen Glaubens und der christlichen Lehre,

[164] Zum neuen Offenbarungsverständnis der protestantischen Orthodoxie vgl. Seite 85 f.

[165] Seit dem Augsburger Religionsfrieden (1555) war die Existenz *zweier* christlicher Konfessionen politisch und rechtlich anerkannt.

sondern die Heilige Schrift *zusammen* mit der *Tradition* der Kirche. Von jetzt an standen die protestantischen Kirchen vor der Aufgabe, das reformatorische »sola scriptura« *zu verteidigen*. Das taten sie insbesondere mit Hilfe der Lehre von der Verbalinspiration. In den früheren Jahrhunderten war die Rolle der Bibel nicht in dem Maß umstritten gewesen wie in der Reformationszeit. Deshalb bestand in der Alten Kirche und im Mittelalter auch nicht die Notwendigkeit, die Inspiration der Bibel in einer so intensiven Weise zu behandeln.

Der zweite Grund für das neue Inspirations- und Offenbarungsverständnis lag in einer Entwicklung, die *sowohl* den neugegründeten protestantischen Kirchen *als auch* der katholischen Kirche große Sorgen bereitete: der Umbruch im *astronomischen* Weltbild. *Kopernikus* entdeckte, dass die Erde sich um die Sonne dreht und dabei auch um die eigene Achse (veröffentlicht 1543). Das bedeutete: die Erde ist *nicht* der feststehende Mittelpunkt der Welt, wie man das in der gesamten bisherigen Menschheitsgeschichte gedacht hatte. *Galilei* (1564–1643), *Kepler* (1571–1630) und *Newton* (1642–1727) vertieften die Erkenntnis des Kopernikus in entscheidender Weise. Für die damaligen Menschen und für die Kirchen waren diese »Behauptungen« ein Schock. Die Kirchen befürchteten, die Menschen könnten ihren religiösen Halt verlieren. Insbesondere befürchteten sie, dass die neuen wissenschaftlichen »Thesen« die Autorität der Bibel untergraben werden, weil in der Bibel davon nichts steht. Vonseiten der Kirchen lehnte man die neuen Erkenntnisse zunächst ab. Teilweise ging man sogar gegen deren Vertreter vor.

Die katholische Kirche setzte die Bücher, in denen die Sonne als Mittelpunkt des Planetensystems gelehrt wurde, für längere Zeit auf die Liste der verbotenen Bücher (Index). Galilei wurde der Prozess gemacht (1633). Er wurde unter Androhung der Todesstrafe zum Widerruf aufgefordert und nach erfolgtem Widerruf lebenslang unter Hausarrest gestellt. Auch Luther, Melanchthon und Calvin lehnten die »neue Astronomie« des Kopernikus ab. Sie schien ihnen mit der Bibel nicht vereinbar zu sein. Allerdings unternahmen die Reformatoren keine Schritte gegen die Vertreter der neuen Astronomie. Doch selbst an den protestantischen Universitäten (Wittenberg, Leipzig, Jena, Gießen, Rostock, Greifswald, Königsberg, Tübingen, Straßburg) dauerte es Jahrzehnte, bis sich die neuen Erkenntnisse durchsetzten. An den katholischen Universitäten erfolgte die Umstellung noch wesentlich später. Erst zu Beginn des 18. Jahrhunderts waren die neuen Erkenntnisse in Europa allgemein anerkannt. Der Umorientierungsprozess dauerte rund 150 Jahre.

In *dieser Lage*, die große Verunsicherungen hinsichtlich der Bibel und des Weltbilds mit sich brachte, entwickelten Theologen der protestantischen Orthodoxie ihr Offenbarungs- und Inspirationsverständnis. Es sollte der Bibel in einer Zeit der konfessionellen und wissenschaftlichen Umbrüche eine gesicherte Autorität verschaffen und sie gegenüber Kritik immun machen. Man errichtete eine schützende »Inspirationsmauer« um die Bibel. Die neue Inspirationslehre war – zumindest zum großen Teil – eine *Reaktion* auf Entwicklungen, die als bedrohlich empfunden wurden. Sie diente der *Verteidigung* der Bibel. Zwar ging es auch schon bei den Inspirationsaussagen der Alten Kirche des Öfteren um die Verteidigung der Bibel gegenüber »heidnischen« Angriffen. Das Verteidigungsbedürfnis stand aber nicht im Vordergrund. Die Alte Kirche fühlte sich vom damaligen »Heidentum« nicht in dem Maß bedroht, wie die Kirchen des 17./18. Jahrhunderts von den naturwissenschaftlichen Erkenntnissen. Im Gegenteil: Die Alte Kirche war dabei, die »heidnische« Welt zu christianisieren. In der Zeit der Alten Kirche gab es keine vergleichbaren Erschütterungen des Weltbilds.

Man muss dem Widerstand der Kirche gegen die neue Astronomie Gerechtigkeit widerfahren lassen. Dieser Widerstand war *insofern* nicht ganz unberechtigt, als manche Vertreter der neuen Astronomie die neuen naturwissenschaftlichen Erkenntnisse mit einem mechanistischen Lebens- und Weltverständnis verbunden haben. Diese Gesamtdeutung des Lebens und der Welt ging weit über die neuen naturwissenschaftlichen Erkenntnisse hinaus und wurde durch diese keineswegs belegt. Dennoch wurde dieses mechanistische Weltbild mit einem Überlegenheitsanspruch vorgetragen. Der Widerstand der Kirche entzündete sich auch an der weltanschaulichen Überinterpretation der astronomischen Erkenntnisse. So widerspricht z.B. Galileis und Newtons mechanistisches Menschen- und Weltverständnis tatsächlich der Bibel und einem *ganzheitlichen* Verständnis des Lebens. Galileis und Newtons Sichtweise trug wesentlich zu jener einseitigen kausal-instrumentalen Weltsicht der Naturwissenschaften bei, von der diese sich lange Zeit nicht lösen konnten. Diese einseitige Sicht hat im

19. und vor allem im 20. Jahrhundert zu teilweise irreparablen Zerstörungen der Natur und damit der Lebensgrundlagen der Menschheit geführt. Es spielten also auf *beiden* Seiten Einseitigkeiten und Vorurteile eine Rolle. Die unangemessene Vermengung naturwissenschaftlicher Erkenntnisse mit einer dogmatisch vorgetragenen Gesamtdeutung des Lebens wurde damals von keiner der beiden Seiten erkannt.

6.4 Die Sicht des christlichen Fundamentalismus

Die fundamentalistischen Inspirationstheorien des 20. Jahrhunderts argumentieren im Wesentlichen sehr ähnlich wie die Inspirationstheorie der protestantischen Orthodoxie. Sie stehen geistig in deren Nachfolge.[166] Es spricht viel dafür, dass eine gemeinsame Wurzel aller dieser Inspirationstheorien im Gefühl der Bedrohung liegt und dementsprechend im Bedürfnis nach Absicherung. Dieser Entstehungsgrund gibt den betreffenden Inspirationstheorien ihr Gepräge. Bei den *fundamentalistischen* Inspirationstheorien geht es nicht mehr um Kopernikus, Galilei, Kepler und Newton. Man fühlt sich durch andere Gefahren bedroht: durch die moderne Bibelwissenschaft, die moderne Evolutionstheorie und den modernen Liberalismus. Diesen Gefahren gegenüber betont man die Inspiration der Bibel, die jeden Irrtum und Widerspruch ausschließt.

Auch dem fundamentalistischen Widerstand gegenüber den genannten Entwicklungen muss man Gerechtigkeit widerfahren lassen. Wie der Widerstand der Kirche im 17./18. Jahrhundert, so ist auch der fundamentalistische Widerstand im 20. Jahrhundert keineswegs nur unberechtigt. Wo die moderne Bibelwissenschaft, die moderne Evolutionstheorie oder der moderne Liberalismus mit weltanschaulichen bzw. ideologischen *Dogmen* vermengt worden ist, die weit über die eigentlichen sachlichen Erkenntnisse hinausreichen, bedürfen sie der

---

[166] Die Mehrzahl der heutigen fundamentalistischen Theologen lehnt allerdings die Vorstellung ab, der Heilige Geist habe den Schreibern der Bibel die Worte »*diktiert*«. Eine solche Vorstellung wurde zumindest in der Spätzeit der protestantischen Orthodoxie allgemein vertreten. Dieser Unterschied besagt aber nicht allzu viel im Vergleich zu den wesentlich wichtigeren Gemeinsamkeiten. Auch die heutigen fundamentalistischen Theologen sind der Auffassung, *Gott* habe die Worte der Heiligen Schrift ausgewählt und festgelegt.

Kritik. Es ist keine Frage, dass die moderne Bibelwissenschaft[167], die frühen Fassungen der Evolutionstheorie und der theologische Liberalismus[168] immer wieder mit weltanschaulichen Dogmen verknüpft wurden. Viele Naturwissenschaftler benutzten die Evolutionstheorie als willkommenen »Beweis« atheistischer Prämissen. Diese Überschätzung und weltanschauliche Instrumentalisierung wissenschaftlicher Erkenntnisse hat inzwischen stark abgenommen. Sie entspricht nicht mehr dem heutigen Stand der Wissenschaft. In der heutigen Wissenschaftstheorie besteht weitgehend Konsens darüber, dass die Wissenschaft keine Gesamtdeutung des Lebens leisten kann. Man kann deshalb weder einen religiösen noch einen atheistischen Standpunkt wissenschaftlich beweisen oder widerlegen. Aus diesem Grund sollte man die früheren Übertreibungen einer für weltanschauliche Zwecke in Anspruch genommenen Wissenschaft heute nicht mehr mit übertriebenen Gegenreaktionen beantworten. Der protestantische Fundamentalismus muss sich der Frage stellen, inwieweit er sich in einer Frontstellung verfangen hat, die zwar am Beginn des 20. Jahrhunderts von beträchtlicher Aktualität war, in der heutigen Wissenschaftstheorie jedoch als überwunden gelten kann.

Den fundamentalistischen Inspirationstheorien gegenüber ist zunächst auf Folgendes hinzuweisen: Die Bibel benötigt keine Legitimation durch irgendeine Theorie. Sie legitimiert sich selbst. Man muss und kann die Bibel durch keine Theorie »absichern«. Sie wirkt kraft des Heiligen Geistes und kraft ihres Inhalts, aber nicht kraft einer Theorie über die Entstehung ihres Inhalts. Christen glauben nicht an eine Inspirationstheorie, sondern an Gott. Der Glaube an die Inspiration der Bibel darf sich nicht vor den Glauben an Jesus Christus schieben. Abgesehen davon: Wer von uns kann sagen, was »Inspiration« genau ist und wie sie geschieht? Über den Vorgang der Inspiration wissen wir nichts Genaueres. Er ist ein Geheimnis, das wir als Geheimnis respektieren müssen. Den Christen, die mit großem Nachdruck auf die Inspiration der Bibel verweisen, geht es meistens weniger um die Inspiration als um die *Fehlerlosigkeit* der Bibel. Der Inspirationsgedanke ist dann im Grunde nur ein Mittel zum Zweck. Er dient dem Zweck, das eigene Bibelverständnis abzusichern. Diese *Instrumentalisierung*

[167] Vgl. Kapitel 8.
[168] Vgl. Kapitel 8, Abschnitt 6.

des Inspirationsgedankens wird vonseiten der nichtfundamentalistischen Theologie zu Recht abgelehnt.

Die Inspirationstheorie des 17./18. Jahrhunderts und ihre fundamentalistischen Nachfolgetheorien gehen von der Vorstellung aus, dass die biblischen Schriften jeweils von einem *einzelnen* Autor geschrieben wurden, der das betreffende biblische Buch in der uns heute vorliegenden Gestalt komplett verfasst hat. Diese Vorstellung trifft jedoch auf viele biblische Schriften nicht zu. Hinter ihrer Endgestalt steht ein langer Werdeprozess, der sich über Jahrzehnte oder Jahrhunderte erstreckt hat und an dem viele Menschen beteiligt waren. In alttestamentlicher Zeit gab es im antiken Orient noch keine »*Autorenliteratur*« in unserem Sinn. Es handelte sich vielmehr um *anonyme Traditionsliteratur*.[169] Erst unter hellenistischem Einfluss begann sich das ab dem 3. Jahrhundert v.Chr. langsam zu ändern. Aber auch im Neuen Testament können wir noch keine »Autorenliteratur« im modernen Sinn voraussetzen.

Wie vor hundert Jahren, so wird auch heute noch vonseiten der fundamentalistischen Theologie in Abrede gestellt, dass zahlreiche biblische Schriften einen langen Entstehungsprozess durchlaufen haben, in dessen Verlauf sie mehrfach überarbeitet worden sind. Die moderne Bibelwissenschaft hat aber so viele, sachlich gut begründete Indizien für einen längeren Entstehungsprozess bzw. Fortschreibungsprozess vieler biblischen Bücher gefunden (z.B. der fünf Bücher Mose, der Geschichtsbücher, der meisten prophetischen Bücher, der Psalmen, des Buchs Hiobs), dass unter den Bibelwissenschaftlern der Universitäten darüber seit langer Zeit Konsens besteht. Diesem Konsens haben sich seit Jahrzehnten auch die katholischen und zahlreiche freikirchliche Bibelwissenschaftler angeschlossen. Zwar lassen sich viele Aspekte dieses Entstehungsprozesses nicht mehr sicher rekonstruieren und werden deshalb kontrovers diskutiert. Das ändert aber nichts daran, dass man einen solchen Entstehungsprozess grundsätzlich annehmen muss.

Die Rede von der Inspiration der Bibel hat ihre Berechtigung und ihren guten Sinn. Sie hat aber auch ihre Gefahren. Berechtigt sind folgende Gesichtspunkte: Der Hinweis auf die Inspiration der Bibel

---

[169] Auf diesen wichtigen Gesichtspunkt kann ich im Rahmen des vorliegenden Buchs nicht näher eingehen.

soll und kann unser Vertrauen darauf stärken, dass der Heilige Geist der entscheidende Faktor bei der Entstehung der Bibel war, dass wir in den biblischen Schriften tatsächlich zu Gott finden können und dass von der Bibel sehr wichtige und wertvolle Wirkungen auf unser Leben ausgehen (vgl. 2Tim 3,14–17). Die Gefahr in der Rede von der Inspiration der Bibel besteht darin, dass wir uns genau die Inspirationstheorie zurechtlegen, die unseren Wünschen entspricht und mit deren Hilfe wir unser Bild von der Bibel am besten verteidigen können. Außerdem kann ein einseitiges Betonen der Inspiration dazu führen, dass man sich verpflichtet fühlt, in der Bibel alles für gleich wichtig zu halten.[170]

Jeder Christ muss sich selbst fragen, inwiefern Tendenzen dieser Art bei ihm eine Rolle spielen. Das gilt insbesondere dann, wenn es um die Behauptung geht, die Inspiration der Bibel bewirke eine absolute Fehlerlosigkeit und Widerspruchslosigkeit der Bibel. Die Bibeltexte selbst bestätigen diese Behauptung nicht. »Wahrheit« ist nicht das Gleiche wie »Fehlerlosigkeit«. Die Wahrheit und Wirkung eines Liebesbriefs, einer erfreulichen oder erschütternden Nachricht, die Gültigkeit einer Vereinbarung oder eines Gerichtsurteils usw. hängen nicht davon ab, ob die betreffenden Texte absolut fehlerlos sind oder nicht. Die nichtfundamentalistische Theologie hat sich aus dem Fixiertsein auf eine Fehlerlosigkeit der Bibel gelöst und hält die Motive, die hinter einer diesbezüglichen Behauptung stehen, zu Recht für ausgesprochen problematisch.

Wenn in der nichtfundamentalistischen Theologie von der *Offenbarungsqualität* der Bibel die Rede ist, dann gilt das ihrer *Botschaft* insgesamt, nicht aber jedem Detail des umfangreichen Textbestands. Damit soll nicht behauptet werden, dass man die *Botschaft* eines Buchs von den Details des Textes völlig lösen kann. In vielfacher Hinsicht hängt natürlich die Botschaft eines Buches durchaus mit der genauen Wortwahl und der Prägnanz bestimmter Formulierungen zusammen. So macht es in der Tat einen Unterschied – dieses Beispiel habe ich in einem fundamentalistisch ausgerichteten Buch gelesen –, ob es heißt: »Du sollst nicht ehebrechen«, oder: »Eigentlich sollte man nicht ehebrechen«. Man muss allerdings berücksichtigen, dass es sich bei diesem Beispiel um einen *besonders prägnanten* Text der Bibel handelt: um

[170] Vgl. den Exkurs nach Kapitel 10.

die zehn Gebote. Bei *ihnen* kommt es selbstverständlich auf die genaue Formulierung an. Es wäre jedoch übertrieben zu behaupten, in der gesamten Bibel hingen alle Texte im gleichen Maß von jeder einzelnen Formulierung ab, wie das bei den zehn Geboten der Fall ist. Man denke an die Bücher Josua, Richter, Samuel, Könige, Chronika, Esra, Nehemia u.a. Außerdem muss man den Autor des genannten Beispiels darauf hinweisen, dass es im Alten Testament *zwei* Fassungen der zehn Gebote gibt (Ex 20,2–17 und Dt 5,6–21). Diese zwei Fassungen stimmen keineswegs in allen Details überein. Es gibt erhebliche Unterschiede. Man vergleiche nur die unterschiedliche Begründung des Schabbatgebots. Im Neuen Testament gibt es zwei Fassungen des Vaterunsers (Mt 6,9–13 und Lk 11,2–5), zwei Fassungen der Seligpreisungen (Mt 5,3–11 und Lk 6,20–23) und vier Fassungen des Abendmahlberichts (Mt 26,26–29; Mk 14,22–25; Lk 22,14–20; 1Kor 11,23–27). In allen diesen Fällen zeigen sich nicht nur Unterschiede im Detail, sondern erhebliche Unterschiede. Wenn es schon bei so zentralen Texten unterschiedliche Fassungen gibt, mit welchem Recht wollen wir dann behaupten, die Botschaft der Bibel hinge von jedem Detail des gesamten Textes ab? Mit Behauptungen dieser Art überschreitet man die Grenze zur Gesetzlichkeit.[171]

Exkurs: Die absolute Autorität der Heiligen Schrift im Judentum, Islam und in christlichen Sondergemeinschaften

Das *orthodoxe* Judentum und der Islam lehnen jede Relativierung ihrer Heiligen Schrift ab, auch eine Relativierung gegenüber Gott. Beide Religionen schreiben ihrer Heiligen Schrift *absolute* Autorität zu. Eine kategoriale Unterscheidung zwischen Gott und der Heiligen Schrift ist damit ausgeschlossen. Die Tora bzw. der Koran gelten im Judentum bzw. im Islam als Gottes Wort und damit als die *entscheidende* Offenbarung Gottes. Da jedes Wort der Tora bzw. des Koran von Gott stammt, versteht es sich nach jüdisch-orthodoxer und islamischer Überzeugung von selbst, dass die jeweilige Heilige Schrift *vollkommen*, d.h. irrtumslos und widerspruchslos ist. Kritik und Zweifel an ihrer Heiligen Schrift werden

[171] Der Hinweis auf »jedes Jota« der Heiligen Schrift (Mt 5,18) ist kein Gegenargument. Vgl. dazu den Exkurs nach Kapitel 10.

abgelehnt. Sie können nichts anderes sein als Ausdruck der Sünde und des Unglaubens. Kritik und Zweifel an der Tora bzw. am Koran sind Kritik und Zweifel an Gott. Ausgeschlossen ist daher auch ein *historisch-kritischer Umgang* mit ihrer Heiligen Schrift, wie er an westlichen Universitäten üblich ist.

Das jüdisch-orthodoxe Verständnis der Tora und das islamische Verständnis des Koran entspricht – was die absolute Autorität und Irrtumslosigkeit der jeweiligen Heiligen Schrift betrifft – dem Bibelverständnis des protestantischen Fundamentalismus. Fundamentalistisch orientierte christliche Theologen vermeiden es sorgfältig, auf diese Gemeinsamkeit zu sprechen zu kommen und betonen stattdessen die verbleibenden Unterschiede. Die gibt es durchaus. Sie ändern aber nichts daran, dass zwischen der christlich-fundamentalistischen Sicht der Bibel und der islamischen Sicht des Koran eine offensichtliche Strukturanalogie besteht. Diese Strukturanalogie spricht für sich. Sie zu leugnen ist unsinnig.[172]

Aufschlussreich ist auch, dass gerade die christlichen *Sondergemeinschaften* (Zeugen Jehovas, Neuapostolische Kirche u. a.) ein fundamentalistisches Bibelverständnis vertreten. Obwohl diese Gemeinschaften die absolute Fehlerlosigkeit und Widerspruchslosigkeit der Bibel betonen, kommen sie in der *Auslegung* der Bibel zu sehr unterschiedlichen Ergebnissen. Daran zeigt sich, dass ein fundamentalistisches Bibelverständnis keineswegs eine Gewähr dafür bietet, sich in Glaubensfragen einig zu werden. Was soll aber das Betonen der Fehlerlosigkeit der Bibel bis in die kleinsten Details, wenn man sich dadurch nicht einmal in den grundlegenden Glaubensfragen näher kommt? Was bedeutet es für die Lehre von der Verbalinspiration, wenn trotz einer »fehlerlosen Bibel« so riesige Unterschiede in der Auslegung der Bibel möglich sind? Was bedeutet es für den protestantischen Fundamentalismus, dass ihm im Bibelverständnis ausgerechnet die christlichen Sondergemeinschaften am Nächsten stehen?

---

[172] Mit »Strukturanalogie« ist selbstverständlich keine *inhaltliche* Übereinstimmung gemeint. Im Koran geht es um andere Inhalte als in der Bibel. Aber in beiden Fällen wird der jeweiligen Heiligen Schrift – was die Autorität und Vollkommenheit betrifft – eine sehr ähnliche *Rolle* bzw. *Funktion* zugeschrieben. So engagiert wie ein Muslim die Irrtumslosigkeit des Koran verteidigt, verteidigt der christliche Fundamentalist die Irrtumslosigkeit der Bibel.

7. Literarische Erzählungen in der Bibel

Gibt es in der Bibel Erzählungen, die keinen historischen, sondern einen literarischen Charakter haben (auch abgesehen von den Gleichnissen und Visionen)? Welche Erzählungen sind das? Diese Fragen kann nur die Bibel selbst beantworten. Keine Kirchenleitung, keine wissenschaftliche Theologie und keine christliche Glaubensgemeinschaft kann diese Fragen nach ihrem eigenen Geschmack entscheiden. Wir würden uns sonst zu Herren über die Bibel machen. Wenn wir diesen falschen Weg vermeiden wollen, können wir nur durch möglichst sorgfältiges Beobachten und durch eine möglichst unvoreingenommene Lernbereitschaft *herausfinden*, ob es solche Erzählformen in der Bibel gibt und welche das sind. Dabei müssen wir uns vor einer generellen Abwertung nichthistorischer Erzählungen hüten. Man wird diesen Erzählungen nicht gerecht, wenn man sie als »Erfindung« abtut. In literarischen Erzählungen kann sehr viel Gotteserfahrung, Lebenserfahrung und sehr viel Beobachtung der Wirklichkeit zum Ausdruck kommen. Wenn es solche Erzählungen in der Bibel geben sollte, dann stammen auch sie aus authentischen Gotteserfahrungen, aus dem Gebet und aus dem Heiligen Geist. Dann aber darf man sie nicht als »Erfindung« abtun. Das wäre eine Verachtung des Geisteswirkens und des Gebets. Die Alternative: Entweder ist eine biblische Erzählung ein historischer Tatsachenbericht oder sie ist eine »Erfindung«, ist verhängnisvoll und wird der Bibel nicht gerecht.

Wer der Meinung ist, literarische Erzählungen seien *grundsätzlich* weniger wichtig und wertvoll als Erzählungen, die von geschichtlichen Ereignissen berichten, unterliegt einem Vorurteil. Auch das *generelle* Abwerten des Symbolischen gegenüber dem Geschichtlichen (»*nur* ein Symbol«) ist meist ein Zeichen dafür, dass man nicht in der Lage ist, die Bedeutung des Symbolischen angemessen zu würdigen. Der Schöpfer selbst hat die symbolische Dimension in seiner Schöpfung angelegt. Es ist durchaus möglich, dass ein symbolischer bzw. literarischer Text Wichtigeres und Tieferes über die Wirklichkeit und über Gott aussagt, als ein historisch orientierter Text.

Muss jede Erzählung, nur weil sie in Vergangenheitsform erzählt ist, auch *geschichtlich* gemeint sein? Woher wollen wir das so sicher wissen? Kennen wir die altorientalische Erzählkultur, in der die Bibel beheimatet ist? Falls es in der Bibel Formen des Erzählens gibt, die an der historischen Frage nicht interessiert sind (bei denen es also nicht darum geht, ob die erzählten Ereignisse im historischen Sinn stattgefunden haben), dann liegt das nicht an der *Bibelwissenschaft*, sondern an der *Bibel*. Wir dürfen uns in diesem Fall nicht bei der Bibelwissenschaft beschweren, sondern müssen uns über die Bibel beschweren (weil sie nicht dem Bild entspricht, das wir uns von ihr gemacht haben). Die bessere Möglichkeit besteht allerdings darin, die Bibel so anzunehmen, wie sie ist. Auch die *geschichtlich* orientierten Erzählungen der Bibel sind keine Geschichtstexte, wie wir sie heute kennen. Die Geschichtsbücher des Alten Testaments sind keine Geschichtsdarstellungen im modernen Sinn. Die Menschen des Alten Orients hatten nicht das Verständnis von »Geschichte«, wie wir es heute haben. Die Schreiber der alttestamentlichen Geschichtsbücher waren keine modernen Historiker.

Im 18. und 19. Jahrhundert entstand in Europa eine Geschichtsbetrachtung, die sich streng auf die »Fakten« konzentriert. Diese Art der Geschichtsbetrachtung ist ein Kind der *modernen* Welt.[173] Zu dieser Welt gehört auch der Siegeszug der Naturwissenschaften, der Technik und der Medizin. Sie alle fragen nach den »Fakten« und zwar in einer Konsequenz, die es in der Antike so noch nicht gegeben hat. Das Gleiche gilt auch für den Journalismus und die Kriminalistik, die ebenfalls im 18. und 19. Jahrhundert entstanden. Jeder Zeitungsartikel, jede Reportage und jeder Kriminalfilm verstärken die moderne Frage nach den »Fakten«. Inzwischen steckt diese Art des Denkens so tief in uns allen – wir kennen ja fast nichts anderes mehr –, dass wir diejenigen Erzählungen kaum noch in ihrer Eigenart verstehen können, die lange Zeit *vor* dieser modernen Entwicklung geschrieben worden sind.

Die moderne Konzentration auf die »Fakten« wird – wie uns heute wieder deutlicher bewusst geworden ist – dem Leben nicht umfassend gerecht. Sie hängt mit dem *empirischen* und *rationalistischen* Denken zusammen, das im 17./18. Jahrhundert entstanden ist und im 19. Jahrhundert zum sogenannten »Positivismus« geführt hat. Die Lieblingsworte des Positivismus sind die Worte »Fakten«, »Tatsache« und »Objektivität«. Das Wort »Tatsache« hat erst im 19. Jahrhundert, im Zusammenhang mit dem Positivismus, die Bedeutung angenommen,

[173] Vgl. dazu das folgende Kapitel, Abschnitt 1.

die wir kennen. In den früheren Jahrhunderten gab es in der deutschen Sprache noch kein entsprechendes Wort, weil es das dazu gehörende Faktendenken noch nicht gab. An den heutigen Universitäten und Hochschulen sind Rationalismus und Positivismus weitgehend überwunden. Diese philosophischen Richtungen hatten zwei Dinge unterschätzt: 1. Es gibt Dimensionen der Wirklichkeit, die sich mit den Begriffen »Tatsache«, »Faktum«, und »Objektivität« nicht erfassen lassen. Man denke an den Bereich des Emotionalen, des Symbolischen, des Metaphorischen, der Phantasie, des Traums und des Unterbewussten. Es gibt nicht nur äußere, sondern auch innere und unsichtbare Realitäten. Zu ihnen passen die Begriffe »Fakten«, »Tatsache« und »Objektivität« nicht. Außerdem gehört auch das, was *möglich* ist, zur Realität. Es gibt nicht nur die Wirklichkeit des Faktischen, sondern auch die »*Wirklichkeit* des *Möglichen*«. 2. Eine Tatsache »an und für sich« gibt es nicht. Zu jeder »Tatsache« gehört der *Zusammenhang*, in dem sie steht. Nur aus dem Zusammenhang heraus ergibt sich die *Bedeutung* einer Tatsache. Diese Zusammenhänge zu erkennen, ist eine Frage der *Wahrnehmung* und der *Interpretation*.

Es ist kein Zufall, dass die Worte »Tatsache«, »Fakten« und »objektiv« auch zu Lieblingsworten des protestantischen Fundamentalismus geworden sind. Darin zeigt sich der Einfluss des Rationalismus und des Positivismus auf den protestantischen Fundamentalismus. Dieser Einfluss ist den fundamentalistischen Gruppen in der Regel nicht bewusst bzw. er wird von ihnen abgestritten. Der Fundamentalismus kämpft gegen den Rationalismus mit rationalistischen Mitteln. Mit der Fehlerlosigkeit der Bibel möchte der protestantische Fundamentalismus einen *rational* einsehbaren, *objektiven* Beleg dafür haben, dass die Bibel Gottes Wort ist. Einen solchen objektiven Beleg gibt es aber nicht. Das ist auch gut so. Die Bibel *erweist* sich als Gottes Wort durch ihren Inhalt und durch die Kraft des Heiligen Geistes.

Wir brauchen keine Sorge zu haben, dass Gott durch literarische Erzählungen nicht zu uns sprechen kann. Die literarischen und symbolischen Texte der Bibel sind *genauso* Gottes Wort, wie die geschichtlich bedeutsamen Texte. Wahrheit gibt es nicht nur in Form geschichtlicher Wahrheit. Richtig ist allerdings, dass der Gott der Bibel insbesondere durch die *Geschichte* wirkt und sich in der Geschichte offenbart. Der Bezug der biblischen Botschaft zur Geschichte ist grundlegend und unaufhebbar. Man kann die biblische Botschaft nicht von der Geschichte Israels, der Geschichte Jesu und der Geschichte der Urchristenheit ablösen. Dieser wichtige Sachverhalt darf uns aber nicht blind machen für die Vielfalt und den Reichtum der biblischen Sprachformen und Erzählweisen.

Zum Schluss dieses Abschnitts möchte ich ein Beispiel erzählen, das ich vor einiger Zeit erlebt habe. Ich war eingeladen worden, in einer fundamentalistisch geprägten Gemeinde eine Predigt zu halten. Als Thema wählte ich »Hiob«. Nach der Predigt bat mich der Gemeindeleiter um mein Predigtmanuskript. Er wollte es im Rundbrief der Gemeinde abdrucken. Der Abdruck des Manuskripts führte dann allerdings zu empörten Anrufen beim Gemeindeleiter. Die Anrufer fragten ihn, ob er »vom Glauben abgefallen sei«. Der Grund für diese Frage war folgender: In meinem Manuskript standen einige Sätze darüber, dass die Personen des Hiobbuchs keine historischen, sondern literarische Gestalten sind. Diese Sätze hatte ich in der Predigt weggelassen, um niemanden zu provozieren. Beim Aushändigen des Manuskripts hatte ich an diese Sätze nicht mehr gedacht. Der Gemeindeleiter hatte seinerseits mein Manuskript nicht nochmals durchgelesen. Das Abdrucken eines Manuskripts, in dem solche Sätze stehen, reichte den Anrufern aus – der sonstige Inhalt des Manuskripts war völlig nebensächlich geworden –, dem Gemeindeleiter die Frage zu stellen, ob er *»vom Glauben«* abgefallen sei. Dieser Gemeindeleiter war 70 Jahre alt und stand seit Jahrzehnten im Dienst der christlichen Verkündigung. Dass er an Jesus Christus glaubte, bezweifelte niemand. Das beruhigte allerdings auch keinen der Anrufer. Der Glaube an Jesus Christus ist in diesen Kreisen kein vollgültiger Glaube, wenn man nicht außerdem glaubt, dass Hiob eine historische Gestalt ist. Damit wird der Glaube an Jesus Christus auf eine hochproblematische Weise entstellt. Das ist den betreffenden Christen jedoch nicht bewusst. Sie waren davon überzeugt, dass sie aus Gehorsam Gott gegenüber so handeln und den Gemeindeleiter auf diese Weise zur Rede stellen müssen. Diese Entstellung des christlichen Glaubens kann man nur mit Trauer zur Kenntnis nehmen. Ich habe dem Gemeindeleiter – der mir weiterhin Vertrauen entgegenbrachte – in einem längeren Telefongespräch erläutert, warum ich mit der gesamten modernen Bibelwissenschaft der Meinung bin, dass der Hiob des Hiobbuchs keine historische, sondern eine literarische Gestalt ist.[174] Die Argumente haben ihn nachdenklich gemacht. Sie waren ihm nicht bekannt gewesen. Wir haben uns dann freundschaftlich dar-

[174] Vgl. dazu Teil II, Kapitel 9.

auf geeinigt, dass diese Frage *nicht* zu den heilsentscheidenden Fragen gehört. Nach einiger Zeit lud dieser Gemeindeleiter mich zu einer weiteren Predigt in die betreffende Gemeinde ein. Darüber habe ich mich sehr gefreut. Ich habe auch diese Einladung angenommen. Niemand hat mich bei meinem zweiten Besuch in irgendeiner Weise auf die Hiobfrage angesprochen.

8. Die Entstehung und Entwicklung der modernen Bibelwissenschaft

8.1 Die Voraussetzungen

Die Bibelwissenschaft, wie sie an den heutigen Universitäten und staatlichen Hochschulen gelehrt wird, ist ein Kind der modernen Zeit. Wer zu dieser Bibelwissenschaft Stellung nimmt, der nimmt direkt oder indirekt auch zur modernen Zeit Stellung. In der Auseinandersetzung um die moderne Bibelwissenschaft stehen deshalb stets zwei Fragen im Hintergrund: Wie stehe ich zur modernen Zeit? Welche Haltung gegenüber der modernen Zeit ist angemessen? Um diese beiden Fragen klären zu können, muss man zunächst zwei andere Fragen stellen: Worin besteht eigentlich »das Moderne« der modernen Zeit? Und: Wie ist es zur modernen Zeit gekommen? Ohne Beschäftigung mit den beiden zuletzt genannten Fragen, kann man weder die moderne Bibelwissenschaft verstehen noch die eigene Reaktion auf sie. Aus diesem Grund skizziere ich im Folgenden das Entstehen der modernen Zeit und in diesem Zusammenhang das Entstehen der modernen Bibelwissenschaft. Dabei betone ich jene Gesichtspunkte, die man nicht unberücksichtig lassen darf, wenn man sich eine realistische Vorstellung von »der Moderne« machen und nicht in einseitigen Klischees befangen bleiben will. Um der Klarheit willen hebe ich die grundsätzlich wichtigen Gesichtspunkte durch Nummerierung hervor.

(1) *Die Beschleunigung des geschichtlichen Wandels*: Die »moderne Welt« entstand in einem längeren Zeitraum. Er erstreckt sich vom 15. bis zum 19. Jahrhundert. Im 15. Jahrhundert gehörte Europa noch nicht zu den führenden Regionen der Erde. Im Vergleich zum türkisch-osmanischen Reich, zum indischen Mongul-

reich und zu China hatte Europa ein geringeres politisches Gewicht und ein niedrigeres zivilisatorisches Niveau. Das änderte sich ab dem 15. Jahrhundert. Von diesem Jahrhundert an kam es in Europa zu einem »Modernisierungsprozess«, der die Lebenswelt und das Denken der Menschen tiefgreifend verändert hat. Nach übereinstimmender Meinung der heutigen Historiker handelt es sich dabei um die größte Veränderung in der Geschichte der Menschheit seit der Sesshaftwerdung des Menschen in der Jungsteinzeit. Zu diesem Modernisierungsprozess kam es vor allem aus zwei Gründen, die untereinander eng zusammenhängen: Auf der einen Seite waren es die vielen sehr folgenreichen Entdeckungen und Erfindungen, die in immer kürzeren Abständen aufeinander folgten. Auf der anderen Seite waren es die wirtschaftlichen, geistigen und gesellschaftspolitischen Veränderungen. Ein knapper Überblick über beide Aspekte soll deutlich machen, was gemeint ist:

Bei den Erfindungen und Entdeckungen denke man an die Erfindung der mechanischen Uhr, der Brille, des Kompasses und des Buchdrucks, an die Entdeckung Amerikas, die Entdeckung des Umlaufs der Erde um die Sonne, an die militärtechnischen Erfindungen (Schießpulver, Gewehr, Granate, Geschütz), die Entwicklung des Fernrohrs, des Mikroskops und des Teleskops, die Entdeckung des menschlichen Blutkreislaufs, der Röntgenstrahlen und der Narkose, die Entwicklung von Maschinen, Motoren und Turbinen, von Dampfschiffen, Fabriken und Labors, die Entdeckung des elektrischen Stroms, die Erfindung der Glühbirne, der Eisenbahn, der Photographie, der Telegraphie, des Telefons, des Autos und des Radios.

Mit dem zweiten Aspekt sind folgende Veränderungen gemeint: Im Gefolge der Kreuzzüge (12./13. Jahrhundert) kam es zu einem intensiven Handel zwischen Abendland und Orient. Daraus entwickelten sich in Europa der sogenannte »Frühkapitalismus« und mit ihm die ersten Ansätze des modernen Bankensystems. Nach der Entdeckung Amerikas begannen umfangreiche Goldtransporte aus Mittel- und Südamerika nach Portugal und Spanien. Das führte zu einer wirtschaftlichen Blüte dieser Länder. Portugal und Spanien teilten Süd- und Mittelamerika unter sich auf und wurden damit die ersten europäischen *Weltmächte*. Später folgten die Niederlande, England und Frankreich. Aus der Entdeckung Amerikas entwickelte sich eine weltumspannende Hochseeschifffahrt. Diese riskantere Form der Schifffahrt und der mit ihr verbundene Fernhandel förderten das Entstehen des modernen Versicherungswesens. Die Reformation spaltete die abendländische Christenheit und beendete damit die relativ einheitlich geprägte Kultur des Mittelalters. Es entstand eine Mehrzahl an Konfessionen und Kirchen (katholische, lutherische, calvinistische, anglikanische Kirche, in den USA: methodistische, baptistische Kirche u. a.). Die späteren Glaubenskriege – vor allem der Dreißigjährige Krieg – führten zu einem Machtverlust der Kirchen in der Öffentlichkeit. Die Philosophie machte sich der Theologie gegenüber selbstständig. Aus der Erfindung des Buchdrucks und aus der Reformation ergaben sich wichtige Bildungsimpulse. Sie mündeten über mehrere Zwischenschritte in das moderne Schulsystem mit seiner allgemeinen Schulpflicht. Zum ersten Mal in der Geschichte der Menschheit erhielten alle Kinder einer Gesellschaft – auch die Mädchen – eine mehrjährige Schulausbildung.

Im 18. und 19. Jahrhundert entstanden die ersten Verfassungen und Demokratien. Sie basieren auf der Formulierung der Menschenrechte, des Toleranzgedankens und der individuellen Religionsfreiheit. Aus »Untertanen« wurden »Bürger«. Mit der französischen Revolution (1789) begann das Ende jener Epoche, in der Monarchen und Aristokraten die Macht in ihrer Hand konzentrierten. Die »Aufklärung« veränderte das Denken vieler Menschen. Ihr Motto lautete: »Habe den Mut, dich deines eigenen Verstandes zu bedienen! Lass nicht andere für dich denken. Denke selbst. Werde mündig.« Damit wurde in einer neuartigen Weise der Mensch als *Subjekt* bzw. die *Subjektivität* des Menschen entdeckt. Naturwissenschaft und Technik erlebten einen ungeahnten Aufschwung. Die Industrialisierung veränderte das Gesicht Europas. Es kam zu einer noch nie dagewesenen Verstädterung. Jahrtausendelang lebten die meisten Menschen auf dem Land. Ab der zweiten Hälfte des 19. Jahrhunderts lebten in den Industrieländern die Mehrzahl der Menschen in Städten. Dabei wandelte sich die bisherige Großfamilie, die sich selbst versorgen konnte, zur modernen Kleinfamilie, die auf »Konsum« angewiesen ist und wichtige Funktionen an Staat und Gesellschaft abgeben musste (z. B. die Berufsausbildung der Kinder). Die Europäer eroberten die Welt und teilten sie in Form von Kolonien unter sich auf. Der Gedanke des »Nationalstaats« kam auf. Die ersten Parteien und Gewerkschaften wurden gegründet. Es erschienen die ersten Zeitungen. Die »Presse« wurde zum wichtigen Informations- und Diskussionsforum. Die Menschen erhielten schrittweise das Wahlrecht. Zum ersten Mal in der Menschheitsgeschichte konnten sie die Regierenden in einem geordneten Verfahren wählen und abwählen. Trotz zahlreicher Rückschläge setzte sich der Gedanke der Volkssouveränität durch (»alle Regierungsmacht geht vom Volk aus«). Es kam zu einer »Gewaltenteilung« zwischen Regierung, Parlament und Justiz. Folgenreich waren auch die Trennung von Kirche und Staat, der Säkularisierungsprozess, die zunehmende Spezialisierung der Berufswelt bzw. der gesellschaftlichen Dienstleistungen und die Ausdifferenzierung der gesellschaftlichen Bereiche zur modernen »Zivilgesellschaft«.

Alle diese Entdeckungen und Veränderungen zusammen bewirkten eine *Beschleunigung des geschichtlichen Wandels.* Eine Beschleunigung solchen Ausmaßes hatte es in der Menschheitsgeschichte noch nicht gegeben. Natürlich gab es schon immer einen geschichtlichen Wandel. Er vollzog sich bisher aber wesentlich langsamer. Innerhalb der Spanne eines Menschenlebens konnte man ihn kaum wahrnehmen. Deshalb war er in der »vormodernen« Zeit auch kein wichtiges Thema.[175] Erst in der »modernen Zeit« trat der geschichtliche Wandel so deutlich ins Blickfeld, dass man ihn nicht mehr übersehen konnte. Zum ersten Mal wurde er zu einem wichtigen Thema und ist es bis heute geblieben. In der modernen Zeit ist vielen Menschen bewusst geworden, wie tief der geschichtliche Wandel in die Lebenswelt des Menschen eingreift. Vergleicht man das Ausmaß der Veränderungen, die zwischen dem 15. und dem 19. Jahrhundert in Europa eingetreten sind, mit den Veränderungen innerhalb eines ähnlich langen Zeitraums früherer Epochen, lässt sich der enorme Unterschied nicht bestreiten. Freilich gibt es zentrale Aspekte des Menschseins, die sich in allem geschichtlichen Wandel durchhalten: Der Mensch aller Zeiten will geliebt und geachtet sein, hat Ängste, Sorgen und Sehnsüchte usw. Diese Aspekte dürfen uns aber nicht den Blick dafür trüben, welche neuartige Bedeutung der geschichtliche Wandel für die moderne Gesellschaft bekommen hat.

[175] Man darf sich diesbezüglich nicht täuschen lassen von den antiken Klagen über das schlechte Benehmen der Jugend. Bei diesen antiken Texten geht es nicht um einen längerfristigen geschichtlichen Wandel, sondern um den *Generationenkonflikt. Diesen* Konflikt gab es selbstverständlich auch schon in der Antike, z. T. mit verblüffenden Analogien zur heutigen Situation, die bei uns ein Schmunzeln hervorrufen. Mit dem Hinweis auf solche antiken Texte kann man aber nicht den historisch einzigartigen Modernisierungsprozess in Abrede stellen, zu dem es in Europa seit dem 15. Jahrhundert gekommen ist.

(2) *Das veränderte Verhältnis des Menschen zur Vergangenheit*: Die Beschleunigung des geschichtlichen Wandels veränderte das Verhältnis des Menschen zur Vergangenheit. Jahrtausendelang war die Vergangenheit bzw. die *Tradition* für den Menschen der tragende Grund des Lebens. In der Tradition sammelte sich die Lebenserfahrung vieler Generationen. Die Vergangenheit lehrte die Menschen, was sich bewährt hat. Vergangenheit und Gegenwart waren eng verbunden. In der gesamten bisherigen Geschichte hat der Mensch seine Gegenwart im Licht der Vergangenheit bzw. der Tradition gedeutet und bewältigt. Die Vergangenheit hatte höchste Autorität. Es gab kein Überlegenheitsgefühl gegenüber früheren Zeiten und Generationen. Im Gegenteil: die Tradition war der vorgegebene Lebensrahmen, die normgebende Instanz für Erziehung, Sitte und Weisheit. Je älter eine Tradition war, desto größer war die Ehrfurcht vor ihr. Die Worte »veraltet« oder »altmodisch« gab es in der Antike nicht, ebensowenig wie die negativ gefärbten Worte »traditionell«, »herkömmlich« und »überholt«. Auch die Redewendung »Das entspricht nicht dem heutigen Stand der Erkenntnis« war in der Antike undenkbar. Solche Begriffe und Redensarten konnten erst in der modernen Zeit entstehen.

Auf Grund des schneller werdenden Wandels machte der Mensch eine neuartige Erfahrung: Die Tradition ist nicht mehr in jedem Fall eine Hilfe. Sie kann den Menschen auch blockieren, ihn unfähig machen, sich auf Neues einzustellen. Wer zu sehr an der Vergangenheit festhält, der bleibt hinter neuen Entwicklungen zurück. Deshalb kann sich der moderne Mensch nicht mehr im gleichen Maß an der Vergangenheit orientieren wie der frühere Mensch. Die Zukunft mit ihren neuen Möglichkeiten ist wichtiger geworden. Die Tradition ist keine *selbstverständliche* Autorität mehr. Sie gilt nicht mehr *generell* und *unbefragt*. Es fiel dem Menschen keineswegs leicht, den zunehmenden Verlust der Tradition und ihrer schützenden Kraft zu bewältigen. Der Mensch hat diesen Verlust erlitten. Aber der Wandel ließ sich nicht stoppen. Und es öffneten sich neue Möglichkeiten, die es bisher nicht gegeben hat. Wie immer der einzelne Mensch den zunehmenden Wandel erlebt hat: Man konnte ihn nicht mehr ignorieren.

Konservative Theologen, Prediger und Kirchenführer versuchten den modernen Wandel als Niedergang und »Abfall von Gott« zu brandmarken. Aber sie taten sich sehr schwer damit, den Modernisierungsprozess primär aus der Sünde des Menschen abzuleiten. Urteile dieser Art waren offensichtlich viel zu pauschal.[176] Zwar kann die moderne Entwicklung tatsächlich dazu führen, dass der Mensch sich in vermehrtem Maß überschätzt und überheblich wird. Das ist aber nicht die *Ursache* der modernen Entwicklung, sondern eine ihrer möglichen *Folgen*. Zur Moderne kam es infolge der Beschleunigung des geschichtlichen Wandels, die das Verhältnis des Menschen zur Vergangenheit veränderte.

Die veränderte Haltung des Menschen gegenüber der Vergangenheit spiegelt sich im Wandel der *Erzählformen*. Bis ins 18. Jahrhundert standen Mythen, Märchen, Sagen, Legenden, Ätiologien und Fabeln im Vordergrund des Erzählens. Diese Erzählformen traten jetzt zurück. In ihnen wird Vergangenheit und Gegenwart auf eine Weise miteinander verbunden, die der modernen Lebenserfahrung nicht mehr entsprach. Sie entstammen einer Welt, in der man noch nicht in vergleichbarer Weise mit dem geschichtlichen Wandel rechnen musste. In diesen Erzählformen erzählt man die Welt, als ob sie immer die Gleiche bleibt. Ab dem 19. Jahrhundert wird der historische *Bericht* immer wichtiger, die *Reportage* und der moderne *Roman*.

(3) *Das Entstehen des historischen Denkens*: Die Beschleunigung des geschichtlichen Wandels und die sich dadurch verändernde Haltung des Menschen gegenüber der Vergangenheit war die entscheidende Voraussetzung für das Entstehen des »*historischen Denkens*«. Es entstand im 18. und 19. Jahrhundert in Europa.[177] Durch die intensivere Erfahrung des geschichtlichen Wandels, den jeder »am eigenen Leib« zu spüren bekam, erkannte man die *historische Bedingtheit der gesamten menschlichen Lebenswelt*. Diese Erkenntnis war neu. Sie ist von epochaler Bedeutung. Mit ihr beginnt das historische Denken. Zwar gab es auch schon in der Antike bedeutende Geschichtsschreiber (Herodot, Thykidides,

---

[176] Konservative christliche Gruppen haben auf moderne Entwicklungen immer wieder reagiert, in dem sie diese auf die Sünde des Menschen zurückgeführt haben. Ist aber die Erfindung der Brille, des Buchdrucks und der Photographie Ausdruck der Sünde? Ist die Entwicklung zur Demokratie, die Formulierung von Menschenrechten und das Wahlrecht Ausdruck der Sünde?

[177] Erst seit dieser Zeit gibt es an den Universitäten das Fach »Geschichte« als eigenständige Wissenschaft. Ähnliches gilt für die »Archäologie«, die kurze Zeit danach als ein Fach an der Universität eingerichtet wurde.

Josephus, Tacitus u. a.). Aber es gab in der Antike noch kein historisches Denken im modernen Sinn.

Die antike Geschichtsschreibung stand – in ihren anspruchsvollsten Beispielen – auf einem beeindruckend hohen Niveau. Das verdient ungeschmälerte Anerkennung. Man muss sich hüten, die Weisheit der antiken Völker zu unterschätzen. Am weitesten entwickelt war die Geschichtsschreibung der Hethiter, der Israeliten, der Griechen und der Römer.[178] Ihr Geschichtsverständnis ging weit über ein bloßes Aneinanderreihen von Ereignissen (ein chronistisches Geschichtsverständnis) hinaus. Antike Geschichtsschreiber schildern komplexe Abläufe. Sie unterscheiden Haupt- und Nebenhandlungen und stellen zwischen den Ereignissen plausible Verknüpfungen her. In ihren Werken finden sich bewusst perspektivische Darstellungen und Schlussfolgerungen im Sinne einer grundsätzlichen Auswertung. Die Autoren verfügen über zahlreiche Stilmittel und literarische Techniken. In der griechischen und römischen Geschichtsschreibung gibt es ein umfangreiches Vokabular an Fachbe-griffen. In der israelitischen Geschichtsschreibung findet sich bereits ein universales Verständnis der Geschichte als Weltgeschichte. Angesichts solcher Merkmale der antiken Geschichtsschreibung stellt sich die Frage: Was soll demgegenüber in der modernen Geschichtsschreibung grundsätzlich neu sein? Diese Frage kann man eindeutig beantworten: Bei keinem antiken Geschichtsschreiber findet sich die Erkenntnis, dass die Lebenswelt des Menschen in einem umfassenden Sinn historisch bedingt ist. Es gibt in der Antike noch kein *historisches Verständnis der Wirklichkeit*. Ein solches Verständnis *kann* es noch nicht geben. Dazu bedarf es einer Erfahrung von Geschichte, die es in der Antike und im Mittelalter noch nicht gab. Erst der umfassende Modernisierungsprozess lies erkennen, dass *alle* Bereiche des Lebens einem Wandel unterliegen: Politik, Wirtschaft und Technik, aber auch die Sprache und das Denken des Menschen, die Philosophie, die Moral und die Religion, das Wirklichkeitsverständnis insgesamt.[179]

---

[178] Vgl. dazu und zum Folgenden Cancik, Art. Geschichtsschreibung.

[179] Das zeigt sich z. B. daran, dass man in der Antike noch kein geschichtliches *Entwicklungsdenken* kennt. Es gibt zwar den Begriff »Entwicklung«, aber noch nicht als Leitbegriff der Geschichte. Dazu kam es erst, als man erlebte, wie sich die moderne Gesellschaft aus den traditionsorientierten Gesellschaften heraus »entwickelt« hat. Heute fragt man: Wie »entwickelte« sich das Rittertum, der Toleranzgedanke, der Nationalsozialismus usw.? Man spricht von regionalen und internationalen »Entwicklungen«. Vgl. auch die Rede von »Entwicklungsländern«, »Entwicklungspolitik« usw.

Im historischen Denken der »Neuzeit« wird nicht nur das *Ausmaß* des geschichtlichen Wandels zum Thema, sondern auch dessen *Unumkehrbarkeit* (Unwiederholbarkeit), d. h. die *Einmaligkeit* der geschichtlichen Ereignisse. Hatte man eine wichtige Entdeckung oder Erfindung gemacht, begann damit etwas Neues. Man konnte die neuen Möglichkeiten des Buchdrucks, der Narkose, der Dampfschifffahrt usw. nicht ignorieren. Es brauchte zwar seine Zeit, bis die jeweilige Entdeckung oder gesellschaftliche Veränderung ihre volle Wirkung entfaltete, aber man kam auf keine Weise mehr zurück in die Welt *vor* dieser Entdeckung. Die Zeit, in der es noch keinen Buchdruck, keine Narkose usw. gab, war unwiederbringlich vorbei. Dadurch empfand man zwischen der Gegenwart und der Vergangenheit einen größeren Abstand als in den früheren Zeiten. Es entstand der sogenannte *»historische Graben«*. Die Vergangenheit war jetzt in einem tieferen Sinn »vergangen«. Sie wurde zu jener Zeit, in der es so viele Dinge noch nicht gegeben hat.

Der größer gewordene Abstand zur Vergangenheit machte es dem Menschen möglich, sich mehr als bisher aus der prägenden und festlegenden Macht der Vergangenheit zu lösen. Wo die Tradition unangefochten herrscht, kann wenig Neues entstehen. Dort aber, wo die historische Bedingtheit der Tradition erkannt wird, werden Alternativen denkbar. In dieser Hinsicht hat sich das historische Denken als eine befreiende Kraft erwiesen. Es hat wesentlich dazu beigetragen, dass menschenverachtende Herrschaftsformen nicht länger als »naturnotwendig« galten, dass man Mädchen nicht länger von der Schulbildung ausschloss u. a. Das historische Denken relativiert die Macht der Vergangenheit und der Herkunft. Es erweitert den Spielraum für Neues. Diese große kulturelle Leistung des historischen Denkens verdient eine angemessene Würdigung. Es geht an der Realität vorbei, wenn man die Leistung des modernen historischen Denkens aus konservativen Motiven heraus so weit wie möglich herunterspielt. Das historische Denken hat an sich auch nichts mit dem modernen »Rationalismus« zu tun. Es gehört vielmehr zu den Schwächen des modernen Rationalismus, dass er *zu wenig* historisch denkt. Im Rationalismus gilt die Vernunft als unwandelbare, »objektive« Größe. Das ist sie aber nicht. Mit der Sprache unterliegt auch das Denken und die Vernunft einem geschichtlichen Wandel.

(4) *Das Entstehen eines neuen Verständnisses von »Wissenschaft«*: Im Zuge des skizzierten geschichtlichen Wandels entstand in Europa das moderne Wissenschaftsverständnis. In diesem neuen Verständnis verlor die Tradition ihre überragende Vormachtstellung. In einer Zeit des schneller gewordenen Wandels *kann* die Tradition nicht mehr die gleiche Rolle spielen – die gleiche Hilfe sein –, wie in der Zeit des langsamen geschichtlichen Wandels. An die Stelle der Tradition traten zwei neue Autoritäten: die *Erfahrung* und die *Vernunft*. Was sonst hätte in einer sich rasch verändernden Welt zu einer Autorität werden sollen, die den Respekt aller Menschen gewinnen kann, trotz unterschiedlicher politischer und religiöser Überzeugungen? »Erfahrung« und »Vernunft« gehören zu den Dingen, die jeder Mensch kennt. Deshalb können sie zu einem *Verständigungsmittel* zwischen den Menschen werden.

Was die *Erfahrung* betrifft, so kommt ihr in der modernen Welt eine neue Rolle zu.[180] Der geschichtliche Wandel macht sich vor allem in veränderten, neuen Erfahrungen bemerkbar. Immer häufiger stellte sich deshalb die Frage: Passen die traditionellen Antworten noch zu den neuen Erfahrungen? Oder stimmen diese Antworten nur im Zusammenhang früherer Erfahrungen? In einer sich wandelnden Gesellschaft wächst der Erfahrung die Aufgabe eines *Kriteriums* der *Orientierung* zu. Typisch für das neue Wissenschaftsverständnis sind darum *empirische* und *experimentelle* Methoden. Sie waren in der Antike unbekannt. In der Antike gab es keine Labore, keine Meinungsumfragen, keine statistischen Auswertungsverfahren. Im neuen Wissenschaftsverständnis werden *überprüfbare Methoden* wichtig und deren ständige Verbesserung.

Neben der Erfahrung wurde die *Vernunft* in einer neuen Weise wichtig. Mit ihrer Hilfe konnte man den geschichtlichen Wandel am ehesten analysieren, gestalten und bewältigen. Die Vernunft wurde zu einem wichtigen Mittel gegenüber jenen Gruppen der Gesellschaft, die dem Modernisierungsprozess ablehnend gegenüberstanden. Das konnte unterschiedliche Gründe haben. Es gab Menschen, die im Modernisierungsprozess eine Bedrohung ihrer

[180] Natürlich spielte auch in der Antike die Erfahrung des Menschen eine grundlegende Rolle, aber auf eine andere Weise. In der Antike *bestätigte* die Erfahrung in aller Regel die Tradition.

bisherigen Privilegien sahen. Anderen fiel es schwer, sich auf eine mobilere Gesellschaftsform umzustellen, in der nicht mehr die Geburt allein über die Standeszugehörigkeit entschied. Das war vor allem in den betont traditionsbewussten, konservativen Gruppen der Gesellschaft der Fall. Zu den Kritikern des Modernisierungsprozesses gehörten allerdings auch diejenigen, die deutlicher als andere die *Schattenseiten* der modernen Entwicklung erkannten.[181] Die unterschiedlichen Reaktionen auf den Modernisierungsprozess hatten also unterschiedliche Gründe. In diesen Auseinandersetzungen wurde die Vernunft zu einem wichtigen Kriterium gegenüber politischer Willkür, gegenüber der Macht des Aberglaubens und der Vorurteile. Mit Hilfe der Vernunft ließen sich Herrschaftsformen und Privilegien überwinden, die ihre historische Plausibilität verloren hatten. Man betonte die Vernunft auch, um die *Gleichberechtigung* der Menschen zu fördern.[182]

(5) *»Kritik« als Leitbegriff der modernen Wissenschaft*: Im 18. und 19. Jahrhundert wurde der Begriff »Kritik« zum Leitbegriff der modernen Wissenschaft. Die bisherige Form der Wissenschaft bezeichnete man ab jetzt auch als *»vorkritisch«*. Was ist mit diesem neuen Sprachgebrauch gemeint? Das Wort »Kritik« leitet sich von dem griechischen Wort »krinein« (unterscheiden) ab. Im modernen wissenschaftlichen Sprachgebrauch bedeutet »Kritik« nichts anderes als ein sorgfältiges, methodisch überprüfbares Unterscheiden auf der Basis des historischen Denkens. Dabei ist zunächst einmal an ein *Unterscheiden der Zeiten* gedacht, das durch den sich beschleunigenden geschichtlichen Wandel notwendig geworden ist. Eine »kritische« Interpretation von Texten oder anderen Dokumenten besteht darin, dass man sie »historisch« interpretiert, d. h. aus dem Kontext der Zeit heraus, in der der Text oder das Dokument entstanden ist. Insbesondere ist damit gemeint, dass man nicht »naiv« die Verhältnisse der eigenen Zeit in Texte aus früheren Zeiten und Kulturen hineinprojiziert.

Zu einer »kritischen« Textinterpretation gehört es auch, die Überlieferungswege zu erforschen, auf denen die Texte der Vergangenheit uns erhalten geblieben sind: Handelt es sich um Original-

---

[181] Zu diesen Schattenseiten vgl. Abschnitt 7.

[182] Das gilt vor allem für die modernen Geistes-, Gesellschafts-, und Kulturwissenschaften.

texte oder um Abschriften? Wie viele Abschriften gibt es? Wer hat sie für wen in welcher Absicht angefertigt? Außerdem gehört zu einer »kritischen« Forschungsarbeit, dass man die eigenen Voraussetzungen, Fragestellungen und die verwendeten Methoden offenlegt und damit überprüfbar macht. Auf diese Weise entstanden die ersten »kritischen« Werkausgaben berühmter Autoren (Homer, Platon, Aristoteles, Augustinus, Luther u. a.). In solchen Werkausgaben werden alle zur Verfügung stehenden Manuskripte, Abschriften und sonstige Informationsquellen berücksichtigt und dem Leser mitgeteilt. Statt von einer »kritischen« kann man auch von einer »historisch-kritischen« Ausgabe sprechen.

Im Blick auf die Verwendung des Wortes »Kritik« gibt es tiefgreifende Missverständnisse, die ein gelingendes Gespräch zwischen den beiden christlichen »Lagern« fast unmöglich machen. Diese Missverständnisse kommen dadurch zustande, dass sich der heutige Alltagsgebrauch des Wortes »Kritik«, der sich erst *später* entwickelt hat, vom wissenschaftlichen Sprachgebrauch unterscheidet. Außerhalb der wissenschaftlichen Fachkreise ist dieser Unterschied kaum bekannt. Im Alltagsgebrauch bedeutet »Kritik« eine Art *Angriff* auf das »Kritisierte«. Das Wort »Kritik« ist also mit einer *Abwertung* verbunden. Das ist im wissenschaftlichen Gebrauch des Wortes »Kritik« *nicht* der Fall. Hier ist mit »Kritik« nichts anderes als eine sorgfältige, methodisch überprüfbare *Unterscheidung* gemeint. »Kritik« in *diesem* Sinn schließt die angemessene Würdigung der untersuchten Sache ein. Mit einer »kritischen Untersuchung« oder einem »kritischen Kommentar« ist also kein Kritisieren (Angreifen, Abwerten) des untersuchten bzw. kommentierten Dokuments gemeint. In einer »kritischen« bzw. »historisch-kritischen« Kant- oder Hölderlinausgabe wird nicht Kant oder Hölderlin kritisiert, sondern der Text ihrer Werke sorgfältig recherchiert und im jeweiligen historischen Kontext kommentiert.

8.2 Die Entstehung der modernen Bibelwissenschaft

Die Universitätstheologie konnte den beschriebenen Modernisierungsprozess nicht ignorieren. Man wollte den christlichen Glauben auch im Rahmen des neuen Wissenschaftsverständnisses zur

Sprache bringen. Dazu musste man gesprächsfähig, also wissenschaftlich auf dem Laufenden bleiben. Dieses Bemühen darf man nicht generell als »Anpassung an den Zeitgeist« abqualifizieren. Natürlich spielten – wie überall im Leben – auch Anpassungen dieser Art eine Rolle. In erster Linie ging es aber um etwas Wichtigeres. Es ging darum, den Modernisierungsprozess *ernst zu nehmen* und ihn in seiner Bedeutung richtig einzuschätzen.

Die moderne *Bibelwissenschaft* entstand nicht zufällig innerhalb der *evangelischen* Theologie. Hier waren die Voraussetzungen am günstigsten. In der evangelischen Theologie spielte die Tradition nicht die gleiche Rolle wie in der katholischen Theologie. Im Protestantismus hatten Bildung und Bildungsverantwortung von Anfang an einen hohen Stellenwert. Von Luther wusste man, dass die Bibel *über* der kirchlichen Tradition steht und Letztere gegebenenfalls von der Bibel her kritisiert werden muss.

Im »*konfessionellen Zeitalter*« (etwa 1550–1650) waren allerdings *alle* neu entstandenen Konfessionskirchen bestrebt, das eigene Profil zu stärken und sich von den anderen Kirchen abzugrenzen. In dieser Zeit entstand auch in den lutherischen Kirchen eine lutherische *Tradition*. Das zeigte sich nicht nur in der Liturgie des Gottesdienstes und in den kirchlichen Gebräuchen, sondern vor allem auch in der *kirchlichen Lehre*. Auch sie wurde zu einem Ausdruck von Tradition. Im konfessionellen Zeitalter wurde die Bibelauslegung konfessionell gesteuert. Man legte die Bibel katholisch, lutherisch oder calvinistisch aus. Dabei wurde der Bibeltext oft vorschnell dogmatisch vereinnahmt. Es stand von vornherein fest, zu welchem Ergebnis die Auslegung eines Bibeltextes kommen muss. In bestimmter Hinsicht war die Bibel im konfessionellen Lehrgebäude der jeweiligen Kirche gefangen. Es ist wichtig, diesen Hintergrund zu kennen, um mitempfinden zu können, in welcher kirchlichen Situation sich das historische Denken in der evangelischen Theologie Gehör verschaffte.

Das im Entstehen begriffene historische Denken schärfte das Bewusstsein dafür, dass die biblischen Texte aus einer anderen Zeit und Kultur stammen. Das rief die Frage hervor: Entspricht der *ursprüngliche* Sinn der biblischen Texte – das, was die Autoren ihren damaligen Lesern sagen wollten – tatsächlich dem, wie diese Texte heute nach kirchlicher Lehre ausgelegt werden? Mit dieser bohrenden Frage beginnt die moderne Bibelwissenschaft.

Schon Luther hatte die kirchliche Tradition im Namen der Bibel in Frage gestellt. Darin lag eine gewisse Analogie, an die man anknüpfen und auf die man sich berufen konnte. Jetzt aber stand die Anfrage an die Tradition im Kontext des modernen historischen Denkens, das Luther noch nicht kannte. Anders als bei Luther ging es jetzt darum, die biblischen Denkweisen und Sprachformen zu erforschen, aber auch die Entstehung der biblischen Schriften und der Bibel insgesamt. Um solche Themen hatte sich die kirchliche Lehre bisher kaum gekümmert. Sie lagen nicht in ihrem Blickfeld. In den etwa zweihundert Jahren, in denen die »protestantische Orthodoxie« die evangelische Kirche prägte (ca. 1580–1780), wurde kein einziges theologisches Fachbuch zum Thema »Entstehung der Bibel« geschrieben. Der biblische Kanon interessierte nur in seiner fertigen Gestalt. Auch die Reformatoren hatten sich für diese Thematik nicht besonders interessiert. Das änderte sich erst mit dem Aufkommen des historischen Denkens. Mit ihm setzte sich in der evangelischen Theologie die Erkenntnis durch: den ursprünglichen Sinn biblischer Texte zu erforschen, ist für die Theologie eine wichtige und unverzichtbare Aufgabe. Man muss die Bibel aus ihrer Zeit heraus verstehen. Erst dann kann man sie sinngemäß auf die Gegenwart beziehen.

In den letzten beiden Jahrzehnten des 18. Jahrhunderts wurde es zunehmend als Problem empfunden, dass es an den Universitäten keine Abteilungen und keine Lehrstühle gab, deren Aufgabe es war, die biblischen Texte in ihrem Entstehungszusammenhang zu erforschen. Der Ruf nach solchen »bibelwissenschaftlichen« Lehrstühlen wurde immer lauter. Dabei war klar, dass solche Lehrstühle nur Sinn hatten, wenn sie den dogmatischen Lehrstühlen gegenüber eigenständig sind. Die Dogmatik bzw. die kirchliche Lehre kann die Ergebnisse nicht vorwegnehmen, die sich bei der historischen Erforschung der biblischen Texte ergeben werden. Solange die kirchliche Lehre die Erforschung der Bibel steuern und bevormunden will, macht sich die Kirche zum Herrn über die Bibel und zum Herrn über die Wissenschaft. Der ursprüngliche Sinn eines Bibeltextes muss auch dann gewürdigt werden, wenn er der Kirche nicht gefällt, weil er dem dogmatischen Lehrgebäude oder den Interessen der Kirche nicht entspricht.

In den ersten Jahrzehnten des 19. Jahrhunderts wurde diese neue »Bibelwissenschaft« an den Universitäten als eigenständige

Disziplin eingeführt. Sie wurde unterteilt in die jeweils selbstständigen Fächer »Altes Testament« und »Neues Testament«. Die Aufgabe dieser »modernen« Bibelwissenschaft war es – und dabei ist es bis heute geblieben –, den *ursprünglichen* Sinn der biblischen Texte zu erforschen und ihn von späteren Umdeutungen zu unterscheiden. Das Ziel der modernen Bibelwissenschaft war und ist: Die Bibel soll ihr eigenes, ursprüngliches Wort sagen dürfen, auch dann, wenn es ein fremdes und sperriges Wort ist, das den Interessen der heutigen Kirchen und christlichen Gruppen nicht entspricht. Die moderne Bibelwissenschaft ist demnach in erster Linie traditionskritisch, kirchenkritisch, dogmenkritisch, frömmigkeitskritisch, aber auch selbstkritisch.[183] Sie ist es *zugunsten* der biblischen Texte und insofern in *positiver* Absicht. Der bibelwissenschaftliche Exeget versteht sich als Anwalt des Bibeltextes gegenüber allen sachfremden Interessen, von welcher Seite auch immer. Der entscheidende Schritt, um dieses Ziel zu erreichen, heißt: Die Bibel erst einmal aus ihrer Zeit heraus verstehen lernen.

In den neu eingerichteten bibelwissenschaftlichen Lehrstühlen und Abteilungen wurden im Laufe des 19. Jahrhunderts neue Methoden entwickelt. Diese Methoden basieren auf dem modernen historischen Denken und dem neuen Wissenschaftsverständnis.[184] Für sie hat sich die Sammelbezeichnung »Historisch-kritische Methoden« eingebürgert. Es handelt sich dabei um ein ganzes Bündel von Methoden.[185] Bei dieser Bezeichnung ist das Adjektiv »kritisch« *nicht* gleichbedeutend mit einer Kritik an der Bibel.[186] Dieses Adjektiv will vielmehr zum Ausdruck bringen: Die betreffenden Methoden basieren auf dem modernen historischen und wissenschaftlichen Denken. Auch die Fachbegriffe »Bibelkritik« und »Kanonkritik« meinen keine Kritik an der Bibel bzw. am biblischen Kanon. Gemeint ist vielmehr eine metho-

---

[183] Ein Bibelwissenschaftler muss sich darin üben, eigene bisherige Meinungen wieder aufzugeben, wenn sich die Indizien mehren, dass sie der ursprünglichen historischen Sachlage nicht entsprechen.

[184] Vgl. Abschnitt 1.

[185] Im Rahmen des vorliegenden Buchs ist es nicht möglich, diese Methoden im Einzelnen vorzustellen und zu kommentieren.

[186] Vgl. Abschnitt 1 (Punkt 5).

disch durchdachte Untersuchung der Bibel und des Kanons.[187] Weil die diesbezüglichen Missverständnisse fast unüberwindlich sind, sollte man das Wort »Bibelkritik« im (nichtwissenschaftlichen) Gespräch unter Christen nach Möglichkeit vermeiden. Man kann es durch das Wort »Bibelwissenschaft« ersetzen. Beide Begriffe meinen das Gleiche.

Die Entwicklung der neuen bibelwissenschaftlichen Methoden nahm einen langen Zeitraum in Anspruch. Die Bibelwissenschaft musste es auch lernen, mit den neuen Methoden angemessen umzugehen. In diesem Lernprozess kam es auch zu »Irrungen und Wirrungen«. Das liegt in der Natur der Sache, wenn man Neuland betritt. Der Entwicklungs- und Lernprozess der Bibelwissenschaft ist bis heute nicht abgeschlossen. Die entwickelten Methoden entsprechen weitgehend den Methoden, die auch in anderen Wissenschaften üblich geworden sind, insbesondere in der Geschichtswissenschaft. D.h. die moderne Bibelwissenschaft verwendet im Prinzip die gleichen Methoden, die auch sonst zur Erforschung der Antike und der antiken Literatur verwendet werden. Das ist keine Respektlosigkeit gegenüber der Bibel. Es handelt sich vielmehr um ein Ernstnehmen der geschichtlichen Dimension der Bibel. Ihre einzigartige geistliche Rolle als Heilige Schrift der Juden und Christen wird dadurch weder bestritten noch übersehen.

Es gehört zu den Grundüberzeugungen der modernen Bibelwissenschaft, dass man weder der Bibel noch der Christenheit einen Dienst erweist, wenn man für die Bibel eine »methodische Sonderbehandlung« verlangt und sich scheut, die »normalen weltlichen« Methoden auf sie anzuwenden. Eine solche Sonderbehandlung wird dem intensiven Zusammenhang der Bibel mit der geschichtlichen Realität und dem Alltag nicht gerecht. In der Anwendung der »normalen weltlichen« Methoden auf die Bibel liegt – richtig verstanden – vielmehr eine *Wertschätzung* der Bibel: Die Bibel hat eine Sonderbehandlung nicht nötig. Das Besondere an der Bibel wird eher dadurch deutlich, dass man sie *nicht*

[187] Entsprechendes gilt für die Fachbegriffe »Textkritik«, »Literarkritik«, »Formkritik«, »Redaktionskritik« u. a. Sie meinen keine Kritik am Text, an der Form oder an der Redaktion, sondern die sorgfältige, methodisch überprüfbare Analyse dieser Aspekte.

von vornherein »schont« und unter Ausnahmerecht stellt, sondern den üblichen Prüfungen aussetzt. Das verkraftet die Bibel. Methodische Sonderbehandlungen isolieren die Bibel. Andererseits muss man sich in der Tat dessen bewusst bleiben, dass historische Methoden *allein* den Reichtum der Bibel nicht ausschöpfen können. Historische Methoden – oder grundsätzlicher formuliert: wissenschaftliche Methoden – können im Verstehen der Bibel nicht mehr sein als ein erster, wichtiger Schritt. Gottes Wirken durch die Bibel entzieht sich der wissenschaftlichen Forschung. Die menschlich-geschichtliche Seite der Bibel und ihre von Gott herkommende geistliche Qualität gehören zusammen. Sie dürfen nicht gegeneinander ausgespielt werden.

Darf ein christlicher Bibelwissenschaftler, *nachdem* er einen Bibeltext so unvoreingenommen und sorgfältig wie möglich erforscht und den ursprünglichen Sinn des Textes umrissen hat, an der Aussage dieses Textes *inhaltlich* Kritik üben?[188] Nach christlichem Verständnis kann er das nicht in eigener Autorität. Er kann es nur – wie jeder andere Christ auch – von einer Autorität her, die der Bibel *übergeordnet* ist. Das ist *allein* die Autorität Jesu Christi.[189] Eine an Jesus Christus orientierte *Sachkritik* an der Bibel basiert aber nicht auf dem historischen Denken, sondern auf der Autorität Jesu Christi. Schon Martin Luther hat unter Berufung auf Jesus Christus Sachkritik an biblischen Texten und Schriften geübt. Das historische Denken eignet sich *nicht* als Grundlage einer Sachkritik. In der historischen Erforschung der Bibel geht es nicht um inhaltliche Kritik an der Bibel, sondern um das *Verstehen* ihres ursprünglichen Sinns. Es liegt auch keine Kritik an der Bibel vor, wenn Bibelwissenschaftler auf Grund stichhaltiger Beobachtungen am Text der Bibel zu der Überzeugung gelangen, dass bestimmte biblische Erzählungen keinen geschichtlichen Charakter haben und auch die biblischen Geschichtserzählungen keine Geschichtsreportagen im modernen Sinn sind. Diese Erkenntnisse sind vielmehr wichtig, um

---

[188] Eine solche Kritik bezeichnet man in der wissenschaftlichen Theologie als »*Sachkritik*«. Dabei ist das Wort »Kritik« tatsächlich im Sinne des heutigen Alltagsprachgebrauchs gemeint (vgl. dazu Abschnitt 1, Punkt 5).

[189] Vgl. dazu ausführlich Kapitel 4. Eine »Sachkritik« an der Bibel, die im Dienste einer philosophischen, politischen, psychologischen (usw.) Ideologie steht, verdient nach christlichem Verständnis die Bezeichnung »Sachkritik« nicht.

den Bibeltext gemäß seiner eigenen Aussageabsicht zu verstehen. Auch wenn Bibelwissenschaftler zu dem Ergebnis kommen, dass in einem Bibeltext eine historische oder geographische Angabe nicht stimmt, handelt es sich *nicht* um Kritik an der Bibel, sondern um eine *Feststellung.* Sollte eine biblische Angabe dieser Art tatsächlich nicht zutreffend sein, dann ist es die Pflicht der Bibelwissenschaft, auf diesen Tatbestand hinzuweisen. Oder soll man die Augen vor der Realität verschließen? Hinweise auf fehlerhafte Angaben in der Bibel empfindet nur derjenige als »Kritik an der Bibel«, dessen Bild von der Bibel keine Fehler zulässt. In der wissenschaftlichen Theologie ist der Tatbestand, dass es in der Bibel auch Fehler gibt, längst zu einer Selbstverständlichkeit geworden, an der sich niemand stört. Dieser Tatbestand ändert nichts an der Wertschätzung der Bibel, an ihrer Qualität und Glaubwürdigkeit in den heilsentscheidenden Aspekten. Auch die Kraft, die der Heilige Geist einem Bibeltext verleihen kann, wann und wo er will, hängt von diesem Gesichtspunkt nicht ab.

8.3 Die Entdeckung des alten Orients

Die weitere Entwicklung der Bibelwissenschaft wurde wesentlich dadurch gefördert, dass es im 19. Jahrhundert zu einer *Entdeckung des alten Orients* kam. Ein entscheidender Schritt auf diesem Weg war die Entzifferung der beiden ältesten Schriftsysteme der Welt: der ägyptischen Hieroglyphen und der mesopotamischen Keilschrift.[190] Bis zum 19. Jahrhundert hatte niemand einen Zugang zu diesen Schriftsystemen gefunden. Man war sich nicht sicher gewesen, ob es sich überhaupt um Schriften handelt und nicht um Verzierungen oder Symbole.[191] Im Jahr 1822 wurden – nach jahrelangen, intensiven Bemühungen – die Hieroglyphen entziffert, im Jahr 1847 die altpersische Keilschrift. Etwas später, ab den 50er Jahren, konnte man auch den Großteil der

[190] Als »Mesopotamien« bezeichnet man das Einzugsgebiet der Flüsse Euphrat und Tigris. Es entspricht dem Staatsgebiet des heutigen Irak.

[191] Sowohl die Hieroglyphen als auch die Keilschrift kamen schon in vorchristlicher Zeit außer Gebrauch. Ab dem 5. Jh. v. Chr. dehnte sich das persische Großreich über den gesamten Orient aus. In diesem Großreich wurde für amtliche Zwecke keine Keilschrift mehr verwendet. Nach den Eroberungszügen Alexander d. Gr. breitete sich im Orient und in Ägypten die griechische Sprache und Schrift aus.

assyrisch-babylonischen Keilschrift übersetzen.[192] In den 70er Jahren des 19. Jahrhunderts stieß man auf Keilschrifttexte, die in einer bis dahin unbekannten Sprache abgefasst waren. Es handelte sich um die sumerische Sprache, von deren Existenz man bisher nichts gewusst hatte. Auch diese Sprache konnte entschlüsselt werden. Ihre Kenntnis erwies sich als unerlässlich für die Erforschung der alten Kulturen im südöstlichen Teil Mesopotamiens (z.B. der Stadt Ur). Schließlich gelang es im 19. Jahrhundert auch, die Schrift der Nabatäer zu entziffern. Damit waren die sprachlichen Barrieren überwunden. Das schuf eine völlig neue Ausgangsbasis für weitere Forschungen. Auf dieser neuen Basis entwickelten sich die Wissenschaften Ägyptologie, Assyrologie, Altorientalistik und Semitik.

Nach ersten Versuchen begannen in Ägypten und Mesopotamien in den 40er Jahren des 19. Jahrhunderts systematische *Ausgrabungen.* 1847 konnte Ninive identifiziert werden, 1851 Babylon.[193] In Ninive entdeckte man den Palast Sanheribs und die Bibliothek Assurbanipals, in Babylon den Palast Nebukadnezars. Die Grabungen brachten nicht nur Paläste, Tempel, Häuser, Straßen, Stadtmauern, Stadttore, Bewässerungsanlagen, Statuen, Reliefs, Inschriften, Keramik, Münzen, Schmuck, Waffen und Werkzeuge ans Tageslicht, sondern auch Zehntausende von Tontafeln, die mit Keilschrift beschrieben waren. Allein in der Bibliothek Assurbanipals fand man über 30 000 beschriftete Tontafeln. Nirgendwo sonst auf der Welt hat man jemals wieder so alte und

---

[192] Bei den Hieroglyphen und der assyrisch-babylonischen Keilschrift handelt es sich um *Bilderschriften.* Sie wurden schon ab dem vierten Jahrtausend v.Chr. entwickelt. Die altpersische Keilschrift ist dagegen eine *Silbenschrift.* Sie stellt bereits eine Zwischenstufe zur späteren *Buchstabenschrift* dar. Letztere setzt das Vorhandensein eines Alphabets voraus. Das Alphabet entstand ebenfalls im Orient in der zweiten Hälfte des 2. Jahrtausends v.Chr., vermutlich in Kanaan (nicht als plötzliche »Erfindung«, sondern über einen längeren Zeitraum hinweg). Die Phönizier brachten die Entwicklung des Alphabets zu einem gewissen Abschluss. Von ihnen haben die Griechen das Alphabet übernommen und nach Europa vermittelt.

[193] Ninive war die Hauptstadt der Assyrer. Ihr ursprüngliches Herrschaftsgebiet war der nordwestliche Teil Mesopotamiens. Ninive lag in unmittelbarer Nähe der heutigen Stadt Mossul. Babylon war die Hauptstadt der Babylonier. Diese lebten im südöstlichen Teil Mesopotamiens. Babylon lag etwa 30 km südlich der heutigen Hauptstadt Bagdad.

umfangreiche Textbestände gefunden. Immer deutlicher zeichnete sich ab, wie viel das Abendland den alten Kulturen des Orients und Ägyptens verdankt.[194] Die ausgegrabenen Objekte und die gefundenen Texte betrafen alle Gebiete des Lebens: Politik, Religion, Verwaltung, Wirtschaft, Architektur, Literatur, Kunst und Wissenschaft. Das ermöglichte völlig neue Einblicke in das Leben der Menschen jener Zeit. Nun erst konnte man eine realistische Vorstellung davon gewinnen, wie anders das Leben der damaligen Menschen war im Vergleich zum Leben des modernen Europäers.

In den Texten des alten Orients und des alten Ägypten fanden sich zahlreiche Bezüge und Parallelen zu *biblischen Texten*. Dabei stellte sich heraus, dass viele biblische Motive und Themen (Schöpfung, Sintflut, Gesetze, Weisheitssprüche, Rituale, Namen u. a.) mesopotamische und ägyptische Vorläufer hatten, die älter waren als die biblischen Überlieferungen. Diese Erkenntnis war neu. Sie machte entsprechende Umdenkprozesse erforderlich. Bis zum 19. Jahrhundert ist man davon ausgegangen, dass die Bibel das Buch mit den ältesten erhaltenen Texten ist. Jetzt fand man viele Texte, die wesentlich älter waren als die ältesten Texte der Bibel. Andererseits zeigte es sich, dass die biblischen Texte die vorgegebenen Themen oft auf eine sehr eigenständige Weise darbieten. Darin kommt der besondere Charakter des israelitischen Glaubens zum Ausdruck. Die Zusammenhänge mit den altorientalischen und ägyptischen Überlieferungen sind jedoch unbestreitbar.[195]

[194] Europa verdankt dem alten Orient und dem alten Ägypten nicht nur die »Erfindung« des Rads, der Keramik, der Schrift, des Alphabets, des Getreide- und Weinanbaus, sondern auch grundlegende Entwicklungen in der Zähmung und Züchtung von Tieren, in der Bewässerungstechnik, sowie auf den Gebieten des Rechts, der Architektur, der Literatur, der Kunst und der Wissenschaft (vor allem in den Bereichen Mathematik, Astronomie, Kalenderwesen und Medizin).

[195] 1872 wurde auf einer beschrifteten Tontafel die babylonische Sintflutgeschichte entdeckt. Wie man später herausfand, reichen ihre Wurzeln bis in die sumerische Zeit zurück. Bisher war man davon ausgegangen, dass die biblische Sintflutgeschichte einzigartig ist. Die babylonische Sintfluterzählung weist jedoch verblüffende inhaltliche Parallelen zur biblischen Sintflutgeschichte auf, z. T. bis in die Details. Der Vergleich beider Sintfluterzählungen zeigt aber auch wichtige Unterschiede. Gerade darin wird das Profil der biblischen Erzählung und ihr besonderes Aussageinteresse deutlich. Nur die biblische Sintflutgeschichte endet z. B. mit einer Verheißung (Bundeszusage) Gottes.

Aus den neu erschlossenen Quellen konnte man ersehen, wie diese alten Nachbarvölker Israels sich selbst verstehen und darstellen. Bisher kannte man sie nur aus der Bibel, d. h. nur aus dem Blickwinkel Israels. Die neue Perspektive führte nicht nur zu neuen Einzelerkenntnissen, sondern zu einer grundsätzlichen Erweiterung des Blickfelds und einer neuen Wahrnehmung. Erst ab jetzt konnte man ermessen, wie tief die Bibel in der Welt des alten Orients beheimatet ist.

Im 19. Jahrhundert begannen auch die ersten wissenschaftlichen Erkundungen des *Heiligen Landes*. Zwar haben nach dem Ende der Kreuzritterzeit immer wieder Reisende trotz schwieriger Reisebedingungen das Heilige Land besucht. Sie konzentrierten sich aber meist auf die bekannten Pilgerziele. Es gab in »Palästina« – so hieß das Land im 19. Jahrhundert – große Landstriche, die seit der Kreuzritterzeit oder sogar seit dem Altertum kein Europäer mehr betreten hatte. Viele biblische Orte wurden zum letzten Mal auf der Ortsliste des Eusebius erwähnt.[196] Obwohl das Heilige Land im 19. Jahrhundert Teil des Osmanischen Reichs war – d. h. unter türkischer Herrschaft stand – und überwiegend von Muslimen bewohnt wurde, begannen europäische Wissenschaftler, das Land systematisch zu erforschen. Palästina wurde erstmals vermessen. Das war die Voraussetzung für genaueres Kartenmaterial. In Jerusalem fand 1867 die erste Ausgrabung statt. Ab dieser Zeit wurden wissenschaftliche Gesellschaften gegründet, die sich der Erforschung des Heiligen Landes widmeten: »Palästine Exploration Found«, »Deutscher Verein zur Erforschung Palästinas«, »Ecole biblique et archéologique française« u. a.

Fazit: Im 19. Jahrhundert kam es nicht nur zu einer wissenschaftlichen Entdeckung des alten Orients und des alten Ägypten, sondern auch zu einer wissenschaftlichen Entdeckung des Heiligen Landes. Wer auch nur eine ungefähre Vorstellung davon hat, was seit dieser Zeit bis heute an neuen Erkenntnissen und Einblicken in den alten Orient und in die Welt der Bibel gewonnen wurde, der wird es nicht für angebracht halten, die Bedeutung

[196] Das »Onomastikon« des Eusebius (265–339 n. Chr.) – Bischof von Caesarea und Verfasser der ersten Kirchengeschichte – ist der beeindruckende Versuch, möglichst viele der in der Bibel genannten Orte aufzulisten und zu lokalisieren.

dieser *modernen Forschungsarbeit* zu unterschätzen oder unerwähnt zu lassen. Unser heutiges Wissen über den alten Orient stammt zum größten Teil aus den beiden letzten Jahrhunderten. Weder die Reformatoren noch die Väter der protestantischen Orthodoxie und des Pietismus haben diese Entdeckung des alten Orients und des Heiligen Landes erlebt. Sie lebten *vor* dieser Zeit. Das umfangreiche, neu erschlossene Quellenmaterial und die sich daraus ergebenden Rückschlüsse und religionsgeschichtlichen Vergleiche standen ihnen noch nicht zur Verfügung. Das schmälert nicht ihre Bedeutung. Forschungsgeschichtlich muss dieser Umstand jedoch beachtet und darf nicht übersehen werden. Bei den Reformatoren und den genannten Vätern kann man auch noch nicht das Bewusstsein für den geschichtlichen Wandel und für den geschichtlichen Abstand zur biblischen Welt voraussetzen, das erst später entstanden ist und das zum Bedingungsrahmen der modernen Bibelwissenschaft geworden ist.

8.4 Die weitere Entwicklung der modernen Bibelwissenschaft

Im 20. Jahrhundert hat die moderne Bibelwissenschaft breite Anerkennung gefunden. Sie hat sich in dieser Zeit auch weiterentwickelt und verändert. Im Rahmen des vorliegenden Buchs ist es nicht erforderlich, die Geschichte der historisch-kritischen Bibelwissenschaft detailliert zu behandeln. Ich beschränke mich darauf, den Prozess ihrer Anerkennung an *fünf* Gesichtspunkten deutlich zu machen. Anschließend skizziere ich die Veränderungen, die die Bibelwissenschaft vor allem in den letzten Jahrzehnten durchlaufen hat und die heutige Diskussionslage.

(1) *Im Universitätsbereich* war die moderne Bibelwissenschaft – was die *evangelischen* Fakultäten betrifft – am Beginn des 20. Jahrhunderts bereits überall anerkannt. Bei dieser Anerkennung ist es bis heute geblieben. Die Existenzberechtigung der historisch-kritischen Bibelwissenschaft ist innerhalb der evangelischen Universitätstheologie im 20. Jahrhundert zu keinem Zeitpunkt mehr grundsätzlich bestritten worden. Keine der zahlreichen Richtungen der modernen Bibelwissenschaft will die historisch-kritischen Methoden wieder aufgeben. Das gilt auch für die konservativen

Vertreter der modernen Bibelwissenschaft. Man kann insofern innerhalb der protestantischen Universitätstheologie von einer *einhelligen Akzeptanz* der historisch-kritischen Methoden sprechen. Diese anhaltende Zustimmung ist bemerkenswert. Dass eine so große Zahl an Fachleuten über einen so langen Zeitraum hinweg die Überzeugung vertritt, dass die historisch-kritischen Methoden berechtigt und nicht ersetzbar sind, kann man nicht ignorieren oder als unwichtig einstufen. Immerhin kommt die Zustimmung von denen, die mit diesen Methoden seit langem arbeiten und sie am besten kennen.

(2) *Die Kirchenleitungen* der evangelischen Landeskirchen haben die Berechtigung und die Bedeutung der historisch-kritischen Methoden ebenfalls anerkannt. Auch diese Anerkennung hält seit dem 19. Jahrhundert bis heute an. Schon im 19. Jahrhundert haben die Kirchenleitungen es befürwortet, dass die modernen bibelwissenschaftlichen Methoden zum festen Bestandteil der Pfarrerausbildung werden. Diese Entscheidung hat sich nach Auffassung der heutigen Kirchenleitungen im Grundsätzlichen bewährt. Keiner der Vorschläge zur Reform der Theologenausbildung, die in der Evangelischen Kirche in Deutschland (EKD) heute diskutiert werden, befürwortet einen Verzicht auf die historisch-kritische Bibelwissenschaft. Auch diese einhellige Anerkennung ist bemerkenswert.

(3) *Die Katholische Kirche* hat sich der modernen Bibelwissenschaft in der zweiten Hälfte des 20. Jahrhunderts ebenfalls geöffnet. Auch sie beurteilt die historisch-kritischen Methoden inzwischen als berechtigt und nicht ersetzbar.[197] Damit wird die historisch-kritische Bibelwissenschaft von allen großen Konfessionen der westlichen Christenheit anerkannt. Die Anerkennung vonseiten der katholischen Weltkirche hat darüber hinaus Bedeutung für die katholischen Christen in Mittel- und Südamerika, Afrika und Asien.

(4) *Die Lehrerausbildung* ist in Deutschland seit den 60er Jahren des 20. Jahrhunderts auf eine wissenschaftliche Grundlage gestellt worden.[198] Für die Ausbildung der Gymnasiallehrer galt das be-

---

[197] Vgl. dazu den folgenden Abschnitt.

[198] Ausnahmen gibt es allenfalls noch in der Ausbildung der sogenannten »Fachlehrer«.

reits seit dem 19. Jahrhundert. Jetzt wurde die Wissenschaftsorientierung auf die Lehrerausbildung insgesamt ausgeweitet. In einer wissenschaftsgeleiteten Lern- und Bildungsgesellschaft führte an diesem Schritt kein Weg vorbei. Seitdem müssen sich auch diejenigen Lehrerinnen und Lehrer, die an Grundschulen, Hauptschulen, Real- und Sonderschulen das Fach Religion unterrichten, in ihrer Ausbildung mit den Methoden der historisch-kritischen Bibelwissenschaft beschäftigen. Für die Ausbildung der *Diakoninnen* und *Diakone* gilt Entsprechendes. Ihre Ausbildung findet seit einigen Jahrzehnten weitgehend an staatlich anerkannten Hochschulen statt.

(5) *Auch die größeren evangelischen Freikirchen* bewerten seit geraumer Zeit die historisch-kritische Bibelwissenschaft positiv. Die Ausbildungsstätte der Ev.-Methodistischen Kirche in Reutlingen und der Baptistenkirche in Elstal (bei Berlin) arbeiten mit den gleichen bibelwissenschaftlichen Methoden, wie sie an den Universitäten üblich sind. Beide Ausbildungsstätten legen Wert auf den persönlichen Glauben und die missionarische Kompetenz der Studierenden. Wie die Erfahrung dieser Ausbildungsstätten zeigt, steht das in keinem Widerspruch zur Bejahung der historisch-kritischen Bibelwissenschaft.

Diese Anerkennungsgeschichte der modernen Bibelwissenschaft spricht für sich. Wichtig ist dabei, dass es gelungen ist, eine Reihe von Einseitigkeiten in der Arbeitsweise der modernen Bibelwissenschaft zu überwinden. In der Geschichte der modernen Bibelwissenschaft hat es zahlreiche Einseitigkeiten und Voreingenommenheiten gegeben. Das gilt in anderer Weise aber auch für die *frühere* Geschichte der Bibelauslegung.[199] Die moderne Bibelwissenschaft war längere Zeit vor allem durch eine Überschätzung der Vernunft gekennzeichnet. Darin spiegelt sich der Tatbestand, dass mit dem Beginn der Moderne die Rolle der Vernunft gegenüber der Tradition stark aufgewertet worden ist. Die Überschätzung der Vernunft hat dazu geführt, dass Rationalismus und Positivismus (vor allem in Gestalt des Historismus), aber auch der

---

[199] Auch in den Jahrhunderten *vor* dem Entstehen der modernen Bibelwissenschaft hat es in der Bibelauslegung zahlreiche Einseitigkeiten gegeben. Man kann also nicht sagen: »Früher war alles besser«. Das wäre nichts Anderes als »konservative Romantik«.

Skeptizismus (vor allem in Gestalt der historischen Skepsis) auf die Bibelwissenschaft des 19. und 20. Jahrhunderts einen großen Einfluss hatten. Weitere philosophische, weltanschauliche und ideologische Fixierungen kamen im Laufe der Zeit hinzu. Das ist im Rückblick unumwunden zuzugeben und kritisch aufzuarbeiten.

Man muss bei diesem Rückblick allerdings Folgendes im Blick behalten: Weltanschauliche und ideologische Voreingenommenheiten kommen nicht nur in der Universitätstheologie vor. Sie ereignen sich in *allen* Bereichen der Gesellschaft und der Kirche. Keine christliche Gruppierung ist solchen Gefahren gegenüber gefeit. Im Nachhinein lassen sich Einseitigkeiten dieser Art meist leichter erkennen, als in der Situation selbst. Auch die Gegner der Bibelwissenschaft haben ihre Voreingenommenheiten und Einseitigkeiten, ihre philosophischen, weltanschaulichen und ideologischen Engführungen. Es gibt nicht nur liberale, sondern auch konservative Ideologien. Am besten kehrt in diesen Dingen jeder vor der eigenen Haustür und zieht erst einmal den Balken aus dem eigenen Auge, bevor er selbstgerecht auf Andere zeigt. In Auseinandersetzungen dieser Art kommt es darauf an, dass *alle* Gesprächsteilnehmer die Bereitschaft und die Fähigkeit zur Selbstkritik und Selbstkorrektur entwickeln.

Die heutige Bibelwissenschaft ist im Allgemeinen selbstkritischer und bescheidener geworden. Das ist eine positive Entwicklung, über die man sich freuen kann. Längst ist es zu einer »Aufklärung über die Aufklärung« gekommen. Niemand behauptet heute noch, dass die historisch-kritischen Methoden neutral, voraussetzungslos oder im vollen Sinn »objektiv« sind. Keine Methode ist voraussetzungslos, neutral oder objektiv. Jede Methode hat ihre Perspektive, ihr erkenntnisleitendes Interesse, ihre starken und schwachen Seiten und ihre »blinden Flecken«. Es gibt keine voraussetzungslose, neutrale Wissenschaft. Deshalb muss man die eigenen Voraussetzungen und das eigene Vorverständnis sich selbst und Anderen gegenüber soweit wie möglich offen legen und einer Überprüfung aussetzen. Andernfalls werden die eigenen Voraussetzungen zu *Vorurteilen*. Insbesondere im *Entdeckungs-* und *Verwendungszusammenhang* wissenschaftlicher Erkenntnisse spielen außerwissenschaftliche Interessen und Faktoren eine große Rolle. Doch auch die wissenschaftliche Forschungsarbeit selbst kann immer nur *Aspekte* der Wirklichkeit erfassen und auch das nur aus einer bestimmten Perspektive. Darüber besteht an der Universität heute weitgehend Konsens. Mit diesen Einsichten sind Rationalismus und Positivismus überwunden. Deshalb muss man die Diskussion über die historisch-kritischen Methoden mit der *heutigen* Bibelwissenschaft führen. Sie ist nicht mehr ohne weiteres vergleichbar mit der Bibelwissenschaft der Gründerzeit. Wer sich zu lange bei der Vergangenheit der Bibelwissenschaft aufhält und die Veränderungen der letzten Jahrzehnte unberücksichtigt lässt oder unterschätzt, redet an der heutigen Situation vorbei.[200]

Die an den wissenschaftlichen Hochschulen gesetzlich verankerte *Freiheit der Forschung und Lehre* bringt für die Kirchen und für die Theologie auch Probleme mit sich. Andererseits liegen in der akademischen Lehrfreiheit große Vorteile. Kein Hochschullehrer muss irgendjemandem nach dem Mund reden, auch denjenigen nicht, von denen er sein Gehalt bezieht. Dieser Gesichtspunkt hat Gewicht. Die Freiheit des Denkens und das Recht auf freie Meinungsäußerung ist ein wertvolles Gut. Das gilt auch für theologische Ausbildungsstätten. Die Kirchenleitungen tun gut daran, die Vor- und Nachteile der akademischen Lehrfreiheit sorgfältig abzuwägen. Dieser Abwägungsprozess hat sowohl bei der Evangelischen als auch bei der Katholischen Kirche dazu geführt, die theologischen Fakultäten und Fachbereiche an den Universitäten und Hochschulen *nicht* aufzugeben. Ich halte diese Entscheidung für richtig. Alles andere wäre die Preisgabe einer großen wissenschaftlichen Tradition. Im Rahmen der akademischen Lehrfreiheit kann es allerdings immer wieder zu einseitigen und extremen Thesen und Theorien kommen. Gerade sie treiben aber oft die wissenschaftliche Diskussion voran. Es wäre jedoch falsch, die akademische Lehrfreiheit ständig nur mit theologischem Extremismus in Verbindung zu bringen. Ich orientiere mich im vorliegenden Buch nicht an den Theologen, die unter den Fachkollegen besonders umstritten sind. Damit würde ich diesen Fachvertretern zu großes Gewicht geben. Ich orientiere mich an der Mehrheit der Bibelwissenschaftler, die überzogene Einseitigkeiten vermeiden und denen viel an einer vertrauensvollen Zusammenarbeit mit den Kirchenleitungen und der Gemeindepraxis liegt. Einerseits darf man die wissenschaftliche Qualität, die an den theologischen

---

[200] Das ist leider bei sehr vielen konservativen christlichen Autoren der Fall. Sie haben ein Interesse daran, ihrer meist wenig informierten Leserschaft gegenüber ein Feindbild von der modernen Bibelwissenschaft zu zeichnen.

Fakultäten errungen worden ist, nicht leichtfertig aufgeben. Andererseits ist es notwendig, dass sich die wissenschaftliche Theologie und die christliche Praxis aufeinander zu bewegen. *Beide Seiten* brauchen den Kontakt und den gegenseitigen Respekt.

Trotz der breiten Anerkennung der modernen Bibelwissenschaft und der Überwindung früherer Einseitigkeiten ist es in den letzten Jahrzehnten an den Universitäten zu einem *verstärkten Unbehagen* an der historisch-kritischen Bibelwissenschaft gekommen. Es geht dabei um ein Unbehagen derer, die die historisch-kritische Bibelwissenschaft *bejahen*. Dieses Unbehagen hat seine Gründe und muss ernst genommen werden. Es bezieht sich vor allem auf *drei* Gesichtspunkte:

(1) In der Auslegung der Bibel ist es nicht damit getan, die biblischen Texte dem heutigen Leser gegenüber auf Distanz zu bringen, damit dieser es lernt, die biblischen Texte in ihrem historischen Charakter zu würdigen. Die biblischen Texte wollen den heutigen Leser erreichen und ansprechen. Ihr Ziel ist nicht Distanz, sondern Nähe. Zwar gibt es diese Nähe in der Tat nicht unter generellem Ignorieren des geschichtlichen Abstands. Das ändert aber nichts daran, dass es entscheidend auf den persönlichen Bezug des Lesers zum Bibeltext ankommt, d. h. auf den *Gegenwartsbezug* der biblischen Texte. Um die Gegenwartsbedeutung der Bibel zur Geltung zu bringen, reichen die historisch-kritischen Methoden nicht aus. Es bedarf dazu auch anderer Zugangsweisen zur Bibel und anderer Methoden des Umgangs mit ihr.

(2) Die fortschreitende Spezialisierung der bibelwissenschaftlichen Methoden und Arbeitsgebiete verstärkt die Tendenz im akademischen Forschungs- und Lehrbetrieb, sich mit sich selbst zu beschäftigen. Viele Christen empfinden die Entfernung zwischen dem »Treiben« der universitären Bibelwissenschaft und dem Leben der Christen bzw. der christlichen Gemeinden als immens. Von alleine wird diese Kluft nicht kleiner werden. Es müssen Gelegenheiten zur Begegnung geschaffen werden, zum Austausch, zum Abbau von Vorurteilen und zur Zusammenarbeit in praxisorientierten Projekten. Zwar gibt es eine Reihe von Zeitschriften, Buchveröffentlichungen und Aktivitäten der kirchlichen Erwachsenenbildung, die sich zum Ziel gesetzt haben, die bibelwissenschaftlichen Fragestellungen und Erkenntnisse einer breiteren Leser-

und Hörerschaft nahe zu bringen. Aber es bleibt noch viel zu tun. Die Kluft ist nach wie vor groß, auch die Kluft zwischen der theologischen Fachsprache und jener Art von Allgemeinverständlichkeit, auf die auch eine aufgeschlossene Hörer- und Leserschaft angewiesen ist.

(3) Die weltweiten ökumenischen Kontakte haben deutlich gemacht, dass die historisch-kritische Bibelwissenschaft ein europäisch-westliches Phänomen ist, erwachsen aus der europäischen Geistesgeschichte. Das schmälert nicht ihre Bedeutung, begrenzt aber ihren Geltungsanspruch. Wir können diese europäische Tradition als wertvollen und wichtigen Beitrag in das weltweite Gespräch der Christenheit einbringen (zumal sich die in Europa entstandene Moderne heute global ausbreitet). Doch Europa ist nicht der Nabel der Welt. Europäische Theologen können von den außereuropäischen Traditionen viel lernen, ebenso auch von den nichtwissenschaftlichen Umgangsformen mit der Bibel.

Dem heutigen weltweiten Erfahrungskontext ist nur eine Bibelwissenschaft angemessen, die neben den historisch-kritischen Methoden auch anderen Methoden der Bibelauslegung Raum gewährt. In den letzten Jahrzehnten hat sich deshalb die Suche nach neuen (wissenschaftlichen) Methoden verstärkt, die den *Gegenwartsbezug* der biblischen Texte zur Geltung bringen können.[201] Auch die nichtwissenschaftlichen Zugangsweisen zur Bibel verdienen Beachtung und Anerkennung. Man kann in die biblische Botschaft sehr intensiv verstrickt werden, indem man sich den biblischen Texten betend, meditierend, singend, musizierend, malend, tanzend und spielend zuwendet. Keine dieser Zugangsweisen darf man gegen die anderen ausspielen. Alle diese Zugangsweisen zur Bibel haben ihre wertvollen Möglichkeiten. In diesem Miteinander kann die moderne Bibelwissenschaft nicht mehr sein als *ein* Weg neben anderen. Sie kann den anderen Zugangsweisen allerdings wichtige Dienste erweisen, indem sie den *ursprünglichen* Sinn der biblischen Texte ins Spiel bringt, damit ihm – in welcher Form auch immer – die Aufmerksamkeit geschenkt wird und die

---

[201] Auf diese neueren Zugangsweisen zur Bibel, die in der heutigen Bibelwissenschaft neben den historisch-kritischen Methoden eine beachtliche und zunehmende Rolle spielen, kann ich hier nicht ausführlicher eingehen. Das würde den Rahmen dieses Buchs sprengen.

Geltung zukommt, die ihm gebührt. Die historisch-kritischen Methoden können heute keinen Monopolanspruch mehr erheben, weder in der Kirche noch an der Universität. Sie müssen durch andere Methoden und Zugangsweisen ergänzt und relativiert werden, die andere Schwerpunkte setzen und andere Perspektiven einbringen. Diese Erkenntnis ist heute an der Universität großenteils anerkannt. Es gilt aber weiterhin, dass die historisch-kritischen Methoden in der theologischen und religionspädagogischen Ausbildung eine *wichtige* und *nicht ersetzbare* Aufgabe haben.

8.5 Die Entwicklung in der katholischen Kirche

Sehr wichtig ist die Entwicklung der Bibelwissenschaft innerhalb der *katholischen Kirche*. Man kann jedem Gegner der modernen Bibelwissenschaft nur empfehlen, sich mit dieser Entwicklung zu beschäftigen. In der katholischen Theologenausbildung waren die modernen bibelwissenschaftlichen Methoden längere Zeit nicht zugelassen (aus ähnlichen Gründen, wie sie der protestantische Fundamentalismus vertritt). Die erste päpstliche Bibelenzyklika (1893) lehnte die neuen bibelwissenschaftlichen Methoden weitgehend ab. Dabei blieb es mehrere Jahrzehnte. Die dritte päpstliche Bibelenzyklika (1943) öffnete der Bibelwissenschaft einen ersten Spalt. Sie machte es den katholischen Bibelwissenschaftlern zur Pflicht, die verschiedenen Textgattungen der Bibel in ihrer jeweiligen Eigenart zu beachten. Auf dem Zweiten Vatikanischen Konzil (1962–1965) öffnete sich die katholische Kirche den modernen bibelwissenschaftlichen Methoden wesentlich stärker. Von da an arbeiteten evangelische und katholische Exegeten weitgehend mit den gleichen Methoden. Die Konfession des Bibelwissenschaftlers spielte in der Forschung eine immer geringere Rolle. Gerade die Bibelwissenschaft entwickelte eine Kraft der Annäherung und Aussöhnung zwischen den Konfessionen. Ähnliches gilt für den Aussöhnungsprozess mit dem Judentum. Auch hier eröffnete die moderne Bibelwissenschaft neue Horizonte und damit Möglichkeiten der Annäherung.

Die Geschichte der Anerkennung der bibelwissenschaftlichen Methoden in der katholischen Kirche wurde abgeschlossen durch das Lehrschreiben der Päpstlichen Bibelkommission im Jahr 1993.

In diesem Lehrschreiben, das von Papst Johannes Paul II. ausdrücklich gelobt wurde, erklären die 19 vom Papst berufenen Mitglieder der Kommission – katholische Bibelwissenschaftler aus europäischen und nichteuropäischen Ländern – ihre *volle Anerkennung* der historisch-kritischen Bibelexegese in allen ihren Schritten. Dieser wissenschaftliche Umgang mit der Bibel wird von der Päpstlichen Bibelkommission nicht nur akzeptiert, sondern für die Kirche als wichtig und »unerlässlich« bezeichnet.[202] In seiner Rede zur offiziellen Entgegennahme dieses Dokuments sprach der Papst von der »historisch-kritischen Grundlage« der Bibelauslegung.[203] Die päpstliche Bibelkommission lehnt in ihrem Lehrschreiben jede Spielart einer fundamentalistischen Bibelsicht ab und bezeichnet diese Art von Bibelverständnis für die Kirche als »gefährlich«.[204] Interessant ist, wie Lothar Ruppert – selbst Mitglied der Päpstlichen Bibelkommission – in seiner Einführung in das Lehrschreiben begründet, *warum* der Päpstlichen Bibelkommission eine so eindeutig positive Stellungnahme zur historisch-kritischen Bibelwissenschaft möglich geworden ist. Er nennt dafür zwei Gründe: 1. Die historisch-kritische Bibelwissenschaft ist heute offener und weniger dogmatisch als früher. Sie lässt inzwischen auch andere Methoden neben sich zu. 2. Die katholische Kirche hat die traditionelle Form der Inspirationslehre aufgegeben, in der »Wahrheit« mit »Fehlerlosigkeit« gleichgesetzt wurde. Die alte Inspirationslehre hatte nach Ruppert ein viel zu enges Verständnis von Inspiration, Geschichte und Wahrheit.[205]

Damit ist der katholischen Kirche in einem etwa hundertjährigen Lernprozess etwas gelungen, das dem protestantischen Fundamentalismus bis heute nicht gelungen ist. Die katholische Kirche hat es gelernt, die moderne Bibelwissenschaft sachlich fair zu beurteilen und positiv zu integrieren. In ihrem Lehrschreiben konzentriert sich die Päpstliche Bibelkommission auf den *heutigen*

---

[202] Den Text des etwa 70seitigen Lehrschreibens kann man in deutscher Übersetzung nachlesen in: Die Interpretation der Bibel in der Kirche. Das Dokument der Päpstlichen Bibelkommission vom 23.4.1993 mit einer Einführung von Lothar Ruppert und einer Würdigung durch Hans-Josef Klauck. Stuttgarter Bibelstudien 161, Stuttgart 1995, 93–168.

[203] Ebd. 60.

[204] Ebd. 122–125.

[205] Vgl. ebd. 41–44 und 129–133.

Stand der Bibelwissenschaft und hält sich nicht lange bei ihrer bisherigen Geschichte auf. Der Blick des Schreibens ist *nach vorn* gerichtet. Die Päpstliche Bibelkommission verzichtet auf den Versuch, mit Hilfe von Zitaten aus früheren Phasen der Bibelwissenschaft ein Feindbild zu zeichnen und die Bibelwissenschaft auf dieses Feindbild festzulegen. Der Ton des Lehrschreibens ist sachlich und aufgeschlossen. Die Kommission weist durchaus auch auf die Grenzen der historisch-kritischen Methoden hin und lehnt jeden Monopolanspruch dieser Methoden ab. Das hindert sie aber nicht daran, die positiven Möglichkeiten dieser Methoden zu sehen und zu würdigen.

Hinter diese Standortbestimmung in Bezug auf die moderne Bibelwissenschaft kann die Katholische Kirche nicht mehr zurück. Mit dem Lehrschreiben der Päpstlichen Bibelkommission wird allen Versuchen der Boden entzogen, die katholische gegen die evangelische Bibelexegese auszuspielen. Solche Versuche findet man in fundamentalistischen Schriften noch immer. Katholische und evangelische Theologie sind sich heute in der Einschätzung der bibelwissenschaftlichen Methoden im Grundsätzlichen einig.[206] Das ist eine bedeutsame und erfreuliche Entwicklung.

Die Gegner der modernen Bibelwissenschaft sollten es sich an dieser Stelle nicht zu einfach machen. Ist der hundertjährige Lernprozess dieser großen und eher konservativen Kirche wirklich kein Argument? Kann man die betreffende Wandlung in der katholischen Kirche, die langsam vonstatten ging und intensiv errungen ist, einfach ignorieren? Will man der katholischen Kirche, dem Vatikan und dem Papst unterstellen, sie seien zu »liberal« und ein Opfer des »Rationalismus« geworden? Von einer bloßen »Anpassung an den modernen Zeitgeist« kann man bei dieser Art von Lernprozess doch wohl nicht sprechen. Schlagworte dieser Art werden dem nicht gerecht, was in der katholischen Kirche an Einsicht gewonnen wurde.

---

[206] Das zeigt sich nicht nur in dem genannten Lehrschreiben der Päpstlichen Bibelkommission, sondern auch in den einschlägigen Artikeln des wichtigsten katholischen Lexikonwerks »Lexikon für Theologie und Kirche« (dritte Auflage 1993–2001). Darüber hinaus spiegelt sich dieser grundsätzliche Konsens in den wissenschaftlichen Bibelkommentaren, in den Fachbüchern und Fachzeitschriften zur Bibelexegese.

8.6 Zur Situation in Amerika

Zwischen dem Christentum in den USA und dem Christentum in Europa gibt es große Unterschiede. Die Geschichte der christlichen Kirchen verlief in Europa in anderen Bahnen als in den USA. In den meisten europäischen Staaten – auch in Deutschland – gab es bis ins 20. Jahrhundert hinein *Staatskirchen*, die von *Volkskirchen* abgelöst wurden. Diese Staats- und Volkskirchen arbeiteten bzw. arbeiten mit dem Staat eng zusammen. Sie profitierten und profitieren vielfach von einem staatlichen Entgegenkommen. So sind z. B. in Deutschland die Evangelische und Katholische Kirche »Körperschaften des öffentlichen Rechts«, die ihre »Kirchensteuer« über den Staat einziehen können.

In den USA gab es dagegen seit der Staatsgründung eine in der Verfassung (1792) verankerte *Trennung* von Kirche und Staat. Alle Kirchen der USA waren und sind »Freikirchen«. Da es in den USA weder Staatskirchen noch Volkskirchen gibt, spielt die Tradition und die Institution der Kirche nicht die Rolle wie in Europa. Hinzu kommt, dass die USA stärker vom Protestantismus geprägt sind als Europa (zwei Drittel der Bevölkerung sind protestantisch). Deshalb spielte im amerikanischen Christentum von je her *die Bibel* die zentrale Rolle. Innerhalb des amerikanischen Protestantismus dominiert nicht das Luthertum, wie in Deutschland. Die größten protestantischen Kirchen der USA sind die Methodisten- und die Baptistenkirche, die bei uns weniger bekannt sind. Da die Kirchen der USA nicht über staatlich organisierte Steuereinnahmen verfügen, mussten sie sich auf dem »freien Markt« behaupten. Aus diesem Grund äußert sich das christliche Leben in den USA in vielfacher Hinsicht vitaler als in Europa.

Diejenigen Kirchen der USA, die aus der europäischen Tradition erwachsen sind (katholische, lutherische, reformierte Kirche, Presbyterianer, Kongregationalisten), arbeiten genauso mit den modernen bibelwissenschaftlichen Methoden wie ihre europäischen »Schwesterkirchen«.[207] In anderen Kirchen und christlichen Kreisen der USA wird die moderne Bibelwissenschaft jedoch oft rigoros abgelehnt.

---

[207] In der lutherischen Kirche der USA ist es allerdings wegen der modernen Bibelwissenschaft zu einer Spaltung gekommen.

Es gehört zu den charakteristischen Merkmalen der USA, dass es – aufgrund der Trennung von Staat und Kirche – an den *staatlichen* Universitäten lange Zeit kaum eine Möglichkeit gab, Theologie zu studieren. Erst seit einigen Jahren beginnt sich daran etwas zu ändern. Die Ausbildung der Prediger und Pastoren findet in den USA zum größten Teil an Theologischen Seminaren oder an privaten Universitäten (»Divinity Schools«) statt, die von der jeweiligen Kirche (Denomination) getragen werden. An den *staatlichen* Universitäten war lange Zeit nur die Religionswissenschaft vertreten. D. h. in den USA gibt es nicht den langen akademischen Erfahrungsprozess, den die theologischen Fakultäten der europäischen Universitäten in den letzten Jahrhunderten durchlaufen haben. Außerdem gibt es in den USA an den staatlichen Schulen *keinen Religionsunterricht*. Deshalb gibt es auch keine wissenschaftliche Ausbildung von Religionslehrern. Das trägt mit dazu bei, dass viele amerikanische Christen »von der Wiege bis zur Bahre« nur das Gedankengut ihrer eigenen Freikirche hören. Wenn es sich dabei um fundamentalistisch geprägte Freikirchen handelt, hören sie von ihrer Kindheit an meist nur Negatives und Warnendes über die moderne Bibelwissenschaft. Wie soll es angesichts solcher Prägungen in Kindheit und Jugend später zu einem sachlichen Gespräch über dieses Thema kommen? Das ist meist schon aus psychologischen Gründen fast aussichtslos. Es gibt Voreingenommenheiten, die so massiv sind, dass einzelne Begegnungen daran kaum etwas ändern können. Die moderne Bibelwissenschaft findet jedoch auch in den USA viel Offenheit und Zustimmung bei *den* Menschen, die *nicht* jahrzehntelang gegen sie beeinflusst worden sind.

8.7 Bilanz

Die Bilanz, die sich aus den bisherigen Ausführungen ergibt, kann man meines Erachtens nur in einem Doppelaspekt zum Ausdruck bringen: 1. Die historisch-kritische Bibelwissenschaft hat ihre Berechtigung und ihren großen Nutzen. Eine generelle Ablehnung und Verurteilung ihrer Methoden ist sachlich unberechtigt und eine Belastung für die Einheit der Christen. 2. Der Geltungsanspruch der historisch-kritischen Bibelwissenschaft ist begrenzt. Ihre Arbeitsweise bedarf der ständigen Überprüfung und der Ergänzung. Überschätzungen und einseitige Bevorzugungen der historisch-kritischen Methoden, die sich in Monopolansprüchen und Abwertungen anderer Zugangsweisen zur Bibel äußern, sind ebenfalls unberechtigt und eine Belastung für die Einheit der Christen. Die christliche Gemeinschaft kann also von beiden Seiten aus – von der Seite der Gegner und der Befürworter der Bibelwissenschaft – gefährdet werden. Beide Seiten sind gefragt, ihren Teil dazu beizutragen, den entstandenen Riss in der Christenheit zu überwinden oder wenigstens zu begrenzen.

Zum Schluss dieses Kapitels möchte ich noch eine grundsätzlichere Bilanz ziehen. Sie geht über die Frage nach Recht und Grenzen der modernen Bibelwissenschaft hinaus. Es geht mir dabei um das Recht und die Grenzen der Moderne *insgesamt*. Wie ist die bisherige Entwicklung der modernen Gesellschaft zu beurteilen? Meiner Auffassung nach ist folgende Antwort konsensfähig: Die bisherige Entwicklung der modernen Gesellschaft kann man aus heutiger Sicht *nicht* einseitig positiv beurteilen. Dazu haben sich die Probleme und Gefahren der modernen Gesellschaft als zu gravierend erwiesen. In den ersten vier Abschnitten dieses Kapitels habe ich vor allem auf diejenigen Gesichtspunkte der Moderne hingewiesen, die unsere Würdigung verdienen. Es müssen aber auch die Schattenseiten der Moderne zur Sprache kommen, ihr Preis und ihre Opfer:

Europas Aufstieg begann mit der Entdeckung Amerikas (1492). Dieser Entdeckung folgte die *Eroberung*. Für die Azteken, Inkas und Majas in Mittel- und Südamerika bedeutete das, was wir »Entdeckung« nennen, Zerstörung und Vernichtung. Ihre Sprachen wurden unterdrückt. An deren Stelle trat die spanische und portugiesische Sprache. In Nordamerika wurden große Teile der dortigen Indianerstämme ausgerottet. Die Überlebenden vertrieb man aus ihrer angestammten Heimat in »Reservate«. Eine angemessene Entschädigung für diesen Landraub haben sie bis heute nicht erhalten. Der Wohlstand in den Südstaaten der USA wurde nur möglich, weil man Zehntausende von Schwarzafrikanern aus ihrer Heimat verschleppte und – falls sie die Überfahrt überlebten – zur Sklavenarbeit auf den Farmen der (christlichen) Weißen zwang. Für die ursprünglichen Bewohner Amerikas und für die dorthin Verschleppten war Amerika nicht »das Land der unbegrenzten Möglichkeiten«, sondern das Land der unbegrenzten Entwürdigung. Europas »Fortschritt« brachte den meisten Ländern der Welt einen aufgezwungenen Rückschritt. Sie wurden zu Kolonien gemacht. Die Wirtschaft dieser Länder wurde, ohne Rücksicht auf gewachsene Strukturen, auf die Interessen der Kolonialmächte ausgerichtet. Unter den Folgen leiden viele dieser Länder bis heute. Mit der modernen Welt und durch sie entstand die sogenannte »Dritte Welt«. Die Erfolgsgeschichte Europas gibt es nicht ohne die Leidensgeschichte dieser Länder. »Fortschritt« gab es nur auf Kosten Anderer.

Zur modernen Welt gehört die wissenschaftlich-technische Machtergreifung des Menschen über die Natur. Diese Herrschaft des Menschen über die Natur hat sich als sehr ambivalent erwiesen. Sie führte zu schweren Gefährdungen sowohl der Natur als auch der Menschheit: zu Störungen der Erdatmosphäre und des Klimas (»Treibhauseffekt«, Ozonloch, Schmelzen der Pole und Gletscher, Abholzen der Regenwälder), zur Vernichtung zahlreicher Tier- und Pflanzenarten u.a. Niemals zuvor wurde der Natur und damit auch den Lebensgrundlagen der Menschheit ein solcher Schaden zugefügt. Zur modernen Welt gehören die Weltkriege, in denen die »fortgeschrittensten« Nationen sich gegenseitig abgeschlachtet haben, gehören Auschwitz und Hiroschima, Atombomben und Neutronenbomben, bakteriologische und chemische Massenvernichtungsmittel. Zur modernen Welt gehört der Kapitalismus mit seinen Gesetzen des Marktes, des Profits und des Wachstums. Die Kriminalitätsrate ist in der modernen Welt nicht gesunken. Mord, Totschlag, Folter, Vergewaltigung und Kindesmissbrauch gedeihen wie eh und je. Gegen den Krieg hat auch die moderne Welt kein Mittel gefunden. In der von Naturwissenschaft und Technik geprägten Moderne hat sich die Rolle der Vernunft in einseitiger Weise verändert. Aus einem in erster Linie vernehmenden, empfangenden Organ,[208] das im Dienst der Weisheit steht, wurde die instrumentell-technische Vernunft, der es um Verfügungswissen geht. Diese Vernunft steht im Dienst von Macht und Herrschaft (»Wissen ist Macht«). Nach Immanuel Kant (1724–1804) »nötigt« die Vernunft die Natur, auf Fragen zu antworten, die der Mensch ihr stellt.[209]

Die Träume der modernen Welt haben sich nicht erfüllt. Die »Erziehung des Menschengeschlechts« (Gotthold Ephraim Les-

---

[208] »Vernunft« kommt von »vernehmen«.

[209] Vorwort zur zweiten Auflage der »Kritik der reinen Vernunft«.

sing, 1780) ist nicht gelungen. Der Glaube an die Vernunft, an die »Machbarkeit« der Dinge, an den »Fortschritt« hat sich als Trugschluss erwiesen. Die Zuversicht, dass die Vernunft, die Wissenschaft und die Technik uns in eine immer bessere Zukunft führen werden, findet man heute kaum noch. Zu deutlich haben sich die Grenzen und die Ohnmacht der menschlichen Vernunft gezeigt. Wer heute noch »fortschrittsgläubig« ist oder sich als »Rationalist« versteht, muss mit der Frage rechnen, ob er lernresistent ist. In der philosophischen Diskussion der Gegenwart spielt der Rationalismus – auch in Gestalt des »Kritischen Rationalismus« – keine bedeutende Rolle mehr.[210] Heute muss man bereits wieder mahnen, die Vernunft nicht zu *unterschätzen*. Mit Unvernunft und Irrationalismus lassen sich die Probleme und Herausforderungen der Gegenwart und der Zukunft am schlechtesten bewältigen.

Die genannten Hinweise belegen zur Genüge, dass eine »modernistische« Sicht der Moderne heute nicht mehr möglich ist. Mit »modernistisch« ist eine Sicht gemeint, in der man die moderne Entwicklung einseitig positiv bewertet, d. h. einen Fortschrittsglauben vertritt und die Kehrseite der Moderne nicht wahrnimmt. Ein solcher »Modernismus« wurde im 19. und 20. Jahrhundert vielfach vertreten. Erst ab den 70er und 80er Jahren des 20. Jahrhunderts ist er auf breiter Front zusammengebrochen. Die liberale Theologie des 19. und beginnenden 20. Jahrhunderts war eine Vertreterin dieses Modernismus. Sie verstand sich selbst als Kulturgut der Moderne. Sie hat sich mit dem Fortschrittsglauben verbündet und in der modernen Entwicklung einen Annäherungsprozess an das Reich Gottes gesehen. Die fundamentalistische Kritik an diesem liberalen Modernismus ist berechtigt. Der Fundamentalismus hat sich stets als Oppositionsbewegung verstanden gegen eine unkritische Anpassung an den modernen Zeitgeist, gegen einen Fortschrittsglauben, der religiöse Züge angenommen hatte. Fundamentalistische Theologen haben zu Recht einen »Vernunftglauben« abgelehnt, der eine Offenbarung Gottes im biblischen Sinn nicht mehr zu benötigen meinte. Sie haben es zu Recht als schweren Fehler angesehen, die Vernunft und die Gegenwart absolut zu

[210] In dem Überblickswerk »Grundlagen der Gegenwartsphilosophie« (Gloy 2006) werden die zehn maßgeblichen Richtungen der Gegenwartsphilosophie vorgestellt. Der »Kritische Rationalismus« ist unter ihnen nicht mehr vertreten.

setzen und zum Maßstab der Offenbarung und der Vergangenheit zu machen.

Der Modernismus der liberalen Theologie wurde durch die Erfahrung des Ersten Weltkriegs (1914–1918) schwer erschüttert. Die Schlacht von Verdun (1916) konnte man beim besten Willen nicht mehr als »Annäherungsprozess« an das Reich Gottes interpretieren. Bedeutende Theologen haben nach dem Ersten Weltkrieg an der liberalen Theologie scharfe Kritik geübt. Wo sich modernistische Tendenzen in der Theologie weiterhin gehalten haben, wurden sie durch die Erfahrung des Faschismus, des Zweiten Weltkriegs (1939–1945), durch die Erfahrung der »Grenzen des Wachstums«, der steigenden Umweltschäden, der globalen Armut und des globalen Terrorismus mehr als nur in Frage gestellt. Die genannten Erfahrungen haben bei der großen Mehrheit der Theologen ein kritisches Verhältnis zur Moderne hervorgerufen. Ein Modernismus nach Art der liberalen Theologie des 19. und beginnenden 20. Jahrhunderts – den der Fundamentalismus bei seiner Entstehung vor Augen hatte – wird heute kaum noch vertreten.

Der christliche Glaube und die christliche Theologie dürfen ihr prophetisches Element nicht verlieren. Dieses Element hält uns Christen – bei aller Bereitschaft zur Mitarbeit und Mitverantwortung als Staatsbürger und Weltbürger – *jeder* Gesellschaftsform und *jedem* Zeitgeist gegenüber auch auf kritischer Distanz. Keine Gesellschaft und kein Zeitgeist entspricht dem Reich Gottes. Keine gesellschaftliche Entwicklung, in welchem Jahrhundert auch immer, kann man pauschal als »Annäherungsprozess« an das Reich Gottes bewerten. Deshalb ist der prophetische Umkehrruf zu keiner Zeit unnötig. Die Christenheit hat den Auftrag, Staat und Gesellschaft auf »Gottes Reich, Gottes Gebot und Gerechtigkeit« hinzuweisen (5. These des Barmer Theologischen Erklärung, 1934).

Die Alternative zum liberalen Modernismus ist allerdings nicht der fundamentalistische *Antimodernismus*. Dieser Antimodernismus ist genauso einseitig wie der liberale Modernismus. In ihrer jeweiligen Einseitigkeit sind beide Sehweisen strukturverwandt. Beide arbeiten mit Ausblendungen, wenn auch mit entgegengesetzten. Modernismus und Antimodernismus sind insofern »verfeindete Brüder«, die sich in einer Dauerpolemik verfangen haben. Es hat keinen Sinn, sich am Streit dieser Brüder zu beteiligen. Das führt zu nichts. Die wissenschaftliche Theologie hat die falsche

Alternative von Modernismus und Antimodernismus zu Recht hinter sich gelassen. In der Auseinandersetzung mit der Moderne helfen weder Wunschbilder noch Feindbilder. Das sorgfältige Differenzieren ist dem vereinfachenden Pauschalieren vorzuziehen.

Die Moderne hat mindestens *zwei* Gesichter. Sie hat wertvolle Seiten, die Respekt und Zustimmung verdienen. Und sie hat problematische, ja gefährliche Seiten, die Wachsamkeit und Kritik erfordern. Das gilt auch für die »Aufklärung«, die für fundamentalistisches Denken eine Art »rotes Tuch« ist. Man wird der Aufklärung nicht gerecht, wenn man sie pauschal als »Rationalismus« und »Abfall von Gott« einstuft. Zur Aufklärung gehören auch wertvolle Aspekte: die Ermutigung zur Mündigkeit, die Achtung vor der Subjektivität – und damit der Würde – des Menschen, der nicht zum Objekt (Mittel zum Zweck) werden darf. Auch im Blick auf die Bekämpfung des Aberglaubens hat die Aufklärung große Verdienste erworben. Das Ende der »Hexenverfolgungen«, denen jahrhundertelang Tausende von Frauen zum Opfer gefallen sind, verdanken wir weitgehend der Aufklärung, aber auch die Überwindung der staatlichen Foltermethoden, die im »christlichen Abendland« jahrhundertelang üblich waren. Zur Moderne und zur Aufklärung gehören Dinge, die teuer errungen sind und die wir nicht leichtfertig wieder aufgeben dürfen. Dazu gehört die Bereitschaft zur religiösen Toleranz bzw. zur individuellen Religionsfreiheit. Diese Bereitschaft entstand aus der Erfahrung der Glaubenskriege, vor allem aus der Erfahrung des dreißigjährigen Krieges, dem fast die Hälfte der Bevölkerung Mitteleuropas zum Opfer gefallen ist. So ist es auch nicht angemessen, wenn wir die moderne Bibelwissenschaft unter einen pauschalen Generalverdacht stellen. Ihr entscheidender Entstehungsgrund ist weder der Rationalismus noch der liberale Modernismus, sondern die Erfahrung des sich beschleunigenden geschichtlichen Wandels und das daraus entstehende historische Denken. Natürlich kann man dieses historische Denken falsch und einseitig anwenden. Der Missbrauch ist aber kein Argument gegen den richtigen Gebrauch. Grundsätzlich gehört das historische Denken zu den wertvollen Errungenschaften der Moderne. Den Missbrauch der Bibelwissenschaft überwinden wir nicht dadurch, dass wir die Bibelwissenschaft generell ablehnen und verurteilen, sondern nur durch ihren richtigen und verantwortungsbewussten Gebrauch.

II. Ausgewählte Brennpunkte

9. Ein alttestamentliches Beispiel: das Buch Hiob

9.1 Der nichthistorische Charakter des Buchs

Das Hiobbuch ist ein Werk von hoher Qualität. Es ist bis in die Einzelheiten hinein sorgfältig gestaltet. Im Text des Hiobbuchs gibt es *viele* Hinweise darauf, dass die Personen, von denen in diesem Buch die Rede ist, nicht als geschichtliche, sondern als literarische Personen gemeint sind. Darüber besteht unter den Bibelwissenschaftlern seit vielen Jahrzehnten Einigkeit. Im Folgenden stelle ich die Gesichtspunkte vor, die zu dieser Auffassung geführt haben.

(1) Das Buch Hiob beginnt mit den Worten: »Es war ein Mann im Land Uz. Sein Name war Hiob« (1,1). Weder in diesem Vers noch im gesamten Hiobbuch findet sich eine Auskunft darüber, in welcher Zeit Hiob gelebt hat. Solche Zeitangaben sind in der Bibel bei geschichtlichen Personen oft zu finden: »Im fünfzehnten Regierungsjahr des Königs Jerobeam.« »In den Tagen des Königs Herodes.« usw. Es fehlen auch Angaben zu den *Vorfahren* Hiobs. Solche Genealogien (Stammtafeln) finden sich in der Bibel bei wichtigen Personen ebenfalls häufig.[211] Dass *weder* die Zeit *noch* die Herkunft Hiobs genannt wird, ist beachtenswert und kann nicht übergangen werden. Hinzu kommt, dass auch die *geographische* Angabe keinen genaueren Aufschluss ermöglicht. Das »Land Uz« gehört nicht zu den Nachbargebieten Israels, die in der Bibel häufiger genannt werden.[212] Im Hiobbuch erfahren wir von diesem Land nur, dass es »im Osten«

[211] Vgl. die Genealogie zu Abraham (Gen 11,10–32), Mose (Ex 6,14–26) und David (Ru 4,18–22) usw.

[212] Vgl. dagegen Ägypten, Sinai, Negev, Edom, Moab, Ammon, Batanäa, Phönizien, Libanon, Syrien, Mesopotamien. Im Vergleich zu diesen Gebieten, wissen wir von einem »Land Uz« so gut wie nichts.

liegt (1,3).[213] Der Name »Hiob« (Job) ist im alten Orient häufig zu finden und weit verbreitet. Seit dem 2. Jahrtausend ist er in Ägypten, Kanaan, Ugarit, Mari, Syrien, Mesopotamien und Arabien belegt. Es handelt sich um einen »Allerweltsnamen«. *Fazit*: Die Hauptperson Hiob bleibt im Eröffnungsvers und im weiteren Verlauf des Hiobbuchs ohne konkretes historisches Profil. Hiob lebt irgendwann und irgendwo im Osten. Man wird nicht sagen können, dass der Anfangssatz des Hiobbuchs besonders gut zu einer geschichtlichen Person passt. Er passt hingegen gut zu einer literarischen Geschichte. Schon die nächsten Verse schaffen in dieser Hinsicht Klarheit.

(2) Hiob wird als ein Mann geschildert, der von Gott reich gesegnet worden ist. Das geschieht mit Hilfe von *Zahlenangaben*: »Seine Frau hatte ihm sieben Söhne und drei Töchter geboren. Und er besaß viel Vieh, siebentausend Stück Kleinvieh und dreitausend Kamele, dazu fünfhundert Rindergespanne und fünfhundert Eselinnen, außerdem viele Sklavinnen und Sklaven. Und so wurde jener Mann größer als alle Söhne des Ostens« (1,2 f). Die zitierten Verse enthalten sechs Zahlenangaben, die zu drei Zahlenpaaren geordnet sind. Alle drei Zahlenpaare ergeben eine *Zehnerzahl* (zehn, zehntausend, tausend). Wie sollen wir diese Auffälligkeit deuten? Handelt es sich um einen geschichtlichen Zufall, oder um eine literarische Gestaltung? Es lohnt sich, diese Frage zu prüfen.

Zunächst sind einige Informationen notwendig. Der antike Mensch hatte Zahlen gegenüber ein anderes Verhältnis als der heutige Mensch. Unsere Gesellschaft ist stark von der Industrie und Technik geprägt. In diesen Arbeitsfeldern kommt es auf exaktes Zählen, Messen und Berechnen an. Deshalb hat der moderne Mensch ein quantitatives (technisches) Verhältnis zu Zahlen. Der vorindustrielle Mensch hatte Zahlen gegenüber ein *qualitatives* Verhältnis. Über den reinen Zähl- und Mengenwert hinaus, kam es ihm vor allem auf die Bedeutung der Zahlen an. Deshalb spielt die *Zahlensymbolik* in der vorindustriellen Welt eine viel größere Rolle als heute. Bei antiken Zahlenangaben ist wesentlich stärker mit

[213] Das »Land Uz« wird im Alten Testament nur noch an zwei Stellen erwähnt (Jer 25,20; Klgl 4,21). Auch durch diese beiden Stellen erfahren wir nichts Genaueres. Ursprünglich war das Wort »Uz« die Bezeichnung einer Sippe (Gen 10,23; 22,21; 36,28; 1Chr 1,17.42).

einer symbolischen Dimension zu rechnen, als wir das gewohnt sind. Im antiken Orient waren die Zahlen – wie bei uns – in einem Zehnersystem (Dezimalsystem) geordnet. Deshalb galten gerade die *Zehnerzahlen* als Ausdruck der göttlichen Weltordnung.

Die Zahl »zehn« selbst galt als Ausdruck *der Vollständigkeit* und *Ganzheit* (vgl. die zehn Finger und Zehen). Nach zehn Plagen ließ der Pharao die Hebräer ziehen (Ex 7–12). Diese schlachteten am zehnten Tag ein Passahlamm (Ex 12,3). Sie erhalten von Gott zehn Gebote (Ex 20,1–17; Dt 5,6–21). Als Abgabe wird »der Zehnte« festgesetzt (Lev 27,30.32 u. ö.). Den großen Versöhnungstag feiert man am zehnten Tag des Monats Tischri. Zehn Tage der Buße gehen diesem Tag voran. Zehn Gerechte hätten genügt, um Sodom und Gomorrha vor dem Untergang zu retten (Gen 18,32). Zehn Männer sind nötig, um einen jüdischen Gottesdienst feiern zu können. Im Neuen Testament finden wir das Gleichnis von den zehn Jungfrauen (Mt 25,1–13). Steigerungsraten von eins auf zehn, hundert, tausend und zehntausend sind der Inbegriff einer großen Vermehrung (vgl. 1Sam 18,7; Ps 144,13; Jes 60,22; Sir 47,6; Lk 19,16). Der umgekehrte Vorgang ist Zeichen des Niedergangs und einer drastischen Verarmung (vgl. Jes 5,10; Am 5,3).

Vor allem die großen Zahlen »tausend« und »zehntausend« sind in der Bibel sehr oft symbolisch gemeint: »Saul hat tausend erschlagen, David aber zehntausend« (1Sam 18,7). Simson »erschlug tausend Mann« (Ri 15,15). Gott erweist seine Gnade »bis in die tausendste Generation« (Ex 20,6; Dt 5,10; 7,9 f). Wenn Gott Fragen stellt, kann der Mensch »auf tausend (Fragen) nicht eine Antwort geben« (Hi 9,3). Im Buch der Offenbarung des Johannes ist vom »tausendjährigen Reich« die Rede (Offb 20,2 ff).[214] »Wenn ihr auch zehntausend Erzieher in Christus hättet« (1Kor 4,15). »Ich rede lieber fünf Worte mit dem Verstand als zehntausend Worte in Zungen« (1Kor 14,19). Die Redewendungen »tausend mal tausend«, »vieltausendmal« und »zehntausend mal zehntausend« hatten im antiken Orient sprichwörtlichen Charakter (vgl. Ps 68,18; Dan 7,10; Offb 5,11; 9,16). Selbstverständlich gab es in der Antike auch einen »normalen« (nichtsymbolischen) Umgang mit Zahlen. Das war vor allem im Alltagsleben, im geschäftlichen Bereich und in der Politik der Fall. Der symbolische Aspekt der Zahlen ist jedoch deutlich höher zu veranschlagen als in unserer Zeit. Das gilt insbesondere für Erzählungen und für *religiöse* Texte.

---

[214] »O dass ich tausend Zungen hätte und einen tausendfachen Mund« (EKG 330).

Nach diesen Informationen sieht man die Zahlen in Hiob 1,2 f mit etwas anderen Augen an. Die Möglichkeit, dass es sich bei den drei Zehnerzahlen um symbolische Zahlen handelt, muss *ernsthaft* erwogen werden. Vor allem auch deshalb, weil ein symbolisches Verständnis dieser Zahlen einen guten Sinn ergibt. Sie drücken die *Vollständigkeit* von Hiobs Glück aus, auf eine Weise, die jeder damalige Leser verstand. Entscheidend ist aber, dass es weitere Gründe gibt, diese Zahlen symbolisch zu verstehen:

In der Antike galt Kinderreichtum als Segen. Er brachte – im Unterschied zu heute – den Eltern nicht nur Ansehen, sondern auch wirtschaftliche Vorteile. Dabei kam es in den patriarchalen Gesellschaften der Antike nicht nur allgemein auf die Zahl der Kinder an, sondern vor allem auf die Zahl der *Söhne*. Im gesamten Orient galten sieben Söhne und drei Töchter als *Idealfall* (sieben Töchter und drei Söhne waren dagegen alles andere als ideal). Der Autor der Hioberzählung konnte davon ausgehen, dass seine Leser die von ihm genannte Zahl an Söhnen und Töchtern in diesem Sinn verstehen werden. Es gibt eine Reihe altorientalischer Erzählungen, in denen die Hauptperson jeweils sieben Söhne und drei Töchter hat. Es handelt sich dabei um ein bekanntes orientalisches *Erzählmotiv*.[215] Zu diesem Gesichtspunkt kommt ein zweiter hinzu. Hiob war »größer als alle Söhne des Ostens« (1,3). Damit ist gemeint, Hiob war der reichste und angesehenste Mann der ganzen Region. Diese Angabe erhöht – wenn man die Erzählung geschichtlich verstehen will – den Zufallsfaktor ins Extreme. *Ausgerechnet* der reichste Mann des Ostens hat die ideale Zahl an Söhnen und Töchtern! *Was für ein Zufall*! Noch ein dritter Gesichtspunkt ist zu beachten. Superlativ-Formulierungen wie »größer als alle…« (1,3) kommen in altorientalischen Erzählungen oft vor. Sie sind typisch orientalischer Erzählstil: »Er war reicher als alle Vornehmen des Landes.« »Sie war schöner als alle anderen Frauen im Königreich.« »Er war der weiseste Mann weit und breit.« »Niemand war so grausam wie er« usw.[216] Diese drei Gesichtspunkte

---

[215] Im Buch Ruth heißt es, dass die moabitische Schwiegertochter für Naemi »mehr wert ist als sieben Söhne« (Ru 4, 15).

[216] In der Rahmenerzählung des Hiobbuchs (1,1–2,10; 42,10–17) kommen noch mehr Superlativ-Formulierungen dieser Art vor: »So wie er ist kein anderer auf der Erde« (1,8; 2,3). »Man fand im ganzen Land keine Frauen, die so schön waren wie Hiobs Töchter« (42,15). Ausgerechnet der reichste Mann

zusammen sprechen *eindeutig* für ein symbolisches Verständnis der Kinderzahl Hiobs. Wer die Kinderzahl Hiobs als historische Angabe verstehen will, muss die genannten Gesichtspunkte herunterspielen. Und er muss mit extremen geschichtlichen Zufällen rechnen. Das ist keine Empfehlung für eine geschichtliche Deutung.

Die Zahlenpaare zum *Viehbestand* Hiobs bestätigen den gewonnenen Eindruck. Die Tiere, die für die Steppe und Wüste wichtig sind (Schafe, Ziegen, Kamele), ergeben ausgerechnet die Zahl *zehntausend*. Die Tiere, die für das Kulturland typisch sind (Rinder, Esel bzw. Eselinnen), ergeben ausgerechnet die Zahl *tausend*.[217] Damit steigern sich die »Zufälle« noch mehr.[218] Außerdem entspricht das Verhältnis des Kleinviehs zu den Kamelen »zufällig« dem Verhältnis der Söhne zu den Töchtern (7:3). Die endgültige Bestätigung für eine symbolische Deutung der Zahlen bringt der Schluss der Hioberzählung. Nach der Wiederherstellung Hiobs werden ihm *nochmals genau die gleiche Zahl* an Söhnen und Töchtern geboren (vgl. 42,12f). Das altorientalische Nachwuchsideal erfüllt sich an Hiob also gleich *zwei Mal*! Zufälle *dieser Art* sind in der geschichtlichen Realität nicht bekannt, sehr wohl aber in lite-

---

der Region hat *sowohl* die Idealzahl an Söhnen und Töchtern *als auch* die drei schönsten Frauen im ganzen Land als Töchter! Man mache sich klar, um welche extremen »historischen« Zufälle es sich dabei handeln würde! Außerdem darf man fragen: Wer stellt eigentlich den Schönheitsgrad von Frauen fest? Wer hat die Schönheit der drei Hiobtöchter mit *allen anderen* Frauen im Land verglichen?

[217] Kleinvieh (Schafe, Ziegen) und Kamele sind die typischen Tiere der *Nomaden*. Rinder und Esel bzw. Eselinnen sind die typischen Tiere der sesshaften *Bauern*. Hiob wird durch die Angaben zu seinem Viehbestand als Halbnomade beschrieben. Halbnomaden wohnen am Rand des Kulturlands. Im alten Orient galten Eselinnen im Vergleich zu Eseln als wertvoller. Sie sind zahmer, geben Milch und tragen Junge aus. Natürlich darf der Leser davon ausgehen, dass Hiob auch viele Esel besaß. Dem Erzähler kommt es aber auf besonders aussagekräftige Hinweise an. Deshalb nennt er die Eselinnen.

[218] Man darf sich nicht der Illusion hingeben, der Zufallsfaktor würde wesentlich sinken, wenn man die Zahlen zum Viehbestand Hiobs für auf- oder abgerundet hält. Hiob hatte also ausgerechnet »ungefähr« so viel Kleinvieh und ausgerechnet »ungefähr« so viele Kamele, dass sich ausgerechnet »ungefähr« die Zahl *zehntausend* ergab? Und er hatte ausgerechnet »ungefähr« so viele Rindergespanne und ausgerechnet »ungefähr« so viele Eselinnen, dass sich ausgerechnet »ungefähr« die Zahl *tausend* ergab?

rarischen Erzählungen. Hinzu kommt, dass sich *alle* Viehbestände Hiobs nach seiner Wiederherstellung genau *verdoppeln* (vgl. ebd.). Wenige Verse später folgt die letzte Zahlenangabe: Hiob lebt nach seiner Wiederherstellung noch hundertvierzig – zwei Mal siebzig – Jahre (vgl. 42,16). Die Zahl sieben galt im antiken Orient als Zahl der *Vollkommenheit* und *Vollendung*.[219] Noch ein »Zufall«! In der gesamten Rahmenerzählung des Hiobbuchs gibt es *keine einzige* normale Zahl. Es geht nicht nur um eine *Ansammlung* extremer Zufälle. Vielmehr bestehen die Zahlen der Rahmenerzählung des Hiobbuchs *aus nichts Anderem* als aus lauter »Zufällen«! Das ist für jeden unvoreingenommenen Leser ein klares Zeichen für eine symbolische Deutungsebene, vor allem dann, wenn man die Bedeutung der antiken Zahlensymbolik berücksichtigt.

(3) In der dritten Szene der Rahmenerzählung werden *vier Katastrophen* erzählt, die über Hiob hereinbrechen (1,13–19). Hiob verliert in diesen Katastrophen alle seine Herden, fast alle Sklaven und alle Kinder. Auch bei diesen Katastrophen handelt es sich nicht um geschichtliche, sondern um literarische Ereignisse. Aus folgenden Gründen:

- Alle vier Katastrophen ereignen sich *an einem einzigen* Tag.
- Alle vier Katastrophen haben jeweils *einen einzigen* Überlebenden, keinen mehr und keinen weniger.
- Jeder der vier Überlebenden bleibt so unverletzt, dass er Hiob sofort Bericht erstatten kann.
- Drei der vier Überlebenden treffen *genau dann* bei Hiob ein, als der vor ihm Eingetroffene noch am Reden ist, nicht früher und nicht später. Was die größtmögliche Wirkung auf Hiob betrifft, kommen die Berichterstatter also im *optimalen Abstand* an.
- In altorientalischen Erzählungen ist oft von Katastrophen die Rede, bei denen es *einen* Überlebenden gibt. Dieser kann berichten, was geschehen ist. Es handelt sich wieder um ein beliebtes *Motiv* der orientalischen *Erzählkunst*.

---

[219] Der Regenbogen hat sieben Farben. Die Tonleiter hat sieben Töne. Eine Mondphase dauert ungefähr sieben Tage (Neumond, Halbmond, Vollmond, Halbmond). Nach antiker Zählung gibt es sieben Planeten (Sonne und Mond werden mitgezählt). Der Schabbat ist der siebte Tag. Petrus fragt Jesus, ob es genügt, seinem Bruder »sieben Mal« zu vergeben. Jesus antwortet, dass man »siebzigmal sieben Mal« vergeben soll (vgl. Mt 18,21 f) usw.

- Alle vier Katastrophen haben *totalen* Charakter. Abgesehen von den vier Berichterstattern gehen für Hiob stets alle Menschen und alle Tiere verloren, ohne jede Ausnahme.
- Bei den vier Katastrophen handelt es sich *zur Hälfte* um Naturkatastrophen und *zur Hälfte* um Katastrophen, die von Menschen hervorgerufen werden. Dabei folgt (»zufällig«) jeweils eine Naturkatastrophe auf eine von Menschen verursachte Katastrophe.
- Ausgerechnet die letzte Katastrophe ist die schlimmste. Bei ihr kommen alle Söhne und Töchter Hiobs auf einen Schlag ums Leben. Dadurch ergibt sich (»zufällig«) das erzählerische *Prinzip der Steigerung.*
- Die letzte Katastrophe ereignet sich ausgerechnet an einem der Tage, an dem sich alle Kinder Hiobs zu einem ihrer gemeinsamen Festessen trafen (vgl. 1,4). Dabei handelt es sich wiederum ausgerechnet (»zufällig«) um *den Tag*, an dem *der Erstgeborene* als Gastgeber an der Reihe war.[220]

Nimmt man alle aufgelisteten Aspekte zusammen, ergibt sich schon wieder eine geschichtliche »Zufallsquote«, die schwindelerregend ist. Alle angeführten Aspekte lassen sich dagegen einfach erklären, wenn es sich um eine literarische Erzählung handelt. Die Verse 1,13–19 bestätigen damit den ohnehin schon klaren Eindruck aus den Versen 1,2 f.

(4) Nachdem Hiob seinen Reichtum, seine Sklaven, seine Kinder und auch seine eigene Gesundheit verloren hat (2,7–10), erhält er Besuch von *drei Freunden*. Sie heißen Eliphas, Bildad und Zophar (2,11 ff). Diese Freunde wollen Hiob im Leid beistehen. Das Gespräch mit ihnen entwickelt sich jedoch zu einem Streitgespräch. Dieses Streitgespräch hat einen kunstvollen Aufbau. Es gliedert sich in drei Redegänge (Kap. 4–14; 15–21; 22–27), die ihrerseits aus drei Rededuellen bestehen. Dabei bleibt die Reihenfolge der Redner stets die gleiche. Zuerst redet Eliphas. Dann ant-

[220] Man kann davon ausgehen, dass die Reihe der gemeinsamen Festessen stets im Haus des Erstgeborenen begann. Das bedeutet: Es war gerade eine Reihe von Festessen zu Ende gegangen. Also hatte Hiob erst kürzlich die Brandopfer für seine Kinder dargebracht, durch die er eventuelle Sünden seiner Kinder sühnen wollte (vgl. 1,5). Um so härter muss ihn die *Naturkatastrophe* treffen, die *am Beginn* einer neuen Festreihe seinen Kindern das Leben kostet.

wortet Hiob. Danach redet Bildad, und Hiob antwortet. Als letzter redet Zophar, und Hiob antwortet auch ihm. Hiob beantwortet also jede Rede eines Freunds mit einer Antwortrede. Erst danach beginnt der nächste Freund mit seiner Rede usw. Sowohl der kunstvolle Aufbau als auch die strenge Reihenfolge der Redner (es reden niemals zwei Freunde hintereinander; niemals unterbricht jemand die Rede eines anderen; es gibt keine Zwischenrufe) passen nicht zu einem Gespräch, das tatsächlich stattgefunden hat. Außerdem sind alle Reden in einer *poetischen* (rhythmisch genormten) Sprache abgefasst. Kein Mensch kann sich in einem so kunstvollen Hebräisch unterhalten, geschweige denn streiten, schon gar nicht im Leid. Wann haben Sie, liebe Leserin und lieber Leser, zum letzten Mal ein Gespräch zwischen mehreren Personen erlebt, das aus drei Redegängen zu je drei Rededuellen bestand, bei dem die Reihenfolge der Redner stets die gleiche blieb, bei dem es zu keinem einzigen Zwischenruf kam und das durchgehend in rhythmisch genormter Sprache stattfand? Können Sie sich ernsthaft ein reales Gespräch vorstellen, das so abläuft? Es findet sich kein Hinweis darauf, dass Hiob und seine Freunde sich am Beginn ihrer Unterhaltung auf strenge Gesprächsregeln dieser Art geeinigt haben. Das würde zur Situation auch nicht passen. Bei einem »realistischen« Verständnis des Streitgesprächs stellt sich außerdem die Frage: Wer hat dieses umfangreiche Gespräch »mitstenographiert«? Hat Hiob sich an die vielen langen Reden so genau erinnern können, dass er sie später *in wörtlicher Rede* – nicht nur in einer knappen Zusammenfassung – wiedergeben konnte? Von einem anwesenden Schreiber, der das Gespräch mitgeschrieben hat (was in der erforderlichen Geschwindigkeit kaum möglich gewesen wäre), steht ebenfalls nichts geschrieben. Auch das würde zur Situation nicht passen.

(5) Hiobs erste und letzte Klage umrahmen das Streitgespräch (vgl. Kap. 3 und 29–31). Auch diese beiden Klagen sind recht umfangreich. Wer hat sie »mitstenographiert«? Hat Hiob seine eigenen Klagen aufgeschrieben? Sofort, oder erst im Rückblick? Noch schwieriger wird die Sachlage bei der Rede Gottes an Hiob. Sie ist sehr umfangreich (vgl. Kap. 38–41). Hat Hiob sich diese lange Rede so genau merken können? Darf Hiob eine Rede *Gottes* wörtlich wiedergeben, wenn er sich nicht über jedes Wort sicher ist? Das alles sind schwere Fragen, auf die – bei einem geschichtlichen

Verständnis des Hiobbuchs – niemand eine überzeugende Antwort geben kann. Alle diese Probleme entfallen, wenn es sich beim Hiobbuch nicht um ein geschichtliches, sondern um ein literarisches Werk handelt.

Schon der Umstand, dass nach den Reden Hiobs und seiner Freunde auch eine Rede Gottes geboten wird, spricht für den literarischen Charakter *aller* Reden. Die Reden im Hiobbuch liegen alle auf der gleichen Erzählebene. Dadurch wird Gott zu einem von mehreren Gesprächsteilnehmern. Die Rede Gottes bildet zwar den abschließenden Höhepunkt des Hiobbuchs. Sie ist aber eine Rede neben anderen Reden. Müsste eine *tatsächlich gehaltene* Rede Gottes nicht viel deutlicher von den menschlichen Reden unterschieden werden? Kann man, nachdem der Schöpfer des Himmels und der Erde so lange *persönlich* zu Hiob gesprochen hat – man stelle sich das ernsthaft vor! –, noch den größten Teil des Hiobbuchs den Reden *der Menschen* einräumen? Würde in diesem Fall nicht alles menschliche Reden verblassen und unwichtig werden? Wen interessiert noch, was sterbliche Sünder dahergeredet haben, wenn der Urheber allen Lebens in einer so direkten Weise gesprochen hat?

(6) Das *Gespräch zwischen Gott und Satan* (1,6–12; 2,1–6) ist der *einzige Fall*, in dem die Bibel eine »himmlische Unterhaltung« bietet. In anderen antiken Religionen ist oft von himmlischen Unterhaltungen zwischen den Göttern die Rede. Die Bibel steht »Reportagen aus dem Jenseits« jedoch äußerst zurückhaltend gegenüber. Sie respektiert die Grenze zur Transzendenz. Gott wohnt in einem »unzugänglichen Licht« (1Tim 6,16). Zu dieser biblischen Zurückhaltung passt es gut, wenn wir das Gespräch zwischen Gott und Satan nicht als direkte Mitteilung aus dem Jenseits auffassen, sondern als ein literarisches Gespräch, das der Autor der Hioberzählung formuliert hat, um uns etwas Wichtiges klarzumachen. Der Autor behauptet ja nicht, dass er von dieser »himmlischen Unterhaltung« durch eine Vision (vgl. Jes 6,1 ff) Kenntnis erhalten hat. Für ein literarisches Verständnis des Gesprächs sprechen zwei weitere Gründe:

– Wenn wir das Gespräch zwischen Gott und Satan als ein »reales« Gespräch auffassen, handeln wir uns ein merkwürdiges Gottesbild ein, das der biblischen Gesamtbotschaft nicht entspricht. Ist Gott so willensschwach, dass er sich »ohne Grund« von

Satan zu einem brutalen Experiment »aufstacheln« lässt (vgl. 2,3)? Gibt Gott dem Satan nach? Lässt er sich von ihm provozieren und macht sich anschließend Vorwürfe? Immerhin werden bei diesem »Experiment« viele unbeteiligte Menschen getötet. Und das nur, um Hiob zu »testen«. Was für eine »göttliche Moral«! Was für ein grausamer Gott! Weiß der allwissende Gott denn nicht von vornherein, wie dieses makabere Experiment ausgehen wird? Wieso ist er überhaupt auf Experimente dieser Art angewiesen? Muss Gott tatsächlich erst – wie ein Mensch – das Ergebnis dieses Experiments »abwarten«?[221]
- Sollen wir uns im Ernst vorstellen, dass man sich im Himmel *auf die gleiche Art und Weise* unterhält wie auf der Erde: mit irdischer Grammatik und Satzlogik, mit Fragesätzen, Antwortsätzen und Aufforderungssätzen? Haben sich Gott und Satan im Himmel auf Hebräisch unterhalten? Wenn nicht, in welcher Sprache dann? Wer hat dem Autor der Hioberzählung diese himmlische Sprache übersetzt? Hält Gott im Himmel »Ratsversammlungen« ab, wie es orientalische Könige auf der Erde zu tun pflegten? Sollen wir uns den Himmel so irdisch vorstellen?

Auch diese Probleme entfallen, wenn wir die Unterhaltung zwischen Gott und Satan als ein literarisches Gespräch verstehen, durch das der Autor der Hioberzählung uns wichtige Einsichten vermitteln will.[222]

(7) Damit habe ich nur die wichtigsten Hinweise auf den nichthistorischen Charakter des Hiobbuchs genannt. Man könnte

---

[221] Gott wird in diesem Gespräch noch in anderer Hinsicht sehr menschlich und unwissend dargestellt. Das gilt bereits für die Fragen, die er Satan stellt: »Wo kommst du her« (1,7; 2,2)? »Hast du achtgehabt auf meinen Knecht Hiob« (1,8; 2,3)? Muss der allwissende Gott sich auf eine so menschliche Weise »erkundigen«?

[222] Dem Autor geht es vor allem um *die Motive*, aus denen heraus ein Mensch an Gott glaubt. Im Mittelpunkt des Gesprächs zwischen Gott und Satan steht die Frage, die Satan an Gott richtet: »Ist Hiob etwa *umsonst* gottesfürchtig« (1,9)? Damit ist gemeint: Geht es dem gläubigen Menschen in seinem Glauben an Gott um Vorteile, die ihm durch den Glauben zuteil werden (Segen, Familienglück, Wohlstand)? Oder ist der Glaube ohne Berechnungen dieser Art? Diese Frage ist heute so aktuell wie zu allen Zeiten. Es lohnt sich, über diese Frage nachzudenken. Im Rahmen des vorliegenden Buchs kann ich auf diese Thematik nicht näher eingehen.

sie durch weitere Hinweise ergänzen. Der nichthistorische Charakter des Hiobbuchs wird durch den *religionsgeschichtlichen Vergleich* bestätigt. Das Thema »der leidende Gerechte« kommt nicht nur in der Bibel vor. Seit ältester Zeit werden die Menschen von der Frage bewegt: »Warum geht es guten Menschen oft so schlecht?« Aus dem Orient und aus Ägypten sind mehrere Texte erhalten, die sich mit dieser Frage beschäftigen. In einem babylonischen Text führt z.B. – ähnlich wie im Hiobbuch – ein Leidender mit einem Gesunden über diese Frage *ein Gespräch*. Der Leidende beteuert seine Unschuld. Der Gesunde rät ihm, sich demütig und in Buße an die Götter zu wenden. Diese altorientalischen Texte haben ebenfalls *literarischen* Charakter. In ihnen versuchen Weisheitslehrer bzw. Priester, den Menschen eine Lebenshilfe zu bieten. Der Vergleich dieser Texte mit dem Buch Hiob zeigt einerseits eine deutliche Verwandtschaft, andererseits aber auch die Eigenständigkeit und hohe Qualität des Hiobbuchs. In keinem der vergleichbaren altorientalischen Texte gibt es eine *Gottesantwort* an den Leidenden. Im Hiobbuch ist aber gerade sie der Höhepunkt. So ergeben sich aus dem religionsgeschichtlichen Vergleich wertvolle Rückschlüsse. Sie tragen dazu bei, das spezifische Profil des biblischen Textes besser zu erkennen. Deshalb gehört der religionsgeschichtliche Vergleich zu den unverzichtbaren Arbeitsschritten der modernen Bibelwissenschaft.

(8) Ein letzter Gesichtspunkt ist noch zu berücksichtigen. Wo kommt der Name »Hiob« sonst noch in der Bibel vor? Nur noch an zwei Stellen: einmal im Alten Testament (Hes 14,14.20) und einmal im Neuen Testament (Jak 5,11). In Hes 14,14 steht: »Und wenn im Land die drei Männer Noah, Daniel und Hiob leben würden, dann würden nur diese drei um ihrer Gerechtigkeit willen ihr Leben retten, spricht Gott der Herr« (vgl. die parallele Aussage in Vers 20). Es geht in diesem Vers um drei berühmte Männer aus früheren Zeiten, die als vorbildliche Gerechte angesehen wurden. Noah ist uns aus der biblischen Urgeschichte bekannt. Über die beiden anderen Männer wissen wir nichts Sicheres.[223] Ist in Hes 14,14.20

[223] Denkt Hesekiel bei »Daniel« an den durch außerbiblische Quellen bekannten frühen ugaritischen König aus dem zweiten Jahrtausend v.Chr., der allgemein als Vorbild an Gerechtigkeit galt? Wir wissen es nicht. Der Name »Noah« spricht jedenfalls dafür, dass es sich bei allen drei Männern um Per-

derselbe Hiob gemeint wie im Buch Hiob? »Hiob« war ein häufiger Name. Und außer dem Namen macht Hesekiel keine weiteren Angaben. Es darf aber als wahrscheinlich gelten, dass derselbe Hiob gemeint ist. In diesem Fall ist das Hiobbuch die *literarische Bearbeitung* einer Erinnerung an eine Gestalt der Frühzeit. *Wie* man sich zur Zeit Hesekiels im Einzelnen an diese Gestalt erinnert hat, ist nicht bekannt. Galt »Hiob« als Typus eines Gerechten, wie z. B. »Nimrod« als Typus eines Eroberers galt? Oder hatte die Gestalt Hiobs darüber hinaus ein konkreteres, historisches Profil? Wir wissen es nicht. Doch auch wenn es einen »historischen Hiob« gegeben haben sollte, kann er nur der *Anlass* für das umfangreiche Hiobbuch gewesen sein. Denn die Art und Weise, wie die Personen des Hiobbuchs geschildert werden und die langen Reden, die sie miteinander führen, sind eindeutig literarisch gestaltet (s. o.). Die knappe Erwähnung eines »Hiob« in Hes 14,14.20 ändert deshalb nichts am literarischen Charakter des Hiob*buchs*.[224]

In der *griechischen Übersetzung* des Alten Testaments – der »Septuaginta« – finden wir erstmals eine Genealogie (Stammtafel) Hiobs. Daran zeigt sich das Bedürfnis, Hiob in biblische Zusammenhänge einzuordnen. In der Septuagintafassung des Hiobbuchs ist Hiob ein Nachfahre Esaus. Er wird mit »Jobab« aus Gen 36,33 identifiziert. Hiob ist mit einer Araberin verheiratet und lebt lange vor der Zeit Moses. Die griechische Übersetzung des Hiobbuchs entstand gegen Ende des 2. Jahrhunderts v. Chr. Sie

---

sonen aus vorisraelitischer Zeit handelt. Deshalb kommt der *biblische* Daniel nicht in Frage. Die Ereignisse des Danielbuchs spielen in einer viel späteren Zeit. Außerdem ist in Hes 14,14.20 wohl bei allen drei Personen an *Nichtisraeliten* gedacht.

[224] Ich möchte das Gesagte an einem Beispiel verdeutlichen: Cheops war ein berühmter Pharao aus sehr früher Zeit (etwa 3600 v. Chr.). Die größte Pyramide Ägyptens ist nach ihm benannt. Dennoch wissen wir über diesen Pharao fast nichts. Nehmen wir einmal an, wir fänden über diesen Pharao einen umfangreichen Text. In diesem Text lesen wir, dass Cheops die für einen Pharao ideale Zahl an Söhnen und Töchtern hatte. Außerdem enthielte dieser Text seitenlange Reden von Cheops und seinen Freunden, die in wörtlicher Rede wiedergegeben sind. Folgt dann aus der Tatsache, dass Cheops wirklich gelebt hat automatisch, dass es sich bei dem gefundenen Text um einen historischen Bericht handelt? Natürlich nicht. So wenig würde aus dem Umstand, dass es einen historischen Hiob in der Frühzeit gab folgen, dass das umfangreiche Hiobbuch ein genauer historischer Bericht ist.

unterscheidet sich erheblich von dem Anfang des Hiobbuchs, wie wir ihn aus der hebräischen Bibel kennen.[225]

Im *Neuen Testament* kommt der Name »Hiob« ebenfalls nur an *einer* Stelle vor: »Ihr habt von Hiobs Ausdauer gehört und das Ende gesehen, das der Herr herbeigeführt hat« (Jak 5,11). Zwischen der Abfassungszeit des hebräischen Hiobbuchs und der des Jakobusbriefs liegen mehrere Jahrhunderte. Zur Zeit des Jakobusbriefs gab es bereits eine jüdische Auslegungsgeschichte des Hiobbuchs. Deshalb kann man nicht von der Zeit des Jakobusbriefs her die Frage entscheiden, ob das Hiobbuch literarischen Charakter hat oder nicht. Diese Frage kann man nur am Text des Hiobbuchs entscheiden. Die zwei kurzen Erwähnungen Hiobs außerhalb des Hiobbuchs in Hes 14,14.20 und Jak 5,11 lassen nicht genauer erkennen, wie Hesekiel oder Jakobus über Hiob dachten. Diese beiden Erwähnungen können uns auch nicht von der Verpflichtung entbinden, den Text des Hiobbuchs so gründlich wie möglich zu lesen und die Merkmale dieses Textes *ernst zu nehmen.* Alles Andere würde das Eigenrecht der jeweiligen biblischen Texte aufheben und damit das Bemühen um exegetische Sorgfalt untergraben. Hes 14,14.20 und Jak 5,11 können die Exegese des Hiobbuchs nicht »fernsteuern«. Die Exegese des Hiobbuchs entscheidet sich am *Text des Hiobbuchs.*

Fazit: Auf Grund der genannten Gesichtspunkte (und weiterer Textbeobachtungen, die ich im Rahmen des vorliegenden Buchs nicht alle erläutern kann) ist die literarische Deutung des Hiobbuchs seit dem 19. Jahrhundert in der modernen Bibelwissenschaft allgemein anerkannt. Seitdem ist es niemandem gelungen, die ge-

---

[225] Trotz solcher Ergänzungen ist die Septuaginta-Fassung des Hiobbuchs etwa um 1/6 kürzer als der hebräische Text, der unseren Bibelausgaben zugrundeliegt. Auch die Übersetzung selbst ist recht frei. Bei vielen Textabschnitten handelt es sich mehr um eine erläuternde Umschreibung, als um eine Übersetzung. Aussagen des hebräischen Hiobbuchs, die für die hellenistisch geprägte Leserschicht der Septuaginta befremdlich klingen würden, mildert die Septuaginta ab (Hi 1,5; 5,8; 22,17; 31,35.37; 40,8). Die Transzendenz Gottes wird in der Septuaginta-Fassung des Hiobbuchs – wie überhaupt in der Septuaginta – wesentlich stärker betont als im hebräischen Bibeltext (Hi 4,9; 9,14 f; 10,4; 13,3.9.22; 14,3 u. ö.). Man bedenke, dass die Septuaginta die Bibel der griechisch sprechenden Urchristenheit war. Die ersten Christen in Korinth, Philippi, Thesaloniki usw. lasen in ihrer Bibel also einen deutlich anderen Hiobtext, als er uns vertraut ist.

nannten Beobachtungen am Text des Hiobbuchs auf eine andere Weise überzeugend zu erklären. Versuche, den nichthistorischen Charakter des Hiobbuchs zu bestreiten, gelten in der modernen Bibelwissenschaft zu Recht als aussichtslos. Fundamentalistisch geprägten Christen sind die Gesichtspunkte, die ich auf den vorangegangenen Seiten vorgestellt habe, in der Regel nicht bekannt, zumindest nicht in dieser Deutlichkeit. Wer das Buch Hiob in der Überzeugung liest, es handle sich um einen geschichtlichen Bericht, überliest die Signale, die auf den nichthistorischen Charakter des Textes hinweisen.

Die fundamentalistischen Kommentare zum Hiobbuch die ich kenne, gehen auf die in diesem Abschnitt genannten Gesichtspunkte nicht ein. Das gilt auch für den Kommentar, der in der Reihe »Wuppertaler Studienbibel« erschienen ist. Er stammt von Hansjörg Bräumer (erste Auflage 1994; zweite Auflage 1997). Bräumer geht von vornherein davon aus, dass es sich bei den Personen des Hiobbuchs um geschichtliche Personen handelt. Er widmet dieser Frage nur wenige Sätze in der Einleitung seines Kommentars.[226] In diesen Sätzen äußert er lediglich zwei Argumente für ein geschichtliches Verständnis des Hiobbuchs. Das erste Argument: Bräumer verweist auf Hes 14,14.20 und Jak 5,11. Damit ist für ihn bereits alles klar. Bevor er einen einzigen Vers des Hiobbuchs auslegt, ist die Entscheidung schon gefallen. Das Verständnis des Hiobbuchs entscheidet sich für Bräumer *nicht am Text des Hiobbuchs* (zweiundvierzig Kapitel), sondern an zwei kurzen Bemerkungen *außerhalb* des Hiobbuchs. Auf die Argumente der Bibelwissenschaft, die sich aus dem Text des Hiobbuchs ergeben (s. o.), geht Bräumer *mit keinem Wort* ein. Selbst die *nochmalige* Geburt von sieben Söhnen und drei Töchtern (42,12f) verbucht er als historisches Ereignis, ohne einen einzigen Satz darüber zu verlieren.[227] Auch die anderen Zahlen werden ohne Diskussion als historische Angaben verstanden. Die Bedeutung der antiken Zahlensymbolik bleibt unerwähnt. Das Gespräch zwischen Gott und Satan wird als wörtliche Reportage aus dem Jenseits interpretiert usw.

Bräumers zweites Argument für eine geschichtliche Deutung des Hiobbuchs lautet: »Nur der Ausleger, der Hiobs geschichtliche Persönlichkeit und sein Los als Einzelfall versteht, kann in verantwortlicher Weise die Linien zu den Leidenden und Angefochtenen aller Zeiten

[226] Vgl. Bräumer, Das Buch Hiob. Erster Teil, 22.
[227] Vgl. ebd. Zweiter Teil, 272.

ziehen«.[228] Auch mit diesem »Argument« macht Bräumer sich die Sache viel zu leicht. Man kann an solche alten Texte nicht sofort mit eigenen Maßstäben herantreten. Es gilt zunächst einmal zu prüfen, ob es im Rahmen der *damaligen* altorientalischen bzw. israelitischen Weisheit als legitim galt, das Thema »Leid« auch an einem exemplarischen, literarischen »Fall« darzustellen. Ob das dem heutigen Bibelausleger gefällt oder nicht, ist unwichtig. Offensichtlich galt diese Darstellungsform in damaliger Zeit als legitim. Wir sollten dabei die Weisheit der alten Völker nicht unterschätzen. In solchen exemplarischen Darstellungen kommen durchaus authentische menschliche Leiderfahrungen zum Ausdruck. Die exemplarische Darstellungsweise muss keineswegs mit einer Abwertung oder sogar Verachtung des jeweils einmaligen Einzelschicksals verbunden sein. Das gilt sowohl für das Hiobbuch als auch für die anderen altorientalischen Weisheitstexte. Bräumer beurteilt mit seinem zweiten »Argument« ein nichthistorisches Verständnis des Hiobbuchs als »unverantwortlich«. Und das, *ohne* sich den Argumenten der Bibelwissenschaft auch nur ansatzweise zu stellen! Von Seiten der Bibelwissenschaft kann man die Argumentationsweise dieses Kommentars nur als *äußerst* oberflächlich und in keiner Weise überzeugend einstufen. Das ändert freilich nichts daran, dass Bräumer in seiner Einzelauslegung den Lesern seines Kommentars viele wertvolle Einsichten vermittelt. Das aufrichtige Eintreten des Autors für die Leidenden steht außer Frage.

9.2 Konsequenzen des Ergebnisses

Das Buch Hiob hat keinen geschichtlichen, sondern literarischen Charakter. Was bedeutet dieses Ergebnis für den heutigen Bibelleser? Wird das Hiobbuch durch dieses Ergebnis zu einem bedeutungslosen Buch? Nach dem Motto: »Wenn Hiob keine geschichtliche Gestalt ist, dann ist ja alles bloß erfunden?«.[229] Diese Sorge

[228] Ebd. Erster Teil, 22.

[229] Ein Student aus fundamentalistischen Kreisen, für den das Hiobseminar das erste bibelwissenschaftliche Seminar seines Lebens war, fragte mich in einer der ersten Seminarsitzungen: »Wenn das Hiobbuch kein historischer Text ist, ist dann das Hiobbuch für Sie so eine Art Micky-Maus-Heft?« Diese Reaktion ist relativ typisch für Studienanfänger aus diesem Hintergrund. Entweder ist das Hiobbuch ein exakter historischer Tatsachenbericht im wörtlichen Sinn oder es hat nur noch den Wert eines Comic-Heftchens. Dazwischen scheint es keine andere Möglichkeit zu geben.

ist unnötig. In diesem platten Sinn ist im Hiobbuch nichts »erfunden«. Nur auf Grund authentischer Gotteserfahrungen und eigener Leiderfahrungen bzw. nur durch persönliche Begegnungen mit Leidenden kann man so sensible und wahrhaftige Texte schreiben wie den Text des Hiobbuchs.[230] Aus den Klagen Hiobs und aus seiner Kritik an den Freunden können wir viel lernen. Hinter der Gottesantwort an Hiob (Hi 38–41) dürfen wir eine Bevollmächtigung (Inspiration) des Autors durch Gott voraussetzen. Überhaupt können wir davon ausgehen, dass es Gottes Willen entspricht, wenn es im biblischen Kanon Erzählungen gibt, die keinen historischen, sondern literarischen Charakter haben. Der Heilige Geist kann durch solche Erzählungen genauso wirkungsvoll und zuverlässig zu uns reden. Wir dürfen uns also über Texte dieser Art genauso freuen, wie über geschichtlich ausgerichtete Texte. Der literarische Charakter des Hiobbuchs mindert die Qualität und Autorität dieses Buchs in keiner Weise. Einen Bibeltext, der aus dem Gebet stammt und mit Hilfe des Heiligen Geistes geschrieben wurde, dürfen wir doch nicht als »Erfindung« abtun. In der modernen Bibelwissenschaft wird das Hiobbuch hoch geschätzt. Es zählt zu den theologisch gehaltvollsten Büchern des Alten Testaments. Das Hiobbuch hat unzählige Menschen getröstet und ins Gebet geführt. Gott bedient sich dieses Buchs immer wieder aufs Neue, um zu Leidenden zu sprechen. Auch mir hat dieses Buch Gott näher gebracht. In Seminaren zum Buch Hiob haben mir zahlreiche Studierende gesagt, dass dieses Buch sie tief angesprochen hat. Das geschah im Rahmen einer literarischen Deutung. Gerade wegen seiner literarischen Qualität und Wahrhaftigkeit hat das Hiobbuch große Aufmerksamkeit auch in der Literatur des 20. Jahrhunderts gefunden.

Werden fundamentalistisch orientierte Studierende zum ersten Mal auf die genannten Gesichtspunkte im Text des Hiobbuchs aufmerksam gemacht, geraten sie in einen Konflikt. Dieser Konflikt wird so lange andauern, bis diesen Studierenden klar wird, dass man die Bibel nicht nach dem Prinzip interpretieren darf:

[230] Bei der Frage: »Ist die Bibel Dichtung oder Wahrheit?« handelt es sich um eine falsche Alternative. Ist denn alle Dichtung automatisch Irrtum und Lüge? Sind alle Dichter Irrende und Lügner? Welches Interesse kann man als Christ daran haben, solche entsetzlichen Vorurteile zu fördern?

»Eine Auslegung, die meiner Sicht der Bibel widerspricht, kann nicht richtig sein!« Mit diesem Prinzip macht man sich zum Herrn über die Bibel. Wir müssen der Bibel das Recht zugestehen, sich auch *gegen* unsere bisherige Meinung durchzusetzen. Daran zeigt sich unsere Wertschätzung der Bibel. Die deutlichen Hinweise im Text des Hiobbuchs auf den nichthistorischen Charakter dieses Buchs sind auch dann ernst zu nehmen, wenn das zu Veränderungen in meinem Bibelverständnis führt.

Die Christen, die an einer geschichtlichen Sicht des Hiobbuchs unbedingt festhalten wollen, berufen sich meist auf die *Allmacht Gottes*. Die typische Frage dazu lautet: Trauen Sie es Gott etwa nicht zu, dass er Hiob ein zweites Mal sieben Söhne und drei Töchter schenken kann, dass er seine Herden verdoppeln kann, dass er alle vier Katastrophen an einem Tag stattfinden und dabei jeweils einen Knecht überleben lassen kann, dass er dem Schreiber des Hiobbuchs alle Klagen und Reden unter Inspiration wörtlich eingeben kann usw.? Mit dem Hinweis auf die Allmacht Gottes kann man fast alles verteidigen, was man verteidigen will. Sobald man dieses »Argument« äußert, scheint man automatisch im Recht zu sein. Außerdem kann man andere »prüfen«, wie hoch *sie* von der Allmacht Gottes denken. Auf Grund solcher »Vorzüge« ist das Allmachts-Argument in fundamentalistischen Gruppen sehr beliebt. Doch man benutzt dabei die Allmacht Gottes als ein Mittel zum Zweck. Die Allmacht Gottes muss dazu herhalten, die eigene Meinung zu verteidigen. Um es salopp zu sagen: Man spannt die Allmacht Gottes wie einen Gaul vor den eigenen Karren. Ich traue der Macht Gottes genauso viel zu, wie meine fundamentalistisch geprägten Schwestern und Brüder. Aber ich halte nichts davon, mit Hilfe der Allmacht Gottes ein Textverständnis zu verteidigen, das man auf andere Weise nicht mehr verteidigen kann. Die Allmacht Gottes wird so zum Lückenbüßer, zur Ausrede und zum frommen Trick. Die Macht Gottes ist nicht dazu da, aus einem literarischen Text einen historischen Bericht zu machen, nur weil das manche Christen gern so hätten.

Die Frage, um die es geht, lautet: Gibt es im Text des Hiobbuchs stärkere Hinweise auf einen geschichtlichen oder stärkere Hinweise auf einen literarischen Charakter dieses Buchs? Von dieser Frage darf man nicht ablenken. Die Antwort auf diese Frage muss aus dem *Text des Hiobbuchs* gewonnen werden und muss sich an diesem Text bewähren. Man darf eine Prüfung am Bibeltext nicht dadurch unmöglich machen, dass man sämtliche unsympathischen Gesichtspunkte, die bei einer solchen Prüfung zutage treten, ständig mit Hilfe des Allmachts-Arguments ignoriert. Daran zeigt sich nur, dass man nicht ernsthaft prüfen will und das Ergebnis der »Prüfung« von vornherein fest steht.[231] Wenn man von Studienanfängern und -anfängerinnen die Frage hört: »Trauen Sie es Gott etwa nicht zu, dass er …?«, wird man als Dozent versuchen, dem Fragesteller dazu zu verhelfen, seine eigene Frage zu überdenken. Das fällt den Fragestellern meist nicht leicht. Wer lässt sich schon gern ein Lieblingsargument aus der Hand nehmen? Und doch liegt gerade in dieser Bereitschaft zur Selbstkritik die Chance zu einem neuen Entwicklungsschritt. Wir Dozenten weisen das »Allmachts-Argument« nicht deshalb zurück, weil wir von der Macht Gottes geringer denken als die Fragesteller, sondern weil wir die dabei stattfindende Instrumentalisierung der Macht Gottes nicht unterstützen, sondern bewusst machen wollen. Ein solcher Umgang mit der Macht Gottes ist der Macht Gottes unwürdig. Es ist für uns alle ein *Gewinn*, wenn wir es lernen, auf dieses Scheinargument zu verzichten. Vorurteile werden nicht dadurch besser, dass man sich zu ihrer Verteidigung auf die Allmacht Gottes beruft.

10. Ein neutestamentliches Beispiel: die Besonderheit des Johannesevangeliums

Unter den vier Evangelien des Neuen Testaments ist die Besonderheit des Johannesevangeliums (JohEv) schon immer aufgefallen. Um diese Besonderheit geht es auf den folgenden Seiten. In ihnen skizziere ich die Unterschiede zwischen dem JohEv und den anderen

[231] Eine fundamentalistisch geprägte Studierende sagte mir im Hiobseminar, nachdem ich alle Argumente für den nichthistorischen Charakter des Hiobbuchs behandelt hatte: »Ein Beweis sind diese Hinweise aber noch nicht.« Die Antwort dieser Studentin entspricht einem häufigen Reaktionsmuster fundamentalistisch geprägter Studierender. Wenn es um unangenehme Erkenntnisse geht, die nicht zum eigenen Bibelverständnis passen, und die man nicht wahrhaben will, reagiert man nach dem Motto: Solange mir kein Beweis mit naturwissenschaftlicher Exaktheit vorgelegt wird, nehme ich auch keine Argumente ernst.

drei Evangelien (Matthäus, Markus, Lukas). Ich tue das nicht, um die Evangelien gegeneinander auszuspielen. Alle vier Evangelien sind für die Christenheit ein großes Geschenk und eine wichtige Hilfe. Das JohEv ist genauso Gottes Wort wie die anderen Evangelien.[232] Ich nenne die Unterschiede vielmehr, um das spezifische Profil und Anliegen der Evangelien zu verdeutlichen. Unsere Wertschätzung der Bibel zeigt sich nicht darin, dass wir Unterschiede dieser Art ausblenden oder unterschätzen, sondern darin, dass wir sie beachten.

In der modernen Bibelwissenschaft ist es üblich geworden, die ersten drei Evangelien als »*synoptische*« Evangelien (synEv) bzw. als »*Synoptiker*« (Syn) zu bezeichnen.[233] Mit diesem Begriff betonte man stärker als bisher die Ähnlichkeit der ersten drei Evangelien, damit aber auch den Unterschied zwischen ihnen und dem JohEv. Auf Grund des neu entstandenen historischen Denkens[234] erkannte man im Laufe des 19. Jahrhunderts, *wie tief* die Unterschiede zwischen den synEv und dem JohEv sind. In Anbetracht dieser Unterschiede setzte sich gegen Ende des 19. Jahrhunderts in der modernen Bibelwissenschaft eine Erkenntnis durch, die seitdem an den Universitäten allgemein anerkannt ist. Diese Erkenntnis lautet: Wer das Wirken Jesu *historisch* erforschen will, muss sich in erster Linie an den synEv orientieren. Das JohEv enthält zwar ebenfalls wertvolle historische Informationen über Jesus, in einzelnen Fällen sogar über die Syn hinaus. Insgesamt aber ist das JohEv nicht im gleichen Maß eine Geschichtsquelle über Jesus, wie die Syn es sind. Darin liegt auch nicht die Absicht des JohEv. Im Folgenden stelle ich die Gründe vor, die zu diesem wichtigen Konsens der modernen Bibelwissenschaft geführt haben.

Bevor ich mich den Unterschieden zwischen den Syn und dem JohEv zuwende, möchte ich auf ihre *Gemeinsamkeiten* hinweisen. Wie die Syn erzählt auch das JohEv vom öffentlichen Wirken Jesu in Wort und Tat, angefangen bei Johannes dem Täufer und ersten Jüngerberufungen, bis zur Gefangennahme Jesu, seiner Verurteilung, seinem Tod und den Erscheinungen des Auferstandenen. Drei der sieben Wunder Jesu, die das JohEv erzählt, sind auch aus

[232] Zum Ausdruck »Gottes Wort« vgl. Kapitel 5.
[233] »Synopsis« (griech.) bedeutet Zusammenschau, gemeinsame Sicht.
[234] Zur Entstehung des historischen Denkens vgl. Kapitel 8, Abschnitt 1.

den synEv bekannt (die Heilung des Sohnes eines Hauptmanns, die Speisung der Fünftausend, der Gang Jesu über den See, vgl. 4, 43–53; 6,1–15.16–21). Das gilt auch für das Bekenntnis des Petrus (6,66–71), die Salbung in Bethanien (12,1–8) und den Einzug Jesu in Jerusalem (12,12–19). Die Taufe Jesu, die Berufung des Zwölferkreises und die Gefangennahme des Täufers werden im JohEv zwar nicht erzählt, aber vorausgesetzt (vgl. 1,29–34; 3,24; 6,66.71). Von den achtzehn alttestamentlichen Zitaten im JohEv sind fünf auch bei den Syn belegt (1,23; 12,15.40; 13,18; 19,24). In den Passions- und Auferstehungsgeschichten sind die Übereinstimmungen mit den Syn größer als in den anderen Teilen des Evangeliums. Übereinstimmungen gibt es aber nicht nur in den *erzählenden* Textabschnitten, sondern auch im *Redestoff.* Die in 3,3.6.20 f; 4,44; 5,22.24.28 f.43; 6,63; 7,16; 12,25.27; 13,16.20.21; 15,20 gebotenen Worte Jesu finden sich auch in den synEv. Neben diesen Gemeinsamkeiten bleiben allerdings auffallend große Unterschiede.

Die Besonderheit des JohEv zeigt sich bereits im Aufbau. Gleich zu Beginn des JohEv bietet der »Prolog« (1,1–18) einen Verstehensrahmen, zu dem es in den synEv keine Entsprechung gibt. Der Prolog beschreibt Jesus als »das Wort«, das »im Anfang« bei Gott war, das an der Schöpfung mitwirkte und »Fleisch« geworden ist. Alles, was Jesus im JohEv sagt und tut, ist in diesem Bezugsrahmen zu verstehen. Aussagen dieser Art gibt es in den synEv über Jesus nicht. Auch die auf den Prolog folgende Darstellung des öffentlichen Auftretens Jesu ist im JohEv anders aufgebaut als bei den Syn. In den synEv wirkt Jesus zuerst und vor allem in *Galiläa*. Erst am Ende dieser Tätigkeit begibt er sich nach Jerusalem, wo er wenige Tage später gekreuzigt wird. Im JohEv hingegen wechselt Jesus von Beginn seiner Tätigkeit an mehrfach zwischen Galiläa und Jerusalem. Schon ab 7,10 tritt Jesus nur noch in Jerusalem und Umgebung auf. Nach dem JohEv wirkt Jesus mehr in Jerusalem als in Galiläa. Der Aufbau des JohEv orientiert sich nicht an der letzten Reise Jesu nach Jerusalem, wie das in den synEv der Fall ist, sondern am Wechsel der Zuhörerschaft. In der ersten Hälfte des JohEv offenbart Jesus sich in der *Öffentlichkeit* (1,19–12,50), in der zweiten Hälfte nur noch vor seinen Jüngern bzw. in seinem Tod und in seiner Auferstehung (13,1–21,25).

Wichtiger als die Unterschiede im Aufbau der Evangelien sind die *inhaltlichen* und *sprachlichen* Unterschiede. Ich hebe die wichtigsten Unterschiede durch Nummerierung hervor. Dabei verzichte ich auf alle Spekulationen bzw. Vermutungen und konzentriere mich auf solche Beobachtungen am Text des JohEv, die jeder Bibelleser überprüfen und nachvollziehen kann.

(1) Zahlreiche Texte und Aussagen, die *nach dem JohEv* sehr wichtig sind, um Jesus verstehen zu können, kommen in den synEv nicht vor:

a. Das JohEv enthält zahlreiche *Reden Jesu* (vgl. Kapitel 5–8; 10; 12; 14–16). Sie unterscheiden sich sowohl in der Form als auch im Inhalt tiefgreifend von den Reden Jesu in den synEv. In den synEv hält Jesus keine zusammenhängenden, längeren Reden, in denen er ein bestimmtes Thema entfaltet. Die syn »Reden« bestehen aus kurzen Einzelsprüchen (»Logien«) bzw. aus Spruchsammlungen[235] oder Gleichnissammlungen.[236] Vor allem: In den Reden des JohEv macht Jesus *sich selbst* zum zentralen Thema. Er spricht über sein Verhältnis zu Gott, seinen göttlichen Auftrag und seine göttliche Vollmacht. Es handelt sich um *Offenbarungsreden*, in denen Jesus sich selbst offenbart. Das zeigt sich besonders deutlich in den sieben Ich-bin-Worten Jesu, von denen die synEv kein einziges bieten. Das zentrale Thema in den syn Reden Jesu ist nicht Jesus selbst, sondern das *Reich Gottes*. Dieses Zentrum der syn Botschaft Jesu kommt aber im JohEv fast überhaupt nicht vor (s. u.). Zwar spricht Jesus auch bei den Syn von sich selbst,[237] aber nicht als Thema ganzer Reden. Außerdem unterscheiden sich die syn Aussagen Jesu über sich selbst *inhaltlich* in auffallender Weise von seinen Selbstaussagen im JohEv (s. u.).

---

[235] Vgl. z. B. den Aufbau der Bergpredigt (Mt 5–7): neun Seligpreisungen, danach Worte über die Jüngerschaft, dann Worte über die Erfüllung der Tora und der Propheten, danach sechs Antithesen zum Verständnis der Gebote, danach Worte über Almosen, Gebet und Fasten, anschließend Worte über das Sorgen und das Richten usw.

[236] Vgl. Mk 4; Mt 13 und 25; Lk 15.

[237] Es geht dabei vor allem um Aussagen Jesu, in denen er vom Sinn seines Kommens spricht: »Ich bin gekommen, die Sünder zu rufen und nicht die Gerechten« (Mk 2,17). »Der Menschensohn ist gekommen, zu suchen und zu retten das was verloren ist« (Lk 19,10). »Denn auch der Sohn des Menschen ist nicht gekommen, damit ihm gedient werde, sondern damit er diene und sein Leben gebe als Lösegeld für viele« (Mk 10,45). »Auch den anderen Städten muss ich das Evangelium vom Reich Gottes verkündigen, denn dazu bin ich gesandt« (Lk 4,43).

b. Der Inhalt der Kapitel 13–17 des JohEv fehlt bei den Syn *komplett.* Es handelt sich dabei um fast ein Viertel des Evangeliums. Kapitel 13 beginnt damit, dass Jesus seinen Jüngern *die Füße wäscht* (vgl.13,1–20). Anschließend ist von einem Jünger die Rede, »*den Jesus liebte*« (vgl. 13,23–26). Sein Name wird nicht genannt. Dieser Jünger spielt im JohEv eine besondere Rolle. Er steht Jesus am nächsten, auch näher als Petrus (vgl. 19,25–27; 20,1–10; 21,1–14.15–25). In den synEv ist nirgendwo von einem Jünger die Rede, »den Jesus liebte«. Es wird auch keinem Jünger ein vergleichbarer Rang zugeschrieben. Am Ende von Kapitel 13 verkündet Jesus den Jüngern ein *»neues Gebot« der Bruderliebe* (vgl.13,31–35). Dieses Gebot ist im JohEv von großer Bedeutung (vgl. 14,15.21,26; 15,10–12.17). Das JohEv konzentriert die Ethik der Jünger ganz auf den innergemeindlichen Bereich der Bruderliebe. Von der Nächsten- und Feindesliebe ist im JohEv nirgendwo die Rede. In den synEv gibt es kein »neues Gebot« Jesu dieser Art, auch keine Begrenzung der Ethik auf den innergemeindlichen Bereich.

c. In den Kapiteln 14–16 hält Jesus umfangreiche *Abschiedsreden.* In ihnen bereitet Jesus seine Jünger intensiv auf seinen Tod vor und auf die Zeit danach. In den synEv gibt es keine derartigen Abschiedsreden Jesu. Innerhalb der Abschiedreden spricht Jesus fünf Mal vom »parakletos« (Beistand, Tröster). Damit ist der Heilige Geist gemeint. Er wird die Jünger an alles erinnern, was Jesus gesagt hat, sie in die ganze Wahrheit leiten und Jesus verherrlichen (vgl. 14,16 f.26; 15,26; 16,7–15). In den synEv gibt es keine Parakletensprüche Jesu. Es gibt auch kein ausführliches *Abschiedsgebet* Jesu, wie in Kapitel 17 des JohEv.

d. In der Darstellung der Passion Jesu geht das JohEv ebenfalls eigene Wege:

- Während die Syn die Passionsgeschichte mit dem Einzug Jesu in Jerusalem beginnen, steht im JohEv die Salbung in Bethanien am Beginn (12,1–8). Der Einzug in Jerusalem (12,12- 19) folgt erst *nach* der Salbung in Bethanien (vgl. 12,9).
- Anlass der Gefangennahme Jesu ist im JohEv nicht die Tempelkritik Jesu, wie in den synEv (vgl. die Rolle, die das Tempelwort Jesu nach den synEv im jüdischen Verhör spielt), sondern die Auferweckung des Lazarus (vgl. 11,1–53; 12,9–11.17–19). Von einem solchen Anlass lesen wir bei den Syn nichts. Die Tempelkritik Jesu stand dem JohEv als Anlass der Gefangennahme

Jesu nicht mehr zur Verfügung, da sie – anders als bei den Syn – bereits *am Beginn* der Tätigkeit Jesu erzählt wird (2,13–22).

- Im Unterschied zu den synEv befinden sich im JohEv zwei Menschen aus dem Umfeld Jesu unter dem Kreuz. Sie werden sogar vom Gekreuzigten angesprochen. Es handelt sich um den Jünger, »den Jesus liebte« und um die Mutter Jesu (vgl. 19,25–27). Nach den synEv ist kein Jünger bei der Kreuzigung Jesu anwesend. Sie sind alle bei der Gefangennahme Jesu geflohen (vgl. Mk 14,50; Mt 26,56). Ein Jünger, »den Jesus liebte«, kommt bei den Syn ohnehin nicht vor. In den synEv schauen einige Anhängerinnen und Bekannte Jesu *aus der Ferne* zu (vgl. Mk 15,40 f; Mt 27,55 f; Lk 23,49). Die Namen der betreffenden Frauen werden genannt. Die Mutter Jesu befindet sich nicht unter ihnen. Die synEv erwähnen die Mutter Jesu in der gesamten Passionsgeschichte kein einziges Mal. Das gilt auch für Lukas, der in den beiden ersten Kapiteln seines Evangeliums (den »Weihnachtsgeschichten«) von Maria, der Mutter Jesu, sehr viel erzählt.
- Im JohEv stirbt Jesus am Tag vor dem Beginn des einwöchigen Passafestes (vgl. 19,14: »Rüsttag«). In den synEv hingegen stirbt Jesus am ersten Tag des Passafestes. Deshalb ist nach den synEv das Abendmahl, das Jesus am Abend vor seinem Todestag mit seinen Jüngern feiert, ein *Passamahl* (vgl. Mk 14,12–16; Mt 26,17–19; Lk 22,7–15).[238] Nach dem JohEv kann das Abendmahl kein Passamahl gewesen sein.[239]

---

[238] Im Judentum beginnt der Tag am Abend. Der erste Tag des Passafestes beginnt deshalb mit dem Sederabend, an dem das Passalamm gegessen wird.

[239] Manche Christen wollen die unterschiedliche Datierung des Todes Jesu dadurch harmonisieren, dass sie mit der Verwendung zweier unterschiedlicher Kalender rechnen. Dieser Versuch hat in der Fachwissenschaft zu Recht keine Zustimmung gefunden. Es gibt keinen stichhaltigen Hinweis darauf, dass sich Jesus oder Teile der Urchristenheit nicht am damals üblichen jüdischen Kalender, sondern am Kalender der Essener orientiert haben. Mehrere wichtige Merkmale im Verhalten Jesu standen im *krassen Gegensatz* zur Lehre und Praxis der Essener: seine Tischgemeinschaft mit Sündern und Zöllnern (»Verlorenen«), seine Zuwendung zu Kranken, seine Relativierung der Speise- und Reinheitsgebote u. a. Deshalb ist es sehr unwahrscheinlich, dass Jesus oder Teile der Urchristenheit den Kalender der Essener – und damit zentrale Voraussetzungen ihrer Praxis und Lehre – übernommen haben.

(2) Zahlreiche Texte und Aussagen, die *nach den synEv* sehr wichtig sind, um Jesus verstehen zu können, kommen im JohEv nicht vor:

a. Im JohEv gibt es keine Gleichnisse Jesu in der Art der syn Gleichnisse. Nach den synEv sind aber gerade die Gleichnisse für Jesus besonders typisch. Im JohEv gibt es keine Dämonenaustreibungen, keine Heilung Aussätziger, keinen Umkehrruf, keine Aussendung der Jünger, keine Versuchungsgeschichte Jesu, keine Verklärung Jesu, keine Leidensankündigungen, keine Einsetzung des Abendmahls und kein Gebetsringen Jesu in Gethsemane. Auch die Zuwendung Jesu zu den Armen und zu den Sündern – z.B. seine Tischgemeinschaft mit ihnen – wird im JohEv nicht erwähnt. Es fehlen im JohEv die Stellungnahmen Jesu zu Fragen der Tora-Auslegung (zu Speise- und Reinheitsgeboten, Schabbat, Scheidung, Steuer, Schwören, Fasten, Almosen u.a). Das JohEv nennt keine der Bevölkerungsgruppen, die in den synEv ständig eine Rolle spielen: Arme, Reiche, Bauern, Handwerker, Kaufleute, Arbeiter, Kinder, Witwen, Gerechte, Sünder, Zöllner, Prostituierte, Sadduzäer u.a. Dafür spricht das JohEv von »den Juden« und »ihren Führern« (zu denen Pharisäer, Schriftgelehrte und die Mitglieder des Hohen Rats zählen). Im JohEv kommt das Wort »Evangelium« nicht vor. Es fehlen auch die mit diesem Wort eng verbundenen Begriffe des Verkündigens (euangelizestai, kerüssein), die in den synEv häufig verwendet werden.

b. Es gibt im JohEv *keine Reich-Gottes-Verkündigung Jesu*. Nach den synEv ist dieses Thema *das Zentrum* der Botschaft Jesu. Ein knapper Überblick soll zeigen, wie wichtig dieses Thema in den synEv ist. Im *Markusevangelium* fasst Jesus seine Botschaft mit den Worten zusammen: »Die Zeit ist erfüllt und das Reich Gottes ist nahe herbeigekommen. Kehrt um und glaubt an das Evangelium« (1,15). In Mk 4,11 sagt Jesus zu seinen Jüngern: »Euch ist das Geheimnis des Reiches Gottes gegeben«. Im *Matthäusevangelium* heißt es: Jesus »verkündigte das Evangelium vom Reich« (vgl. 4,23 und 9,35 als Zusammenfassung der Kapitel 5–9). Die Bergpredigt beginnt mit dem Satz: »Selig sind die Armen, denn ihnen gehört das Himmelreich« (5,3).[240] Ein Kernsatz der Bergpredigt

[240] Der Ausdruck »Himmelreich« bzw. »Reich der Himmel« meint das Gleiche wie der Ausdruck »Reich Gottes«.

lautet: »Trachtet zuerst nach dem Reich Gottes und nach seiner Gerechtigkeit, dann wird euch alles Andere zufallen« (6,33). Jesus lehrt seine Jünger zu beten: »Dein Reich komme« (6,10). Er sendet seine Jünger aus mit dem Auftrag: »Predigt: Das Reich der Himmel ist genaht« (10,7). Im Blick auf die Endzeit heißt es: »Und dieses Evangelium vom Reich wird auf der ganzen Erde verkündet werden allen Völkern zum Zeugnis und dann wird das Ende kommen« (24,14). Im *Lukasevangelium* steht: »Auch den anderen Städten muss ich das Evangelium vom Reich verkünden, denn dazu bin ich gesandt« (4,43). »Und es begab sich bald darauf, dass er Städte und Dörfer durchwanderte, indem er predigte und das Evangelium vom Reich verkündigte« (8,1). Jesus sendet auch im Lukasevangelium seine Jünger aus, »das Reich Gottes zu predigen und zu heilen« (9,2). »Lass die Toten ihre Toten begraben, du aber gehe hin und verkündige das Reich Gottes« (9,60). »Das Gesetz und die Propheten gelten bis zu Johannes. Von da an wird das Evangelium vom Reich verkündet« (16,16). Alle Gleichnisse und Wunder Jesu – insbesondere auch seine Dämonenaustreibungen – haben mit dem Reich Gottes zu tun.[241] Auch beim Abendmahl spricht Jesus vom Reich Gottes: »Amen, ich sage euch: Ich werde vom Gewächs des Weinstocks nicht mehr trinken, bis an jenen Tag, an dem ich neu davon trinken werde im Reich Gottes« (Mk 14,25; vgl. Mt 26,29; Lk 22,16). In den synEv ist *über hundert Mal* vom »Reich«, »Reich Gottes« bzw. »Reich der Himmel« die Rede. Im JohEv hingegen spricht Jesus nur bei einer einzigen Gelegenheit vom »Reich Gottes« und bei einer anderen Gelegenheit von »*mein* Reich«. Selbst in diesen beiden Fällen geht es nicht um *öffentliche* Verkündigung. Im ersten Fall handelt es sich um ein nächtliches Gespräch unter vier Augen (vgl. 3,1–7), im zweiten Fall um eine Aussage Jesu im Prozess (vgl. 18,36). Im ersten Fall verbindet Jesus den Hinweis auf das Reich Gottes mit einer Redeweise, die es in den synEv nicht gibt: »Wenn ihr nicht von oben geboren werdet«. In den synEv spricht Jesus auch an keiner einzigen Stelle von *seinem* Reich, sondern stets vom »Reich *Gottes*«.

---

[241] »Wenn ich mit dem Finger Gottes die Dämonen austreibe, dann ist das Reich Gottes zu euch gekommen« (Lk 11,20).

Manche Christen wollen diesen auffallenden Unterschied zwischen dem JohEv und den Syn abmildern, indem sie sagen: »In den Syn spricht Jesus vom Reich Gottes. Im JohEv spricht er dafür vom ewigen Leben. Sachlich ist damit das Gleiche gemeint«. Mit dieser Erklärung macht man sich die Sache zu einfach. Man kann den hier vorliegenden Unterschied nicht dadurch aus der Welt schaffen, dass man zwei Begriffe für gleichbedeutend erklärt. Im JohEv fehlt ja nicht nur die öffentliche Reichgottesverkündigung Jesu, die nach den synEv sein zentrales Thema war. Es fehlen auch alle jene Ereignisse, Aussagen und Begriffe, die nach den synEv mit der Reichgottesverkündigung Jesu eng verbunden sind: die Gleichnisse, die Dämonenaustreibungen, die Zuwendung Jesu zu den Armen und Sündern (die Tischgemeinschaft mit ihnen), der Hinweis auf die Nächsten- und Feindesliebe, der Umkehrruf, die Jüngeraussendung, das Vaterunser, die Stellungnahmen Jesu zu Fragen der Tora-Auslegung, die Einsetzung des Abendmahls, der Begriff »Evangelium« und die mit diesem Begriff eng verbundenen Verben des Verkündigens. Von dem Ausdruck »Evangelium vom Reich« (Mt 4,23; 9,35; Lk 4,43; 8,1) fehlen im JohEv *beide* Teile: sowohl der Begriff »Evangelium« als auch die Botschaft vom Reich. Man kann vor diesem tiefgreifenden Unterschied nicht die Augen verschließen, indem man einfach zwei Begriffe auswechselt! »Reich Gottes« und »ewiges Leben« hängen zwar durchaus zusammen, bedeuten aber keineswegs das Gleiche. Der Ausdruck »Reich Gottes« ist mit politischen und gesellschaftlichen Gesichtspunkten verbunden, die beim Ausdruck »ewiges Leben« nicht im Blick sind. Der Ausdruck »ewiges Leben« konzentriert die Sicht auf den persönlichen Heilsaspekt. Der Ausdruck »Reich Gottes« ist im Vergleich dazu umfassender angelegt. Außerdem spricht Jesus in den synEv *mehr vom Reich Gottes als von sich selbst.* Im JohEv spricht Jesus hingegen in erster Linie von sich selbst. Auch darin zeigt sich eine elementare Verlagerung der Gewichte. Dieser Gesamtbefund muss Gründe haben, die es zu verstehen gilt. Mit der bloßen Gleichsetzung von »Reich Gottes« mit »ewigem Leben« vernebelt man diesen Gesamtbefund und verhindert ein tieferes Verstehen.

(3) Jesus spricht im JohEv in einer anderen Art und Weise als in den synEv:

Das JohEv unterscheidet sich in Wortschatz, Begriffsbildung, Stil, Bild- und Vorstellungswelt sehr von den synEv. Die joh Schriften – dazu zählen sowohl das JohEv als auch die drei joh *Briefe* – haben eine besondere sprachliche Prägung. Das fällt sowohl im Vergleich mit den damaligen jüdischen Schriften auf als auch innerhalb des Neuen Testaments. Ob diese eigentümliche Sprachprägung in den joh Gemeinden entstanden ist, oder andere Wurzeln hat, kann man heute nicht mehr sicher sagen.[242] *Alle* Personen, die im JohEv zu Wort kommen (Jesus, der Täufer, einzelne Jünger, Juden, die Samaritanerin, Pilatus u. a.) sprechen die gleiche, typisch joh Sprache. Während man in den synEv die Ausdrucksweise Jesu von derjenigen des jeweiligen Evangelisten relativ leicht unterscheiden kann – zumindest in vielen Fällen –, ist das im JohEv nicht möglich. Wenn ich also im Folgenden die Sprechweise Jesu im JohEv beschreibe, um sie mit seiner Sprechweise in den synEv zu vergleichen, stelle ich zugleich die Merkmale der joh Sprache vor.

Auffallend ist *Erstens die dualistische Prägung* der joh Sprache. Eine Prägung dieser Art gibt es in keiner anderen Schrift der Bibel. In einer dualistisch geprägten Sprache spielen gegensätzliche Begriffspaare (gut-böse, Licht-Finsternis u. a.) eine große Rolle.[243] In den joh Schriften geht es vor allem um den Gegensatz zwischen (ewigem) Leben und Tod. Zum Leben gehören Licht, Wahrheit, Geist, Freiheit und Glaube. Zum Tod bzw. zum Bösen gehören Finsternis, Welt, Lüge, Fleisch, Knechtschaft und Unglaube. Wer »aus« der Finsternis stammt, der »liebt« die Finsternis und »hasst« das Licht. Ein Textbeispiel soll die dualistische Prägung der joh Sprache veranschaulichen: »Darin besteht aber das Gericht, dass das Licht in die Welt gekommen ist und die Menschen liebten die Finsternis mehr als das Licht, denn ihre Werke waren böse. Jeder, der Böses tut, hasst das Licht und kommt nicht zum Licht, damit seine Werke nicht offenbar werden. Wer aber die Wahrheit tut, kommt

[242] Es besteht eine gewisse Nähe zur Sprache der Mandäer (einer jüdischen Taufgemeinschaft in Mesopotamien) und zur Qumran-Gemeinschaft. Da es andererseits aber auch deutliche sprachliche Unterschiede gibt, lassen sich daraus keine sicheren Schlüsse ziehen.

[243] Man unterscheidet religionswissenschaftlich zwischen »monistischen« und »dualistischen« Religionen. Typisch für Letztere ist der Kampf einer guten Macht gegen eine (ihr gegenüber *selbstständigen*) böse Macht. Die Bibel ist *monistisch* ausgerichtet. Nach ihrer Sicht gibt es keine böse Macht, die Gott gegenüber selbstständig ist, d. h. *außerhalb* der Macht Gottes steht. Dieser Monismus gilt auch für die joh Schriften. Sie vertreten keinen religiösen Dualismus, sondern verwenden lediglich – mit Ausnahme der Wundererzählungen und der Passionsgeschichte – eine dualistisch geprägte *Sprache*.

zum Licht, damit seine Werke offenbar werden, denn sie sind in Gott getan« (3,19–21). Auch Jesus selbst spricht im JohEv in dieser dualistisch geprägten Sprache: »Noch kurze Zeit ist das Licht bei euch. Handelt, weil ihr das Licht habt, damit euch nicht die Finsternis überfällt. Wer in der Finsternis lebt, weiß nicht, wohin er geht. Weil ihr das Licht habt, glaubt an das Licht, damit ihr Kinder des Lichts werdet…Ich bin als Licht in die Welt gekommen, damit jeder, der an mich glaubt, nicht in der Finsternis bleibt« (12,35 f.46; vgl. 8,12; 9,4–5). »Wenn die Welt euch hasst, so erkennt, dass sie mich zuerst gehasst hat. Wenn ihr aus der Welt wäret, würde die Welt das Ihre lieben. Weil ihr aber nicht aus der Welt seid, sondern ich euch aus der Welt erwählt habe, deshalb hasst euch die Welt« (15,18–19). Wie es für die joh Sprache charakteristisch ist, betont auch Jesus neben dem Gegensatz von Licht und Finsternis den Gegensatz von Wahrheit und Lüge (8,44 f; 16,17; 17,17; 18,37), Geist und Fleisch (3,6.8; 6,63), Freiheit und Knechtschaft (8,33–36), lieben und hassen (7,7; 12,25; 13,34; 15,12.17.23–25; 17,24), Jüngerschaft und Welt (15,18–20; 17,9.14–18). Eine dualistisch geprägte Sprache dieser oder ähnlicher Art spricht Jesus in den synEv nicht.

Charakteristisch ist *erstens* der *räumliche* Dualismus, der im JohEv – und *nur* dort – im Munde Jesu begegnet: »Wenn jemand nicht von oben geboren wird, kann er das Reich Gottes nicht sehen« (3,3). »Niemand ist in den Himmel hinaufgestiegen außer dem, der aus dem Himmel herabgestiegen ist« (3,13). »Ich bin das Brot des Lebens, das aus dem Himmel herabgekommen ist« (6,41; vgl. 6.38). »Wenn ihr den Sohn des Menschen auffahren seht, wo er zuvor war« (6,62). »Ihr seid von unten, ich bin von oben« (8,23). »Wer von oben kommt, ist über allem« (12,46). Dieser Vorstellungszusammenhang von Herabsteigen und Hinaufsteigen, oben und unten, kommt in den synEv nicht vor. Im Rahmen dieses räumlichen Dualismus hat das Wort »aus« (griech.: ek) im JohEv eine sehr spezielle Bedeutung. Dieses Wort gibt im JohEv den geistlichen Herkunftsbereich an, der über das Wesen des Menschen entscheidet: Ist der Mensch »aus dem Willen des Fleisches« oder »aus Gott geboren« (vgl. 1,11–13 u. ö.)? Auch Jesus selbst bedient sich im JohEv häufig dieser eigentümlichen Formulierungsweise (3,5; 4,22; 7,17.22; 8,23.44.47; 10,16.20; 15,19; 17,14.16; 18,36.37). Ein solcher Gebrauch des Wortes »aus« ist den synEv fremd.

Zu den sprachlichen Besonderheiten der joh Schriften gehört *zweitens* die *Sprache der Immanenz*. Sie will eine besonders intensive Form der Gemeinschaft zum Ausdruck bringen. Es geht dabei darum, dass eine Person »in« einer anderen anwesend ist. Ich konzentriere mich im Folgenden von vornherein auf die *Aussagen Jesu*:[244] »Der Vater ist bleibend in mir« (14,10). »Wenn ihr in mir bleibt« (15,7; vgl. 4.5.6), »wie ich in der Liebe des Vaters bleibe« (15,10). Da im JohEv Jesus und das, was er seinen Jüngern als Gabe gibt, identisch ist, können seine Jünger auch »in« einer Gabe Jesu sein bzw. die Gabe in ihnen: »Bleibt in meiner Liebe« (15,7; vgl. 5,38). »...dass meine Freude in euch sei« (15,11; vgl. 17,13). Der verheißene Beistand (parakletos) wird »in euch sein« (14,17). Besonders prägnant sind die zahlreichen Aussagen Jesu über eine *wechselseitige Immanenz*: »Wer mein Fleisch isst und mein Blut trinkt, bleibt in mir und ich in ihm« (6,56). »...damit ihr erkennt, dass der Vater in mir ist und ich im Vater bin« (10,38). Jesus fragt Philippus: »Glaubst du nicht, dass ich im Vater bin und der Vater in mir ist« (14,10)? Zu seinen Jüngern sagt er: »Glaubt mir, dass ich im Vater bin und der Vater in mir ist« (14,11). »An jenem Tag werdet ihr erkennen, dass ich in meinem Vater bin und ihr in mir und ich in euch« (14,20). »Bleibt in mir und ich bleibe in euch« (15,4). »Wie du, Vater, in mir und ich in dir« (17,21). »Ich in ihnen und du in mir« (17,23). »Damit die Liebe, mit der du mich geliebt hast in ihnen sei und ich in ihnen« (17,26).[245] Diese weitverzweigte Spra-

---

[244] Das Wort »in« spielt im JohEv und speziell auch in den Worten Jesu eine besondere Rolle: im Munde Jesu vgl. z. B. 1,47; 3,21; 6,53; 7,18; 8,21.24.44; 11,10; 12,35.46; 14,17; 17,11. Außerhalb der Worte Jesu vgl. z. B. 1,4.10; 2,25. In den synEv gibt es nichts Vergleichbares. Man könnte allenfalls auf den Satz verweisen: »Wenn das Licht in euch Finsternis ist« (Mt 6,23; Lk 11,35). Doch diese Formulierung bleibt innerhalb der damals üblichen Sprachgewohnheiten. In Lk 17,20 f ist zu übersetzen: das Reich Gottes ist »mitten unter euch«. Luthers Übersetzung »inwendig in euch« ist unzutreffend.

[245] Auch sonst verwendet Jesus im JohEv oft wechselseitige Formulierungen: »Ich kenne die Meinen und die Meinen kennen mich, gleich wie der Vater mich kennt und ich den Vater kenne« (10,14 f). »Jetzt ist der Sohn des Menschen verherrlicht und Gott ist verherrlicht in ihm« (13,31). »Wer mich liebt, wird von meinem Vater geliebt werden und ich werde ihn lieben« (14,21; vgl. auch 23). »Wie mich der Vater geliebt hat, so habe ich euch geliebt« (15,9). »...dass ihr euch untereinander lieben sollt, wie ich euch geliebt habe« (15,12) u. ö. In den synEv spielen wechselseitige Formulierungen dieser Art keine vergleichbare Rolle.

che der Immanenz, die im JohEv sachlich von großer Bedeutung ist, verwendet Jesus in den synEv nicht. Sie kommt auch sonst in den synEv nicht vor.

Typisch für die johanneische Sprache ist *Drittens* der »*Wir«-Stil*, in dem die joh Glaubensgemeinschaft ihre Glaubenserfahrungen zusammenfasst: »Und wir sahen seine Herrlichkeit, eine Herrlichkeit, wie sie der eingeborene Sohn von seinem Vater hat, voller Gnade und Wahrheit…Aus seiner Fülle haben wir alle genommen, Gnade um Gnade« (Joh 1,14.16). »Was im Anfang war, was wir gehört haben, was wir mit unseren Augen gesehen, was wir geschaut haben, das verkündigen wir… Wir haben gesehen und bezeugen und verkündigen euch das ewige Leben« (1 Joh 1,1–4). »Wir wissen, dass wir ihm ähnlich sein werden, wenn er offenbar wird, denn wir werden ihn sehen, wie er ist« (1 Joh 3,2). »Wir wissen, dass wir vom Tod zum Leben hinübergewandert sind, denn wir lieben die Brüder« (1 Joh 3,14 ü.ö.). Einen Wir-Stil dieser Art gibt es in den synEv nicht. Die joh Sprachprägung reicht so weit, dass sogar Jesus selbst in einem Gespräch mit Nikodemus (einem Mitglied des jüdischen Hohen Rats) diesen Wir-Stil verwendet, obwohl es ein Gespräch unter vier Augen ist und Jesus bis dahin mit Nikodemus im Ich-Stil gesprochen hat: »Amen, amen, ich sage dir: Was wir wissen, davon reden wir, und was wir gesehen haben, das bezeugen wir und doch nehmt ihr unser Zeugnis nicht an« (Joh 3,11). Jesus spricht hier, als ob er ein Mitglied der joh Glaubensgemeinschaft ist. In den synEv spricht er nirgendwo in dieser Weise.

Es gibt zahlreiche weitere Besonderheiten der joh Sprache (und damit der Sprache Jesu im JohEv), zu denen es in den synEv keine Entsprechungen gibt. Die Wichtigsten liste ich kurz auf: Nur im JohEv spricht Jesus zu seinen Jüngern in *Bildreden* und sagt ausdrücklich: »Dies habe ich in Bildreden zu euch gesprochen« (16,25; vgl. 10,6). In den synEv verwendet Jesus keine derartigen Bildreden, sondern redet in Gleichnissen. Im JohEv heißt es des Öfteren, dass Jesus »von seinem Vater *ausgegangen*« ist und am Ende seines Wirkens »zu seinem Vater *zurückgeht*«. Ein Beispiel: »Ich bin vom Vater ausgegangen und in die Welt gekommen. Ich verlasse die Welt wieder und gehe zum Vater« (16,28). Nirgendwo in den synEv spricht Jesus aus einer solchen Perspektive heraus. Im JohEv sagt Jesus oft »meine Stunde« bzw. »meine Zeit« ist noch nicht gekommen. Mit Beginn der Leidenszeit ist diese Stunde bzw. Zeit dann da (vgl. 2,4; 5,25.28; 7,6; 12,23.27; 16,4.25.32; 17,1). In diesem Zusammenhang spricht Jesus auch öfters von einer »kurzen Zeit«, die noch nicht, oder nicht mehr da ist (vgl. 12,35; 13,33; 14,19; 16,16.17.18.19). Auch diese Redeweisen kommen in den synEv im Munde Jesu nicht vor. Auffallend ist ferner das *doppelte* »amen«, mit dem Jesus im JohEv mehrere Sätze einleitet (»Amen, amen, ich sage euch …«). In den synEv hebt Jesus wichtige Sätze lediglich durch ein *einfaches* »amen« hervor. Im JohEv wendet Jesus Metaphern auf sich an, die er in den synEv im Blick auf sich selbst nicht benutzt: »Brot«, »Licht«, »Hirte«, »Weinstock«, »Leben«, »Weg«, »Wahrheit«, »Auferstehung«.

Man könnte weitere Besonderheiten der Sprache Jesu im JohEv nennen. Es dürfte aber deutlich geworden sein, dass Jesus im JohEv in einem Sprachstil spricht, der *umfassend* anders geprägt ist als seine Sprache in den synEv. Es ist völlig ausgeschlossen, dass *beide* Sprachstile von Jesus selbst stammen. Dafür sind die Unterschiede viel zu zahlreich und tiefgreifend. Viele dieser Besonderheiten der »Sprache Jesu« finden sich ja genauso auch in den joh *Briefen* und im Mund der *anderen* Personen, die im JohEv zu Wort kommen. Die Schlussfolgerung ist unausweichlich: Bei der »Sprache Jesu« im JohEv handelt es sich nicht um die originale Sprache des historischen Jesus, sondern um die Ausdrucksweise, die in den joh Schriften – und *nur* dort – üblich ist.

Manche Christen wollen die genannten Unterschiede in der Sprechweise Jesu darauf zurückführen, dass Jesus im JohEv zur vornehmen Stadtbevölkerung Jerusalems spricht, in den synEv aber zur einfachen Landbevölkerung Galiläas. Deshalb bevorzuge er z. B. in den Syn die anschaulichen Gleichnisse, in Jerusalem aber die theologisch anspruchsvollen, längeren Reden. Diese »Erklärung« nimmt das Ausmaß der Sprachunterschiede nicht wirklich zur Kenntnis und wird dem biblischen Befund in keiner Weise gerecht. Was hat die dualistische Sprachprägung, die Sprache der Immanenz, der joh »*Wir*«-Stil usw. mit dem städtischen Charakter Jerusalems zu tun? Denken die Jerusalemer dualistischer als die Galiläer? Warum spricht Jesus in seinen Abschiedsreden (Kap. 14–16), die sich *ausschließlich* an die *Jünger* richten in genau dem gleichen Stil, wie in seinen Reden an die Jerusalemer Öffentlichkeit (Kap 5;7–8;10;12)? Die Rede Jesu in Kap. 6 richtet sich an die galiläische Landbevölkerung. Sie ist aber in der gleichen

Sprechweise gehalten, wie die Reden in Jerusalem. Und *betet* Jesus etwa in Jerusalem in einem anderen Stil als in Galiläa (Kap. 17)? Dass Jesus zu den Galiläern, zu seinen Jüngern und zu Gott in genau der gleichen Weise redet wie zu den Jerusalemern, widerlegt die genannte »Erklärung« gründlich. Nach den synEv erzählt Jesus Gleichnisse keineswegs nur in Galiläa, sondern auch in Jerusalem (vgl. Mk 12,1–12 par und die drei Gleichnisse in Mt 25). Andererseits sind die Ich-bin-Worte, die Jesus nach dem JohEv in Jerusalem verkündet, nirgendwo städtisch geprägt, sondern in sehr einfachen, anschaulichen Worten formuliert, die teilweise ausgesprochen ländliches Milieu voraussetzen (der gute Hirte, der wahre Weinstock). Die genannte »Erklärung« ist dem Prinzip verpflichtet, dass nicht sein kann, was nicht sein darf. Wer mit ihr arbeitet, zeigt damit das Maß der eigenen Ausblendungen.

(4) Im JohEv spricht schon der irdische Jesus in der Hoheit, die in den anderen Schriften des Neuen Testaments erst der Auferstandene hat:

Alle Evangelien wurden in der Zeit *nach* der Auferstehung Jesu geschrieben. Diese nachösterliche Perspektive spielt im JohEv allerdings eine wesentlich größere Rolle als in den synEv. Die synEv lassen noch deutlich erkennen, dass der irdische Jesus nicht in der Hoheit aufgetreten ist, die erst dem Auferstandenen zukommt. So kann Jesus z. B. die Aussage: »Mir ist gegeben alle Macht im Himmel und auf Erden« (Mt 28,18) erst als Auferstandener machen, aber noch nicht *vor seiner* Auferstehung. Dieser Satz könnte also nicht in der Bergpredigt stehen (Mt 5–7).[246] Der Autor des JohEv wählt gerade *in dieser Hinsicht* einen anderen Weg. Er stellt schon im irdischen Jesus zugleich den Auferstandenen vor. Irdischer und auferstandener Jesus bilden im JohEv eine völlige Einheit. In den Worten, die Jesus im JohEv redet, spricht bereits der Auferstandene (s. u.). Der Autor des JohEv möchte, dass seine Leser im irdischen Jesus zugleich dem Auferstandenen und Gegenwärtigen begegnen. Deshalb verschränkt er die vorösterliche und die

[246] Die Auferstehung Jesu ist nach dem Verständnis des Neuen Testaments nicht nur die *Fortsetzung* seines bisherigen, vorösterlichen Lebens. Sie ist also keine bloße Wiederbelebung. Mit der Auferstehung wird Jesus von Gott *erhöht* und *verherrlicht*. Das apostolische Glaubensbekenntnis fasst das so zusammen: »aufgefahren in den Himmel; er sitzt zur Rechten Gottes, des allmächtigen Vaters.« Erst *nach* der Auferstehung Jesu stehen z. B. seine Jünger zu ihm in einem Gebetsverhältnis.

nachösterliche Zeit ineinander. In dieser Verschränkung bzw. Verschmelzung der Zeiten liegt das Einzigartige des JohEv. Das gilt es zu verstehen und zu würdigen.

Die genannte Besonderheit des JohEv zeigt sich in mehrfacher Hinsicht. Ein erstes, wichtiges Merkmal ist, dass im JohEv oft vom »Glauben *an Jesus*« die Rede ist. Wenn in den synEv das Wort »Glaube« bzw. »glauben« steht,[247] ist nicht genau das Gleiche gemeint wie im JohEv. In den synEv geht es stets um den Glauben *an Gott*, nicht um einen Glauben »an Jesus«. Die Formulierung »*glauben an*« kommt bei den Syn im Blick auf Jesus – abgesehen von einer einzigen Ausnahme – nicht vor. Der Grund für diesen Tatbestand leuchtet sofort ein. *Vor der Auferstehung Jesu* kann man noch nicht von einem »Glauben *an* Jesus« sprechen. Denn mit »glauben *an Jesus*« ist ein *umfassender* Glaube gemeint: der Glaube an Jesus, der uns mit Gott versöhnt, uns von der Sünde und vom Tod erlöst, der zum Herrn unseres Lebens geworden ist und ewiges Leben schenkt. Ein solcher Glaube an Jesus setzt seinen Tod und seine Auferstehung voraus, durch die er als »Herr« (kyrios) und »Christus« erwiesen worden ist. Es gibt keinen christlichen Glauben an Jesus, unabhängig von seinem Tod und seiner Auferstehung. Deshalb kam es erst *nach* der Auferstehung Jesu zu der uns so vertrauten Bezeichnung »Jesus Christus«. Vor der Auferstehung Jesu ist im Judentum nur ein Glaube *an Gott* denkbar. In *diesem* Sinn spricht auch Jesus selbst in den synEv vom Glauben: »Habt Glauben an Gott! Amen, ich sage euch: Wer zu diesem Berg spräche: Hebe dich und wirf dich ins Meer! und zweifelte nicht in seinem Herzen, sondern glaubte, es werde geschehen, so wird es ihm geschehen. Darum sage ich euch: Alles was ihr in eurem Gebet bittet, glaubt nur, dass ihr es empfanget, so wird es euch zuteil« (Mk 11,22–24 par). Die Verbindung von Glaube und Gebet zeigt, dass es an dieser Stelle nicht um einen Glauben an Jesus, sondern um einen Glauben *an Gott* geht (wie das Gebet, richtet sich auch der Glaube an Gott). So ist auch die Zusage Jesu in Mk 9,23 par zu verstehen: »Alle Dinge sind dem möglich, der glaubt.« In den synEv spricht Jesus nicht von einem Glauben an seine eigene

[247] Belege für das Substantiv »Glaube«: Mt 8, Mk 5, Lk 11, Apg 15; für das Verb »glauben«: Mt 10, Mk 10, Lk 9, Apg 37; für das Adjektiv »gläubig«: Mt 5, Mk 0, Lk 6, Apg 4.

Person. Er fordert auch nirgendwo zu einem solchen Glauben auf. Im Zusammenhang mit den *Heilungen* Jesu ist zwar öfters von einem Glauben die Rede, der sich auch auf die Person Jesu richtet, aber nicht in dem umfassenden Sinn eines Glaubens »*an* Jesus«. In den betreffenden Fällen geht es um das Zutrauen zu Jesus, dass er dem Kranken in der Kraft Gottes aus seiner Not heraushelfen kann: »Als Jesus ihren Glauben sah ...« (Mk 2,5 par). »Fürchte dich nicht, glaube nur« (Mk 5,36). »Dein Glaube hat dir geholfen« (Mk 5,34 par; 10,52 par; Lk 17,19; 18,42). »Dir geschehe, wie du geglaubt hast« (Mt 8,13). »Frau, dein Glaube ist groß« (Mt 15,28). Besonders deutlich ist der Unterschied zwischen der vorösterlichen und nachösterlichen Zeit in den beiden Schriften des Lukas zu erkennen. Während im *Lukasevangelium* die Formulierung »glauben an Jesus« nicht vorkommt, benutzt Lukas diese Wendung in der *Apostelgeschichte* – die von der Zeit *nach* der Auferstehung Jesu erzählt – an zahlreichen Stellen (vgl. 10,43; 14,23; 19,4; 22,19; 24,24; 26,18). Auch das MkEv spricht an keiner Stelle von einem »Glauben an Jesus«. Das MtEv enthält eine einzige Ausnahme: »Wer aber einen der Kleinen, die an mich glauben, zum Abfall verführt,...« (Mt 18,6). In der Parallelstelle des MkEv heißt es nur: »Und wer einen der Kleinen, die glauben, zum Abfall verführt, ...« (Mk 9,42; so die *bessere* Lesart).

Im JohEv dagegen ist der Befund ein völlig anderer. Hier ist 35 Mal von »glauben *an* Jesus« die Rede![248] An vielen dieser Stellen spricht Jesus selbst vom Glauben an seine Person (vgl. 6,29.35.40; 7,38; 9,35; 11,25f; 12,36.44.46; 14,1.12; 16,9; 17,20). Er fordert zu einem solchen Glauben auch auf (12,36; 14,1). Ist es vorstellbar, dass *im Judentum* – der einzigen monotheistischen Religion jener Zeit – ein jüdischer Mensch andere jüdische Menschen zum Glauben *an die eigene Person* aufruft? In zahlreichen Fällen verknüpft Jesus den Glauben an ihn zudem auch noch mit heilswichtigen Verheißungen: »Wer an mich glaubt, den wird nimmermehr dürsten« (6,35). »Denn das ist der Wille des Vaters, dass wer den Sohn sieht und an ihn glaubt, das ewige Leben habe und ich werde ihn auferwecken am Jüngsten Tag« (6,40). »Wer an mich glaubt, wie die Schrift sagt, von dessen Leib werden Ströme des lebendigen Wassers fließen« (7,38). »Wer an mich glaubt, wird leben, auch

[248] Auf Seite 46 (Anm. 57) sind alle Stellen aufgelistet.

wenn er stirbt. Und wer lebt und an mich glaubt, wird nimmermehr sterben« (11,25 f). »…damit, wer an mich glaubt, nicht in der Finsternis bleibt« (12,46). »Wer an mich glaubt, der wird die Werke tun, die ich tue und er wird größere tun als diese, denn ich gehe zum Vater« (14,12). Wenn diese Worte und Verheißungen vom *irdischen* Jesus stammen würden, stünden wir vor schweren, unauflösbaren Rätseln: Keinen einzigen Satz dieser Art äußert Jesus in den synEv! Kannten die Autoren der drei synEv keine einzige dieser fundamental wichtigen Aussagen und Verheißungen? Oder haben sie diese Verheißungen für so unwichtig gehalten, dass man sie nicht zu überliefern braucht? Das wäre völlig unverständlich. Hinzu kommt wieder die Frage: Ist es vorstellbar, dass innerhalb des Judentums ein jüdischer Mensch anderen jüdischen Menschen gegenüber heilswichtige Verheißungen dieser Art (die an die eigene Person gebunden sind) äußern kann und darf? Wir brauchen diese Fragen nicht zu stellen. In den zitierten Sätzen und Verheißungen redet nicht der irdische, sondern der auferstandene Jesus. Versteht man die betreffenden Worte *auf diese Weise*, werden sie stimmig und stehen nicht mehr im krassen Gegensatz zum Jesuszeugnis der synEv.

An drei syn Texten kann man exemplarisch zeigen, dass die Syn die Bedeutung der vorösterlichen Zeit höher gewichten, als der Autor des JohEv. Deshalb wird in den synEv – im Unterschied zum JohEv – auch die *Niedrigkeit* des irdischen Jesus zum Thema. Jesus antwortet einem jüdischen Zeit-genossen, der ihn mit »guter Rabbi« anredet: »Was nennst du mich gut? Niemand ist gut, außer Gott allein« (Mk 10,17 par). Der irdische Jesus betont hier auf eine sehr grundsätzliche Weise den Unterschied bzw. Abstand zwischen sich und Gott. Ein ähnlicher Unterschied wird auch im Gethsemane-Gebet deutlich, in den Jesus kurz vor seinem Tod darum ringt, den Willen Gottes zu akzeptieren: »Abba, mein Vater, alles ist dir möglich. Lass diesen Kelch an mir vorrübergehen. Aber nicht wie ich will, sondern wie du willst« (Mk 14,36 par). Aus diesem Gebet geht hervor, dass der Wille des irdischen Jesus nicht identisch ist mit dem Willen Gottes. Charakteristisch für die Jesusdarstellung der synEv ist auch, dass Jesus sehr zurückhaltend mit dem Thema »Messias« umgeht. In der Öffentlichkeit kommt er von sich aus auf dieses Thema nicht zu sprechen. Zu groß war wohl die Gefahr nationalistischer bzw. politisch-militärischer Missverständnisse. Selbst als Petrus innerhalb des Jüngerkreises Jesus als »Messias« bezeichnet, »gebot er ihnen, dass sie mit niemanden darüber reden sollten« (Mk 8,30). Erst im Prozess – als Gefangener! – bekennt Jesus sich dazu, der Messias zu sein (Mk 14,62 par). Jetzt konnte sein Messiasanspruch nicht mehr in einem politisch-militärischen Sinn missverstanden werden.

Im JohEv hingegen ist der Befund wieder ein völlig anderer. Jesus diskutiert in aller Öffentlichkeit und ohne jede Scheu mit der jüdischen Zuhörerschaft über seinen Anspruch, der Messias zu sein (vgl. 7,24–30; 10,22–39). Im Unterschied zu den synEv sagt *Jesus auch von sich selbst* in aller Öffentlichkeit: »Ich bin Gottes Sohn« (10,36). Er macht zahlreiche weitere öffentliche Hoheitsaussagen über sich. Diese gehen noch *erheblich* über das *hinaus*, was man nach jüdischem Glauben vom Messias erwartet hat. Während des Tempelweihfestes sagt Jesus im Tempel zu jüdischen Festteilnehmern: »Meine Schafe hören meine Stimme und ich gebe ihnen das ewige Leben und sie werden nimmermehr umkommen und niemand wird sie aus meiner Hand reißen« (10,27–28). »Ich und der Vater sind eins« (10,30). Kann ein jüdischer Mensch so zu jüdischen Menschen reden? Im Jüngerkreis sagt Jesus sogar von sich: »Wer mich sieht, der sieht den Vater« (14,9). Nirgendwo in den synEv macht Jesus Aussagen dieser Art.

Zwei weitere Aspekte der joh Jesusdarstellung machen deutlich, dass schon im irdischen Jesus der Auferstandene spricht. In 6,53–56 sagt Jesus zu jüdischen Hörern: »Amen, amen, ich sage euch: Wenn ihr nicht das Fleisch des Menschensohns esst und sein Blut trinkt, dann habt ihr kein Leben in euch. Wer mein Fleisch ist und mein Blut trinkt, der hat das ewige Leben und ich werde ihn am Jüngsten Tag auferwecken. Denn mein Fleisch ist die wahre Speise, und mein Blut ist der wahre Trank. Wer mein Fleisch isst und mein Blut trinkt, der bleibt in mir und ich in ihm.« Wenn man diese Sätze für Aussagen des *irdischen Jesus* hält, ergibt sich eine kuriose Situation. Wie sollten die jüdischen Hörer solche Aussagen verstehen können, die sich offensichtlich auf das *Abendmahl* beziehen? In der Zeit des öffentlichen Wirkens Jesu gab es noch nichts, was mit dem Abendmahl vergleichbar wäre. Das Abendmahl entstand erst aus den Ereignissen des *letzten Abends*, den Jesus erlebt hat. Wie hätten jüdische Hörer ahnen können, dass hier an ein sakramentales Essen und Trinken gedacht ist, das *erst später* in christlichen Gemeinden in Gebrauch gekommen ist, die es zur Zeit des öffentlichen Wirkens Jesu noch gar nicht gab? Auch diese Sätze werden nur verständlich, wenn man sie aus der *nachösterlichen Zeit* heraus versteht. In ihr kam es zwischen Juden und Judenchristen zu schweren Konflikten, auch in Bezug auf das Abendmahl. Mit den zitierten Sätzen stärkt der Auferstandene seine Gemeinde, indem er sie auf die unverzichtbare Bedeutung des Abendmahls hinweist. – Der andere Aspekt sind die Aussagen Jesu über seine *Präexistenz*. Im JohEv äußert nicht nur der Evangelist seinen Glauben an den präexistenten Sohn Gottes (vgl. z.B. 1,1–18). Auch Jesus selbst äußert sich in aller Öffentlichkeit über seine Präexistenz! In einer Diskussion mit jüdischen Zuhörern über Abraham sagt er: »Amen, amen, ich sage euch: Ehe Abraham wurde, bin ich« (8,38). Wie ein solcher Satz des irdischen Jesus wohl auf seine jüdischen Zuhörer gewirkt hätte? Im hohepriesterlichen Gebet sagt Jesus: »Und nun Vater, verherrliche du mich bei dir mit der Herrlichkeit, die ich bei dir hatte, ehe die Welt war« (17,5). »Du hast mich geliebt, vor Grundlegung der Welt« (17,24). Solche fundamental wichtigen Aussagen über sich selbst äußert Jesus in den synEv nirgendwo. Weiß der Jesus der synEv nichts von seiner Präexistenz? Oder hält er sie für so unwichtig, dass er sie nicht erwähnt? Auch dieses Rätsel löst sich, wenn in den synEv der *irdische* Jesus spricht und im JohEv der *Auferstandene*.

Aufgrund der bisherigen Hinweise dürfte deutlich geworden sein, dass auch die berühmten sieben *Ich-bin-Worte* Jesu, die nur im JohEv stehen, keine Worte des irdischen Jesus, sondern des Auferstandenen sind. Ein jüdischer Mensch kann zu jüdischen Mitmenschen nicht sagen: »Ich bin das Brot des Lebens« (6,35), »das Licht der Welt« (8,12), »die Tür zu den Schafen« (10,7), »der gute Hirte« (10,11), »die Auferstehung und das Leben« (11,25), »der Weg, die Wahrheit und das Leben« (14,6) und »der wahre Weinstock« (15,1). Solche Aussagen könnten selbst auf die wohlwollendsten jüdischen Zuhörer nur einen grotesken und bizarren Eindruck machen. Als Worte des *Auferstandenen* jedoch sind diese Ich-bin-Worte kostbare Offenbarungen. Sie sind Gottes Wort, voller Wahrheit und von höchster Autorität. Diese Worte des Auferstandenen tragen uns im Leben und im Sterben. Wir dürfen auf keinen Fall sagen: »Wenn die Ich-bin-Worte nicht vom irdischen Jesus stammen, dann sind sie nur Erfindungen.« Mit einer solchen Bemerkung unterschätzt man das Wirken des Heiligen Geistes in schwerwiegender Weise. Das, was der Heilige Geist der Gemeinde über den Auferstandenen offenbart, dürfen wir nicht als »Erfindung« abqualifizieren.

Für das Verständnis des JohEv sind die Abschiedsreden Jesu (Joh 14–16) und in ihnen die fünf Verheißungen über das Kommen des »Parakleten« (vgl. 14,16f.26; 15,26; 16,7–11.12–15) von besonderer Bedeutung. Der Paraklet (Beistand) ist der »Geist der Wahrheit«. Die Jünger »kennen ihn«, denn »er bleibt bei euch und wird in euch sein« (16,16f). Er wird die Jünger »alles lehren« (16,26) und von Jesus »Zeugnis geben« (15,26). Er wird die Jünger »in die ganze Wahrheit leiten« und Jesus »verherrlichen« (16,13f). »Denn von den Meinen wird er es nehmen und euch verkündigen« (ebd.). Auf Grund dieser Verheißungen, die für das JohEv sehr wichtig sind, dürfen wir alle Hoheitsaussagen, die Jesus im JohEv über sich äußert, *als Erfüllung* dieser Verheißungen verstehen. In den Hoheitsaussagen Jesu über sich selbst »verkündet« der Heilige Geist den Auferstandenen und »verherrlicht« ihn. So erfahren die Leser »die ganze Wahrheit« über Jesus. Gerade das JohEv betont, dass entscheidende Erkenntnisse über Jesus erst *nach* seinem Tod und seiner Auferstehung möglich werden: »Wenn ihr den Menschensohn erhöhen werdet, dann werdet ihr erkennen, dass ich es bin« (8,28). »An jenem Tag werdet ihr erkennen, dass ich in meinem Vater bin und ihr in mir und ich in euch« (14,20). »Vieles habe ich euch noch zu sagen. Aber ihr könnt es jetzt noch nicht fassen« (16,12). Diese Hinweise zeigen, *wie wichtig* die Aufgabe des Parakleten in der Sicht des JohEv ist. Versteht man dagegen alle Hoheitsaussagen, die Jesus im JohEv über sich macht, als Worte des *irdischen* Jesus, bleibt dem Parakleten eigentlich nichts übrig, was er nach Ostern über Jesus offenbaren könnte. Das, was der Paraklet über den Auferstandenen offenbart, kann man nicht einfach als »joh Theologie« bezeichnen. Es handelt sich vielmehr um *Offenbarung*, die der joh Theologie *zugrunde liegt*. Noch weniger darf man behaupten, dass das, was der Paraklet über den Auferstandenen offenbart, mit dem »wirklichen Jesus« nicht viel zu tun hat. Wer so redet, muss sich fragen lassen, wie viel er dem Offenbarungswirken des Heiligen Geistes zutraut und ob der Auferstandene ein Anderer ist als der »wirkliche Jesus«.

Auch die Abschiedsreden Jesu sind Worte des Auferstandenen. Schon der Eingangssatz der Abschiedsreden setzt eine *nachöster-*

liche Situation voraus: »Glaubt an Gott und glaubt *an mich*« (14,1). Auch die folgende Aussage: »Ich gehe hin, euch eine Bleibe zu bereiten« (14,2), lässt sich nur schlecht ausschließlich auf die elf Jünger beziehen, die – historisch gesehen – am letzten Abend vor der Kreuzigung bei Jesus waren. Die Aussage bezieht sich auf *alle*, die an den Auferstandenen glauben. Das Gleiche gilt für die Formulierungen: »Wer meine Gebote hat und hält… Wer mich liebt … Wer mich nicht liebt…« (vgl. 14,21–23). Das »wer« passt nicht gut in die historische Abschiedssituation mit den elf Jüngern, sondern wendet sich an die Leser des JohEv. Kann der irdische Jesus zu seinen Jüngern sagen: »Bleibt in mir und ich in euch« (15,4)? Setzt diese *Sprache der Immanenz* nicht die Auferstehungswirklichkeit voraus? Kann der irdische Jesus vor seinem Tod und seiner Auferstehung sagen: »Alles, was der Vater hat, ist meins« (16,15)? Und: »Denn du hast ihm Macht gegeben über alle Menschen« (17,3; vgl. Mt 28,18!)? »Ich habe… das Werk *vollendet*, das du mir gegeben hast« (17,4). Hat Jesus *vor* seinem Tod und seiner Auferstehung sein Werk »vollendet«? Kann der irdische Jesus sagen: »Ich bin nicht mehr in der Welt. Sie aber sind in der Welt…« (17,11)? Auch der Satz: »Ich lebe und ihr sollt auch leben« (14,19) hat nur Sinn als ein Wort des Auferstandenen, der den Tod überwunden hat. Das Gleiche gilt für den Satz: »In der Welt habt ihr Angst, aber seid getrost, ich habe die Welt überwunden« (16,33). Der irdische Jesus hatte vor seinem Tod und seiner Auferstehung die Welt noch nicht »überwunden«. Auch der Vers 17,3 im hohepriesterlichen Gebet Jesu hat eindeutig nachösterlichen Charakter: »Das ist aber das ewige Leben, dass sie dich, der du allein wahrer Gott bist und den, den du gesandt hast, Jesus Christus, erkennen.« Den Ausdruck »Jesus Christus« gibt es in der vorösterlichen Zeit noch nicht. Es wäre ja auch seltsam, wenn der irdische Jesus im Gebet in der dritten Person von sich selbst reden würde.

Fazit: Ich habe in diesem Kapitel die Gründe vorgestellt, die in der modernen Bibelwissenschaft seit längerer Zeit zu einem Konsens geführt haben: In der Rückfrage nach dem *geschichtlichen* (irdischen) Jesus müssen wir uns in erster Linie an den synEv orientieren. Aus dem JohEv spricht vor allem der *Auferstandene* zu uns. Diese Erkenntnis gibt sowohl den Syn als auch den JohEv ihr jeweiliges Profil und ihren jeweils spezifischen theologischen Rang.

Eine bedenkliche Folge der Lehre von der Verbalinspiration kann darin bestehen, dass man sich verpflichtet fühlt, in der Bibel alles für gleich wichtig einzustufen, weil ja nach dieser Vorstellung der gesamte Text der Bibel verbalinspiriert ist. Im ersten Kapitel des vorliegenden Buchs bin ich davon ausgegangen, dass man in der Bibel zwischen Wichtigem und weniger Wichtigem unterscheiden kann und muss. Ich habe davon gesprochen, dass Gott uns durch die Bibel alles lehrt, was zu unserem Heil »*wichtig*« ist und dass die Bibel uns in den »*heilswichtigen*« Fragen eine zuverlässige Orientierung bietet. Diese Unterscheidung zwischen dem Wichtigen und weniger Wichtigen innerhalb der Bibel ist berechtigt und notwendig. Sie ist in der Bibel selbst an zahlreichen Stellen zu finden. Auch Jesus und die Schreiber der neutestamentlichen Schriften unterscheiden in dieser Weise. Ich möchte das am Beispiel des *Matthäusevangeliums* und danach an weiteren biblischen Beispielen belegen:

Das Matthäusevangelium enthält ein Jesuswort, das so klingt, als lehne Jesus die genannte Unterscheidung ab: »Denkt nicht, dass ich gekommen bin, das Gesetz oder die Propheten aufzulösen. Ich bin nicht gekommen aufzulösen, sondern zu erfüllen. Amen, ich sage euch: Bis der Himmel und die Erde vergehen, wird nicht ein einziges Jota oder Häkchen des Gesetzes vergehen, bis alles geschehen ist. Wer nun eines dieser kleinen Gebote auflöst und die Menschen so lehrt, wird der Kleinste heißen im Reich der Himmel. Wer sie aber tut und lehrt, der wird groß heißen im Reich der Himmel« (5,17–19). Mit diesen wichtigen Sätzen stellt Matthäus klar, dass Jesus die ganze jüdische Heilige Schrift als gültige Willensoffenbarung Gottes anerkennt. Ein »Auflösen«, d.h. ein Außerkraftsetzen der Heiligen Schrift kommt nicht in Frage, auch nicht in kleinsten Teilbereichen. Diese Sätze bedeuten aber *nicht*, dass Jesus in der Heiligen Schrift alles für gleich wichtig hält. Das zeigt Matthäus an anderen Jesusworten. Nur wenig später steht: »Alles, was ihr wollt, dass die Menschen euch tun, das sollt ihr ihnen tun. Denn darin besteht das Gesetz und die Propheten« (7,12). Dieses Jesuswort fasst das, worauf es in der Heiligen Schrift ankommt, in einem einzigen Gebot zusammen. Ähnlich reagiert Jesus, als ein Schriftgelehrter ihn fragt: »Rabbi, welches ist das größte Gebot in der Tora« (22,36)? Jesus weist diese Frage nicht mit dem Hinweis zurück, alle Gebote der Tora seien gleich wichtig. Er hält diese Frage für berechtigt und antwortet: »Du sollst den Herrn, deinen Gott, lieben mit deinem ganzen Herzen und mit deiner ganzen Seele und mit deinem ganzen Denken. Das ist das größte und erste Gebot. Das Zweite ist ihm jedoch gleich: Du sollst deinen Nächsten lieben, wie dich selbst. An diesen beiden Geboten hängt die ganze Tora und die Propheten« (22,37–40). Zwei der vielen Gebote der Tora (Dt 6,5 und Lev 19,18) sind also nach der Auffassung Jesu die wichtigsten. Sie fassen nicht nur die ganze Tora zusammen, sondern auch die Propheten. An diesen beiden Geboten »hängt« die Heilige Schrift, wie die Tür in den Angeln. Nach dem Matthäusevangelium ist dieses Doppelgebot der Liebe die Zusammenfassung und der Auslegungsmaßstab der Heiligen Schrift. Das geht aus einer weiteren Schriftstelle hervor (Hos 6,6), die Matthäus zwei Mal kurz hintereinander zitiert: »Erbarmen will ich und nicht Opfer« (9,13; 12,7). Das »ich« in diesem Zitat besagt: *Gott selbst* macht einen Unterschied zwischen dem Wichtigen und dem weniger Wichtigen in der Heiligen Schrift. Denn in der Heiligen Schrift gibt es zahlreiche Opfervorschriften. Matthäus folgert aus diesem Hoseawort: sowohl die Opfervorschriften als auch die Reinheits-, Speise- und Zehntgebote der Heiligen Schrift gehören zu dem weniger Wichtigen. Das zeigt Matthäus an zwei weiteren Jesusworten: »Nicht was in den Mund hineinkommt, verunreinigt den Menschen, sondern was aus dem Mund herauskommt« (15,11). Und: »Wehe euch, ihr Schriftgelehrte und Pharisäer, ihr Heuchler, denn ihr verzehntet Minze, Dill und Kümmel und habt das preisgegeben, was in der Tora *schwerer wiegt*: Recht, Erbarmen und Glaube. Dies müsste man tun und jenes nicht lassen. Ihr blinden Führer! Ihr siebt die Mücke, aber verschluckt das Kamel« (23,23 f). Diese scharfen Worte gelten den Menschen, die das weniger Wichtige überbetonen (»die Mücke sieben«) und dabei den Blick für das Wesentliche verlieren, für das, was in der Tora *»schwerer wiegt«*. Diese Aussagen Jesu im Matthäusevangelium zeigen, dass man die Jesusworte, die ich zuerst zitiert habe (Mt 5,17–19), nicht isoliert betrachten darf. Man muss die *Gesamtbotschaft* des Matthäusevangeliums berücksichtigen. Dann wird klar: Jesus unterscheidet durchaus zwischen dem Wichtigen und dem weniger Wichtigen in der Heiligen Schrift und deshalb auch Matthäus.

Andere biblische Beispiele bestätigen diesen Befund. Paulus schreibt: »Seid niemand etwas schuldig, außer dass ihr einander liebt. Denn wer den Anderen liebt, hat das Gesetz erfüllt. Denn die Gebote ›Du sollst nicht ehebrechen, du sollst nicht töten, du sollt nicht stehlen, du sollt nicht begehren‹ und wenn es irgendein anderes Gebot gibt, ist in diesen Worten zusammengefasst: ›Du sollst deinen Nächsten lieben wie dich selbst!‹ Die Liebe fügt dem Menschen nichts Böses zu. So ist die Liebe des Gesetzes Erfüllung« (Röm 13,8 ff). Wie für Matthäus, so ist auch für Paulus das Liebesgebot der Maßstab, mit dessen Hilfe wir das Wesentliche in der Heiligen Schrift erkennen können.[249] Ohne Liebe »bin ich ein tönendes Erz und eine klingende Schelle« (1Kor 13,1).

Im *Alten Testament* sind die Erzählungen von der Schöpfung, von den Erzvätern und vom Auszug aus Ägypten (mit dem Bundesschluss am Sinai und der Wüstenzeit) von grundlegender Bedeutung. Sie gehören zum Wichtigen. Die Propheten kommen immer wieder auf diese Themen zurück. Innerhalb der Gebote spielen die *Zehn Gebote* eine besonders wichtige Rolle und innerhalb der Zehn Gebote das erste Gebot.[250] Im *Neuen Testament* ist die Geschichte Jesu Christi – sein Leben, sein Tod und seine Auferstehung – von zentraler Bedeutung. Wer wollte im Ernst behaupten, für uns Christen seien die Chronikbücher genauso wichtig wie das Johannesevangelium und der Römerbrief, oder die Geschlechtsregister genauso wichtig wie das Vaterunser und die Bergpredigt? Wir Christen können darin übereinstimmen, dass man innerhalb der Heiligen Schrift zwischen dem Wichtigen und dem weniger Wichtigen unterscheiden kann und muss. Alles andere wäre Ausdruck einer ängstlichen Gesetzlichkeit, die zur biblischen Botschaft nicht passt, weil dieser Gesetzlichkeit die Achtung vor dem Wesentlichen fehlt.

[249] In diesem Sinn sagt Paulus auch: »Denn das ganze Gesetz ist in *einem* Wort erfüllt: ›Du sollst deinen Nächsten lieben wie dich selbst‹« (Gal 5,14).

[250] Im Alten Testament finden sich immer wieder zusammenfassende Texte, die das Wesentliche hervorheben: »Es ist dir gesagt, Mensch, was gut ist und was der Herr von dir fordert. Nämlich das Recht wahren und Liebe üben und demütig sein vor deinem Gott« (Mi 6,8). Vgl. auch die zusammenfassenden Glaubensbekenntnisse Dt 6,20–25; 26,5–9 und Jos 24,17.

11. Biographische Aspekte in der Auseinandersetzung um die Bibelwissenschaft

In den Auseinandersetzungen um die Bibelwissenschaft spielen biographische Faktoren eine große Rolle. Sie sollen nicht übergangen werden. Ich erläutere diese Faktoren am Beispiel der Religionslehrerausbildung an den Pädagogischen Hochschulen in Baden-Württemberg. Im Rahmen dieser Ausbildung müssen sich die Studierenden auch mit der modernen Bibelwissenschaft beschäftigen und auseinandersetzen. Dabei kommt es in vielen Fällen zu einer Begegnung jener beiden christlichen »Lager« (vgl. das Vorwort), die sich sonst eher aus dem Weg gehen. Die biographischen Aspekte, die bei dieser Begegnung eine Rolle spielen, haben über die spezielle Situation an den Pädagogischen Hochschulen Baden-Württembergs hinaus auch *generelle* Bedeutung.

11.1 Konflikte im Studium

Jedes Jahr beginnt in Deutschland eine große Zahl junger Erwachsener ein Hochschulstudium im Fach Evangelische oder Katholische Theologie, sei es im Rahmen einer Theologen-, einer Lehrer- oder einer Diakonenausbildung. An der Hochschule werden die Neuangekommenen zum ersten Mal auf intensive Weise mit den Erkenntnissen und Methoden der heutigen Bibelwissenschaft konfrontiert. Das ist in dieser Form für alle etwas Neues und erfordert im Lauf einiger Semester eine große Umstellung. Im Jugendalter spielt der wissenschaftliche Umgang mit der Bibel und das wissenschaftliche Nachdenken über den Glauben noch nicht die Rolle wie an der Hochschule. Der Mehrzahl der Studierenden gelingt diese Umstellung. Viele von ihnen erleben die Begegnung mit der modernen Bibelwissenschaft als Klärung ihres Glaubens, als spannende Horizonterweiterung und als Gewinn für ihre gesamte Persönlichkeitsentwicklung. Zahlreiche Studierende sind im Laufe der Jahre auf mich zugekommen – oft solche, die »säkular« aufgewachsen sind – und haben mir gesagt, dass gerade der *wissenschaftliche* Umgang mit der Bibel für sie eine große Hilfe ist und interessanter, als sie vermutet hatten. In fast jedem Semester fragen Studierende, die Theologie bisher als ein Nebenfach studieren, was sie tun müssen, um Theologie doch noch als Hauptfach studieren zu können. Theologie sei inzwischen ihr Lieblingsfach geworden.

Bei nicht wenigen Studierenden – insbesondere im Fach *Evangelische* Theologie – löst die Begegnung mit der modernen Bibelwissenschaft jedoch Irritationen und auch engagierten Widerstand aus, vor allem in der ersten Hälfte des Studiums. Danach entwickeln sich die Dinge unterschiedlich weiter. Ein großer Teil dieser Studierenden öffnet sich der neuen Sehweise im Laufe der Zeit doch noch, manche sehr entschlossen, andere langsam und vorsichtig. Danach würdigen auch sie die Beschäftigung mit der modernen Bibelwissenschaft zumindest *partiell* als eine Bereicherung. Der andere Teil dieser Studierenden bleibt bei einer weitgehenden oder völligen Ablehnung. Diese Studierenden versuchen möglichst »unerkannt« das Examen zu absolvieren. Sie lernen einen Examensstoff, den sie innerlich teilweise ablehnen. Oder sie brechen das Studium im Fach Theologie ab. Bei diesen Studierenden hat sich der Eindruck verfestigt, dass die moderne Bibelwissenschaft eine Gefahr für den Glauben darstellt und insofern destruktiv ist.

Es zeigt sich immer wieder, dass diejenigen Studierenden sich der modernen Bibelwissenschaft leichter öffnen können, die nicht auf das Bibelverständnis festgelegt sind, das sie aus ihrer Jugendzeit an die Hochschule mitbringen. Sie werden nicht im vergleichbaren Maß von der Sorge umgetrieben, dass sie ihren Glauben verlieren, wenn sie sich einer neuen Sicht der Bibel öffnen. Deshalb fällt es ihnen leichter, das sachliche Gewicht der Argumente und Fragestellungen anzuerkennen, die sie in den Seminaren hören und in der Fachliteratur lesen. Bei aller anfänglichen Verwunderung empfinden diese Studierenden die Beschäftigung mit der modernen Bibelwissenschaft primär als Gewinn und nicht als Bedrohung. Es ist ihnen bald klar geworden, dass sie ja nicht alles ändern oder aufgeben müssen, was sie aus der Jugendzeit mitbringen. Vieles *bestätigt* und *vertieft* sich auch. Vieles wird *bewusster*. Und vieles, worüber man sich bisher noch keine Gedanken gemacht hatte, tritt zum *ersten Mal* ins Blickfeld. Diese positiven Erfahrungen motivieren zu weiteren Lernprozessen.

Anders ergeht es denjenigen Studierenden, die in ihrem Gewissen dem Bibelverständnis verpflichtet bleiben, mit dem sie aufgewachsen sind, oder das ihnen in ihrer Jugendzeit zur Heimat geworden ist. Sie kommen in aller Regel aus Kreisen, die dem Theologiestudium skeptisch gegenüberstehen und in ihm eine Gefahr sehen. Dieser biographische Hintergrund erschwert eine Öffnung gegenüber der modernen Bibelwissenschaft enorm.

Die Studierenden aus den genannten christlichen Gruppen haben seit ihrer Kindheit bzw. seit ihrer Jugendzeit immer wieder vermittelt bekommen, dass das Bibelverständnis ihrer christlichen Gruppen das einzig richtige ist. Nur mit diesem Bibelverständnis könne man Gott gefallen und ihn wahrhaft ehren. Jedes andere Bibelverständnis wurde den Heranwachsenden gegenüber als große Gefahr dargestellt, als Beginn des Glaubensabfalls. Solche Warnungen berühren die Seele eines Kindes und Jugendlichen tief und haben eine prägende Wirkung. Weil sich das Gewissen dieser Studierenden jahrelang an diesen Vorgaben ausgerichtet hat, ist der Umstieg auf eine andere Sicht der Bibel ausgesprochen schwierig. Da man in diesen Kreisen weiß, dass an den Hochschulen ein anderes Bibelverständnis gelehrt wird, hat man die jungen Leute nur mit der besorgten Mahnung ziehen lassen: »Pass auf, dass du deinen Glauben nicht verlierst!«

Man kann fragen: Warum wählen Studierende aus solchen Kreisen überhaupt das Fach Theologie? Warum »tun sie sich das an«? Wählen sie das Fach Theologie im Rahmen der Lehrerausbildung, ist in den meisten Fällen der Wunsch leitend, später das Fach Religion unterrichten zu können. Die Betreffenden möchten auf diesem Weg etwas für Gott und für den christlichen Glauben tun. Dieses durchaus unterstützungswürdige Motiv wird auch von jenen geschätzt, die das Theologiestudium als eine Gefahr einstufen. Man möchte den Religionsunterricht nicht den »liberalen« und »ungläubigen« Lehrkräften überlassen. Deshalb macht man jenen Abiturientinnen und Abiturienten aus den eigenen Reihen Mut, die man für stabil genug hält und die sich auch selbst für stabil genug halten: »Mit Gottes Hilfe wirst du das Theologiestudium ohne großen Schaden überstehen. Danach kannst du im Religionsunterricht für das Reich Gottes arbeiten.« Zum Leidwesen dieser Kreise ist das Recht zum Erteilen des Religionsunterrichts im Regelfall an ein Hochschulstudium im Fach Theologie gebunden. Also muss man in diesen »sauren Apfel« beißen.[251] Andere christliche Gruppen lassen sich auf ein solches Risiko nicht ein. Sie halten das Theologiestudium für zu gefährlich. Deshalb raten sie ihren jungen Leuten davon ab. Wer aus solchen Gruppen Lehrerin oder Lehrer werden will, verzichtet meist auf die Möglichkeit, das Fach Religion zu unterrichten.

Die Vorbehalte der Studienanfänger gegenüber dem Theologiestudium hängen entscheidend mit dem Bibelverständnis der Gemeinschaften zusammen, aus denen sie kommen. Dieses Bibelverständnis gehört zur *Identität* jener Gemeinschaften. Um seinetwillen grenzen sie sich von anderen Christen ab. Wer in diesen Kreisen aufgewachsen ist bzw. als Jugendlicher Heimat gefunden hat, ist es gewohnt, in der »Bibeltreue« die *Stärke* der eigenen Gemeinschaft zu sehen. In der Schulzeit nahm man gerade auch deshalb den anderen Schülern gegenüber eine missionarische Haltung ein. Man wusste, dass man – geistlich gesehen – auf der richtigen Seite stand. An der Hochschule müssen diese jungen Erwachsenen nun erleben, dass genau das Bibelverständnis, das sie bisher zu den Vorzügen ihrer Form des Christseins gezählt haben, als »fundamentalistisch« bezeichnet und abgelehnt wird. Das, was jahrelang als Bestandteil, ja Grundlage der eigenen christlichen Identität erlebt wurde, Sicherheit und Freude vermittelt hat, wird jetzt zum entscheidenden Problem. Dass es in einer solchen Situation zu sehr heiklen Konflikten und zu schroffen Abwehrreaktionen kommen muss, versteht sich im Grunde von selbst. Auch mir ist es in meinem Theologiestudium so ergangen.

---

[251] Im Jahr 2008 wurden erstmals in Deutschland drei evangelikale Ausbildungsstätten als Hochschule staatlich anerkannt: Die Freie Theologische Akademie in Gießen (jetzt: Freie Theologische Hochschule Gießen), das Theologische Seminar Tabor in Marburg (jetzt: Evangelische Hochschule Tabor) und die Ausbildungsstätte des CVJM in Kassel (jetzt: CVJM Hochschule Kassel). 2011 kam das Theologische Seminar Liebenzell (jetzt: Internationale Hochschule Liebenzell) hinzu. Man darf gespannt sein, wie sich diese vier Ausbildungsstätten in Zukunft entwickeln werden, vor allem die Freie Hochschule in Gießen, die den »Chicagoer Erklärungen« theologisch nahe steht. Der Abschluss an diesen Ausbildungsstätten ermöglicht jedoch nach wie vor keinen Zugang zum Pfarramt oder Schuldienst.

Die Studierenden aus den genannten Kreisen rechnen durchaus damit, dass an der Hochschule Probleme auf sie zukommen werden. Meistens kommt es aber trotzdem anders als erwartet. Die vielen neuen Fragestellungen und Gesichtspunkte, von denen man bisher nichts wusste, sind schwergewichtiger als man vermutet hatte. Die Argumente, die in der bisherigen Umgebung üblich waren, greifen an der Hochschule nicht. Vertraute Sprachregelungen klingen an der Hochschule fremd und finden kein positives Echo. Da es in den eigenen Kreisen nicht viele Menschen gibt, die die moderne Bibelwissenschaft gründlich kennen, kann man auf die Begegnung mit ihr auch nicht wirklich vorbereitet werden. Und selbst dort, wo das in Ansätzen möglich war, ist es immer noch etwas Anderes, wenn man Dozenten persönlich erlebt, die die moderne Bibelwissenschaft *positiv* und *engagiert* vertreten.

Wenn man ehrlich zu sich selber bleibt, muss man sich im Laufe des Studiums des Öfteren eingestehen: »Ich habe mir tatsächlich über Vieles bisher keine Gedanken gemacht. Ich habe in meiner christlichen Umgebung Vieles noch nicht gehört. In der Bibel ist mir bisher erstaunlich viel nicht aufgefallen.« Wenn man dann nicht zu denen gehört, die völlig »dicht« machen und alles an sich abprallen lassen – diese Studierenden gibt es –, kann das Gefühl entstehen, dass der Boden unter den Füßen weggezogen wird. Man fragt sich: »War denn alles falsch, was ich bisher geglaubt habe? Das kann doch nicht sein!« Man will in der eigenen Gemeinde und Familie nicht als »Umfaller« dastehen. Je nachdem, wie tief die bisherige Prägung ist und welche Persönlichkeitsstruktur man hat, tut man sich mehr oder weniger schwer. Hinzu kommt die Sorge, dass man die bisherige geistliche Heimat verlieren könnte. Besonders problematisch ist es, wenn *sowohl* die eigenen Eltern und Geschwister *als auch* der gesamte Freundes- und Bekanntenkreis auf jede Veränderung der bisherigen Bibelsicht ablehnend reagieren und für die neue Situation an der Hochschule kein Verständnis haben. Dann kann es zu Zerrreißproben kommen, in denen man sich alleingelassen und überfordert fühlt. Beispiele dieser Art zeigen, dass die Öffnung gegenüber der modernen Bibelwissenschaft oft weniger an den theologischen als an den *biographischen* und *psychologischen* Aspekten scheitert.

Der Ausdruck »bibeltreu« hat auf diejenigen, die mit ihm aufgewachsen sind, eine tiefe emotionale Wirkung. Das Gegenteil von »treu« ist »untreu« bzw. »treulos«. Diese Worte sprechen die tiefsten Schichten des Menschen an. Die indirekte und direkte Botschaft des Ausdrucks »bibeltreu« lautet: »Nur wenn du unser Bibelverständnis beibehältst, bist du der Bibel und damit auch Gott treu. Wenn du dieses Bibelverständnis aufgibst, wirst du der Bibel und Gott untreu. Und das kannst du doch nicht wollen.« Im Blick auf eine Öffnung gegenüber der modernen Bibelwissenschaft kann die tief sitzende Wirkung dieses Worts eine Blockade hervorrufen und Angst verursachen: »Werde ich jetzt der Bibel und Gott untreu? Das will ich auf keinen Fall.« In dieser Situation ist es wichtig, sich über Folgendes klar zu werden: Wenn ich mich der modernen Bibelwissenschaft öffne, werde ich keineswegs der Bibel oder sogar Gott untreu. Ich werde lediglich *einer bestimmten Sicht* der Bibel »untreu« und auch das nur, weil ich eine *angemessenere* Sicht der Bibel kennengelernt habe. Das ist – auch geistlich gesehen – etwas *Positives*. Mit dieser Erkenntnis weicht die Angst und macht einem guten, fröhlichen Gewissen Platz.

Nur *die* Studierenden erleben ihr Theologiestudium als Bedrohung ihres Glaubens, denen drei Dinge nicht klar geworden sind: 1. Man kann das eigene Bibelverständnis und die eigene Art der Frömmigkeit nicht als die einzig mögliche Weise des Christseins definieren. 2. Es gibt berechtigte Gründe dafür, die Bibel nicht für fehlerlos und widerspruchslos zu halten. 3. Wer die Bibel nicht für fehlerlos und widerspruchslos hält, der lehnt damit keineswegs den christlichen Glauben ab.

Auch die Eltern, Geschwister und Freunde der betreffenden Studierenden haben es in der Zeit des Studiums oft nicht leicht. Wenn sich Studierende der modernen Bibelwissenschaft zu öffnen beginnen, konfrontieren sie verständlicherweise auch ihre Umgebung mit den neuen Fragen und Einsichten. Doch die Familie und die Freunde können nicht ohne weiteres die Lernprozesse mitvollziehen, die sich in den Hochschulseminaren über Monate und Jahre hinweg aufbauen. Deshalb hat das Gespräch über diese Themen viele Klippen. Es ist oft nicht gut, Christen zu sehr in Unruhe zu stürzen, die in ihrer bisherigen Bibelsicht glücklich sind. Es bedarf alles seiner Zeit, des passenden Rahmens und einer freundlichen, sachlichen Atmosphäre. Für Gespräche dieser Art gibt es keine Rezepte. Jeder Fall liegt etwas anders. Jede(r) Studierende muss in der Familie, im Freundes- und Bekanntenkreis den Weg finden, der dem eigenen Gewissen, Lebensalter und Temperament entspricht. Dabei dürfen und werden wir Fehler machen. Aus ihnen lernen wir oft am meisten.

11.2 Möglichkeiten der Konfliktbearbeitung

Angesichts der genannten Probleme möchte ich den Studierenden, die aus entsprechenden christlichen Gemeinschaften an die Hochschule kommen, Folgendes sagen:

- Ich finde es gut und sympathisch, dass Sie so mutig waren, sich auf ein Studium des Fachs Theologie an einer staatlichen Hochschule einzulassen, *obwohl* Sie die Vorbehalte und Sorgen in Ihrer Umgebung kannten. Sie sind an der Hochschule herzlich willkommen. Es ist auch *Ihre* Hochschule. Suchen Sie das offene und vertrauensvolle Gespräch mit den Dozenten und mit älteren Studierenden, die auf dem Weg der Öffnung schon ein Stück weiter vorangekommen sind. Vieles kann man in persönlichen Gesprächen und kleinen Gruppen besser klären als im Rahmen eines Seminars. Es ist schwer, den Weg ganz allein zu finden. Sie können sicher sein: Wir Dozenten sind nicht Ihre Feinde, auch dann nicht, wenn wir Sie in einer bestimmten Meinung nicht einfach bestätigen können.
- Keinem Menschen braucht das peinlich zu sein, was ihm in seiner Kindheit und Jugend wertvoll war und geholfen hat. Wir alle haben das Recht, zu unserer Kindheit und Jugend zu stehen und das dort Erlebte wert zu schätzen. Wir sind alle gleichermaßen darauf angewiesen und dürfen davon ausgehen, dass Gott unsere Entwicklung kennt und versteht. Bestimmt haben unsere Eltern das Beste für uns gewollt und wollen es noch. Das gilt es zu würdigen. Andererseits heißt das nicht, dass man ein Leben lang verpflichtet ist, seinen Eltern auch in *den* Punkten zu folgen, in denen man verschiedener Meinung sein kann. Das dürfen Eltern auch nicht verlangen. Zu ihren Pflichten gehört es, ihre erwachsenen Kinder in die Selbstständigkeit freizugeben, auch geistlich gesehen.
- Sie dürfen sich die Zeit nehmen, die man für solche schwierigen Lernprozesse benötigt. »Gut Ding will Weile haben.« Sie brau-

chen nichts zu überstürzen. Sie müssen nichts übernehmen, wovon Sie nicht überzeugt sind. Es ist Ihr gutes Recht, vorsichtig zu sein. Der Engländer sagt: »Take your time.«
- Auch der modernen Bibelwissenschaft gegenüber darf und muss man kritisch sein. Innerhalb dieser Bibelwissenschaft gibt es eine große Variationsbreite und viele Richtungen. Suchen Sie sich *die* Form der Bibelwissenschaft, die Sie überzeugt. Sie müssen sich ja nicht den besonders skeptischen Vertretern der Bibelwissenschaft anschließen (das tue ich auch nicht). Wichtig ist zunächst nur, dass Sie nicht bei einem Feindbild und einem Schwarz-Weiß-Denken stehen bleiben.

Bedenken Sie auch: *Sowohl* die Evangelische *als auch die Katholische Kirche* haben zu einem gemeinsamen Ja zur heutigen Bibelwissenschaft gefunden. Die Kirchenleitungen beider Kirchen sind aus wohlüberlegten Gründen der Auffassung, dass zu einem Hochschulstudium im Fach Theologie auch die Beschäftigung mit den Erkenntnissen und Methoden der modernen Bibelwissenschaft gehört. Dementsprechend sind die Studien- und Prüfungsordnungen des Fachs aufgebaut. Die Mitglieder der Kirchenleitungen und der zuständigen Fachgremien, die Ihnen diese Beschäftigung zumuten, sind keine »Radikalos«. Es sind erfahrene und verantwortungsbewusste Christen. Die Mehrzahl der Studierenden hat ja an dieser Stelle auch keine allzu großen Probleme. Im Gegenteil: Viele Studierende wissen die moderne Bibelwissenschaft als großen Gewinn zu schätzen. Wollen Sie im Ernst behaupten, das liege daran, dass alle diese Studierenden »nicht richtig glauben«?

Im Übrigen können Sie davon ausgehen, dass wir Dozenten die Argumente kennen, die man gegen die moderne Bibelwissenschaft vorbringt. Es sind ja immer wieder die gleichen. Und wir hören sie jedes Semester aufs Neue. Viele der heutigen Dozenten haben diese Argumente am Beginn ihres Studiums selbst vorgebracht (auch ich gehöre zu ihnen). Umgekehrt kennen Sie aber noch längst nicht alle Gesichtspunkte und Argumente, die die heutige Bibelwissenschaft im Blickfeld hat. Im Allgemeinen werden die Studierenden im Laufe der Semester immer bescheidener. Es dämmert ihnen erst allmählich, wie viel sie nicht wissen. Bleiben Sie deshalb bei aller berechtigten Vorsicht doch auch aufgeschlossen und lernbereit. Aus einem generellen Misstrauen heraus kann nichts Gutes entstehen. Ein stückweit müssen Sie schon bereit sein, auch Ihre eigene Position und Prägung selbstkritisch zu betrachten. Ohne Bereitschaft zur Selbstkritik ist ein Studium nicht möglich. Es genügt nicht, die Fehler nur bei Anderen zu suchen. Die Dozenten sollen mit Studienanfängern rücksichtsvoll umgehen. Wenn sie es nicht tun, stellen sie sich selbst kein gutes Zeugnis aus. Die Methode »Vogel friss oder stirb« steht einer Hochschule nicht gut an. Auch Ironie und Häme sind bei so heiklen Lernprozessen fehl am Platz. Sie machen alles nur noch schwerer und können tiefe Verletzungen bewirken. Leider gibt es an vielen Hochschulen zu wenig Seminare, die sich *speziell* den Erstsemestrigen widmen. Dadurch wird der Studienanfang oft zu wenig abgefedert. Die neu Angekommenen haben das Gefühl, »ins kalte Wasser« geworfen zu werden. Das knappe Lehrpersonal lässt aber leider oft kein anderes Verfahren zu.

Doch auch die Studienanfänger müssen bereit sein, sich auf die Hochschule einzustellen. Eine Hochschule ist kein Jugendclub, kein Hauskreis und keine Bibelschule. Eine gewisse Robustheit müssen Sie schon mitbringen. Entscheidend wird es sein, wie lange Sie Ihr Theologiestudium als Bedrohung empfinden, wann Sie erkennen können, dass dieses Studium doch ein Gewinn – auch ein geistlicher Gewinn – für Sie ist, für den Sie dankbar sein können. Wir Dozenten wollen Ihnen dabei behilflich sein, aus einem engen Bibelverständnis herauszufinden, nicht nur um Ihrer eigenen Entwicklung willen, sondern auch um der Qualität Ihres späteren Religionsunterrichts und Ihres späteren Umgangs mit Kindern und Jugendlichen willen.

12. Wie wichtig ist das, was Christen im Blick auf die Bibel eint?

Im letzten Kapitel des vorliegenden Buchs möchte ich auf den Ausgangspunkt zurückkommen. Ich begann mit dem, was Christen im Blick auf die Bibel eint. Sie eint das gemeinsame Vertrauen in Gottes Wirken durch die Bibel. Christen verlassen sich auf die Wirkungseinheit von Gott und Bibel: Alles, was Gott durch die Bibel erreichen will, das erreicht er auch. Ein tieferes und umfassenderes Vertrauen in Bezug auf die Bibel gibt es nicht. Dieses gemeinsame Vertrauen ist Ausdruck einer *geistgewirkten* Einheit. Diese Einheit bewirkt ein Zusammengehörigkeitsgefühl und ermöglicht viele Formen der Zusammenarbeit, auch dann, wenn man in bestimmten Fragen des Bibelverständnisses unterschiedliche Auffassungen vertritt. Das, was der Heilige Geist unter uns bewirkt, ist grundlegender und wichtiger als solche Unterschiede.

Zu einer anderen Beurteilung der Sachlage kommen diejenigen Christen, die dem gemeinsamen, geistgewirktem Vertrauen in Gottes Wirken durch die Bibel *keine grundlegende* Bedeutung zumessen. In diesem Fall erhalten die lehrmäßigen Unterschiede trennende Kraft. Daran zeigt sich aber auch, wie wenig diese Christen von dem halten, was Gott an Gemeinsamkeit unter uns geschaffen hat. Welche der Unterschiede im Bibelverständnis sollten so wichtig oder noch wichtiger sein, als das, was der Heilige Geist an gemeinsamem Vertrauen geschaffen hat? Selbst der Unterschied zwischen einem fundamentalistischen und einem nichtfundamentalistischen Bibelverständnis ist nicht so grundlegend wie das vom Heiligen Geist geschaffene Vertrauen in Gottes Tun. Haben wir nicht allen Grund, uns über das zu freuen, was Gott an Einheit unter uns geschaffen hat? Wir sollten zuerst das Gemeinsame wertschätzen und würdigen, bevor wir uns gegenseitig attackieren und uns voneinander abgrenzen. Es gibt in der Christenheit zwar in der Tat ein »Wächteramt«, dessen Aufgabe darin besteht, die Christenheit auf Gefahren für den Glauben aufmerksam zu machen. Dieses Wächteramt darf aber nicht dazu führen, unter uns Christen ein Klima der Verdächtigung und Abstempelung hervorzurufen und dem Misstrauen zum Sieg zu verhelfen.

Es ist viel leichter, sich von anderen Christen abzugrenzen als auf sie zuzugehen. Zu Letzterem gehört wesentlich mehr: mehr Bescheidenheit, mehr Interesse am Anderen, mehr Mut, mehr Liebe. Es ist nicht gut, wenn man die eigene Position in erster Linie durch Abgrenzen definiert. Schneller als man denkt, werden andere Christen dann in die Rolle des Gegners gedrängt, vor dem man sich hüten muss. Es ist bedrückend, wenn Christen sagen: »Wir können nur mit *den* Christen zusammenarbeiten, die das gleiche Bibelverständnis haben wie wir.« Denn wir sind nicht nur *den* Christen gegenüber verpflichtet, die das gleiche Bibelverständnis haben. Wir sind der *gesamten* Gemeinde Jesu Christi verpflichtet. Deshalb genügt es nicht zu sagen: »Wir sprechen anderen Christen nicht den Glauben ab.« Dieser Hinweis beruhigt oft mehr das eigene Gewissen, als dass er die Verbundenheit der Christen fördert. »Ein neues Gebot gebe ich euch, dass ihr einander lieben sollt, wie ich euch geliebt habe. Daran wird jeder erkennen, dass ihr meine Jünger seid, wenn ihr Liebe untereinander habt« (Joh 13,34 f).

Zu den Ursachen für die Spaltung der Christenheit in Befürworter und Gegner der modernen Bibelwissenschaft gehört aber auch das, was die *Befürworter* der modernen Bibelwissenschaft zu dieser Spaltung beigetragen haben und noch immer beitragen. Auch sie haben die Aufgabe, die gemeinsame Vertrauensbasis aller Christen *deutlich* herauszustellen, damit das Zusammengehörigkeitsbewusstsein wachsen kann und Missverständnisse vermieden werden. Dieser Aufgabe kommen die Befürworter der modernen Bibelwissenschaft oft nur mangelhaft nach. Nicht selten gewinnt man den Eindruck, dass versöhnende Gesten und Formulierungen an die Adresse fundamentalistisch geprägter Christen »unter der Würde« akademischer Theologen sind. Im Blick auf die Zukunft der Kirche und auf eine gemeinsame Erneuerung der Christenheit ist es aber von großer Bedeutung, dass möglichst vielen Christen klar werden kann: Das Vertrauen in Gottes Wirken durch die Bibel und damit in die grundlegende Orientierungskraft der Bibel verbindet alle Christen. Diese Klarheit wird das Zusammengehörigkeitsgefühl der Christen fördern und dazu beitragen, dass Kontroversen innerhalb der Christenheit – die es auch weiterhin geben wird und muss – in einer produktiven Atmosphäre ausgetragen werden. Auch auf Seiten der Vertreter der modernen Bibelwissenschaft darf keine Abgrenzungsmentalität herrschen, die es unmöglich macht, dass Christen die Brücken zueinander erkennen. Die Befürworter der modernen Bibelwissenschaft beschränken sich in vielen Fällen nicht darauf, das fundamentalistische Bibelverständnis zu kritisieren. Sie werten und stempeln oft auch *die Menschen* ab, die im Rahmen eines solchen Bibelverständnisses leben. Diese Christen werden – um die »höflicheren« Varianten zu nennen – als »naiv« und »kleinkariert« belächelt und diskriminiert. Sind sich die Vertreter der modernen Bibelwissenschaft dessen bewusst, dass es sich bei den Diskriminierten um Gottes geliebte Geschöpfe und ihre eigenen Schwestern und Brüder handelt? Der Umgangsstil vieler akademischer Theologen mit fundamentalistisch geprägten Christinnen und Christen ist verletzend und empörend. Es fehlt das Verständnis dafür, wie schwer es sein kann, ein Bibelverständnis auf den Prüfstand stellen zu lassen, das seit der Kindheit oder Jugend zur Heimat geworden ist. Wer in einem anderen Rahmen aufgewachsen ist und bestimmte Probleme und Ängste nie hatte, kann das oft nicht ermessen und nachfühlen. Diese *Verständnislosigkeit* auf Seiten der Befürworter der modernen Bibelwissenschaft gehört mit zu den Faktoren, die die Spaltung der Christenheit unüberwindbar machen. Jeder Vertreter der modernen Bibelwissenschaft ist gefragt, inwieweit er dazu bereit und in der Lage ist, jenen Christen mit Verständnis, Achtung und Hoffnung zu begegnen, denen bisher kein positiver Zugang zum Anliegen der modernen Bibelwissenschaft eröffnet worden ist.

Jede einzelne Christin und jeder einzelne Christ kann durch seine Einstellung und sein Verhalten dazu beitragen, die Spaltung der Christenheit zu verfestigen oder abzubauen. Gott sei Dank können wir unsere Einstellung und unser Verhalten ändern und sei es nur schrittweise und partiell. Es muss nicht so weitergehen wie bisher. Es kann besser werden. »Siehe, ich mache alles neu« (Offb 21,5).

Literatur

Baum, A. D., Der mündliche Faktor und seine Bedeutung für die synoptische Frage, Tübingen 2008.
Barclay, W., Johannesevangelium, 2 Bde. Wuppertal 1969.
Boor, W. de, Das Evangelium des Johannes, Wuppertal, Neudruck 2008.
Bräumer, H., Das Buch Hiob, 2 Bde., Wuppertal [2]1997.
Burgsmüller, A. u. a. (Hg.), Die Barmer Theologische Erklärung. Einführung und Dokumentation, Neukirchen-Vluyn [6]1998.
Cancik, H., Art. Geschichtsschreibung, in: B. Lang/M. Görg (Hg.), Neues Bibellexikon, Bd. 1, Zürich 1991, Sp. 223–235.
Die Interpretation der Bibel in der Kirche. Das Dokument der Päpstlichen Bibelkommission vom 23.4.1993, Stuttgarter Bibelstudien 161, Stuttgart 1995.
Faix, T.; Weissenhorn, T. (Hg.), Zeitgeist. Kultur und Evangelium in der Postmoderne, Marburg [2]2008.
Gloy, K., Grundlagen der Gegenwartsphilosophie, Paderborn 2006.
Hahn, F., Theologie des Neuen Testaments, 2 Bde. Tübingen [2]2005.
Härle, W., Dogmatik, Berlin [3]2007.
Hempelmann, H., Grundfragen der Schriftauslegung, Wuppertal [2]1998.
Ders., Nicht auf der Schrift, sondern unter ihr. Grundsätze einer Hermeneutik der Demut, Lahr 2000.
Holthaus, S., Fundamentalismus in Deutschland. Der Kampf um die Bibel im Protestantismus des 19. und 20. Jahrhunderts, Holzgerlingen [2]2003.
Holthaus, S.; Vanheiden, K.-H. (Hg.), Die Unfehlbarkeit und Irrtumslosigkeit der Bibel, Nürnberg [3]2004.
Interpretation der Bibel in der Kirche. Dokument der päpstlichen Bibelkommission vom 23.4.1993, Stuttgart 1995
Joest, W.: Dogmatik, 2 Bde., Göttingen 1984 und 1986.
Küng, H. u. a., Unfehlbar?, Zürich [4]1974.
Lüdke, F., Evangelikales Christentum, in: Markus Mühling (Hg.), Kirchen und Konfessionen, Göttingen 2009, 152–169.
Maier, G., Biblische Hermeneutik, Wuppertal [4]2003.
Mauerhofer, E., Einleitung in die Schriften des Neuen Testaments, Nürnberg 2007.
Meyer, T.; Vanheiden, K.-H., Jesus, die Evangelien und der christliche Glaube. Eine durch ein Spiegel-Gespräch ausgelöste Debatte, Nürnberg 2008.
Schirrmacher, T.: Bibeltreue in der Offensive. Die Chicagoer Erklärungen zur biblischen Irrtumslosigkeit, Holzgerlingen [2]2004.
Söding, T., Einheit der Heiligen Schrift? Zur Theologie des biblischen Kanons, Freiburg 2005.
Stadelmann, H., Evangelikales Schriftverständnis. Die Bibel verstehen – Der Bibel vertrauen, Hammerbrücke 2005.
Wilckens, U., Theologie des Neuen Testaments, 2 Bde. Neukirchen-Vluyn 2005–2008.